序　言

　　"三农"问题始终不是一个轻松的话题。新中国成立以来,把一个问题不断地加以强调,以至上升到"全党工作的重中之重"和"全部工作的重中之重"的高度,唯有"三农"问题! 这一方面说明中央对解决"三农"问题一以贯之地高度重视,同时也说明,解决"三农"问题的长期性、艰巨性和复杂性。

　　可喜的是,近年来,特别是十六大以来,以胡锦涛为总书记的党中央提出了科学发展观和以人为本的思想,对"三农"问题的认识有了创新性的突破,对"三农"问题的解决有了突破性的进展。随着5个中央一号文件的推出,不仅形成了解决"三农"问题的完整的政策体系,而且创造了一个良好的解决"三农"问题的社会氛围。

　　在中央领导同志亲切关怀下创刊的经济日报农村版生逢其时,2004年创刊时即把"三农"问题的深度调查作为一项重要工作内容,为此我们成立了研究部,专门从事"三农"问题的调查。几年来,在有关方面的支持和配合下,先后就农民工问题、农民工艾滋病防治问题、农民看病难问题、城市孩子眼中的农村和农村孩子眼中的城市等问题,进行了调查,并形成了调查报告。这些调查报告大多引起了较好的社会反响,产生了积极的效果,其中有多篇受到了中央领导同志的批示肯定。

　　缩小城乡差距、促进城乡一体化发展,不仅要立足于制度和政策,要着眼于经济和物质方面,还要着眼于人,特别是城乡青少年之间的交流与沟通。应该通过交流与沟通实现新的认识和理解,缩短城乡青少年心灵之间的距离。"城市孩子眼中的农村"和"农村孩子眼中的城市"这组调查即为此目的设计和实施。

这组调查不仅得到了广大读者的关注和喜爱,还受到了中央政治局委员、国务院副总理回良玉的批示。

"农村党员干部现代远程教育试点调查"是国内媒体关于此项工作最早进行的比较全面的深度调查。调查报告受到了现任中央政治局常委,时任中央政治局委员、中组部部长贺国强的批示。他不仅充分肯定了这项调查,而且还委托有关同志向我们转达了他的感谢。

"农村报刊市场调查"是我们与新闻出版总署报刊司联合开展的调查项目,并得到了全国三农类报刊的大力支持。此项调查最终形成了主报告、分报告等共计10余万字的报告。报告呈送给中央政治局委员、中宣部部长刘云山后,受到了刘云山同志的批示。

2005年7月,来自卫生部的一则消息引起了公众的关注:农民工成为艾滋病的高危群体。为了全面了解农民工预防艾滋病的情况,向广大农民工普及预防知识,我们在第一时间组织实施了"农民工艾滋病防治知识调查"。调查报告受到了时任中央政治局委员、国务院副总理吴仪的高度重视,并作了批示。随后,该报告还获得了中英艾滋病策略支持项目办公室和清华大学国际传播研究中心联合颁发的"首届艾滋病好新闻"奖,并在中国农业大学庆祝建校100周年学术研讨会上作了学术交流。

"农民看病难调查"是历时最长、投入人力最多的一个调查项目,其中的一些篇章在刊发时即为国内各大媒体和网站所转载。十届全国政协副主席李蒙在读了这些调查之后,还专门为我们写来了分析文章。需要指出的是,随着中央的高度重视和一系列政策的出台,农民看病难的问题这两年有了明显的缓解。

我们不是专业的调查人士,只是一群有责任感的新闻人,对"三农"问题投入了应有的热情!研究部在孟鑫博士的主持下具体实施了每一项调查工作,原副总编辑丁海东在策划"农民看病难"的调查时,仅策划报告就写了上万字。绝大部分的调查是集体协作的结晶,但个别调查也主要是孤军奋战的成果。比如,"农民犯罪现象扫描"的主要负责人为韩晓龙,"农村党员干部现代远程教育试点调查"的主要负责人为王冬冬,"长春实践'三关爱'理论纪实"的主要负责人为武文杰,"打工360行"的主要负责人为滕卉荣。而"农村孩子眼中的城市"和"农村留守儿童生活状况调查"则凝聚了渤海大学新闻系部分学子的热情和劳动,系主任何村教授做了大量的组织和协调工作。

调查三农

Investigates ➡ 许宝健◎主编
Three Dimensional

人民出版社

"三农"问题是个大题目,需要继续做出也一定能够做出更精彩的文章来。尽管今天的《经济日报农村版》已改为《中国县域经济报》,但我们立志"调查三农"的初衷未改,也盼望有更多的调查成果与读者见面,并期待读者的批评和指教。

最后还要说的是,《调查三农》能成书出版,与人民出版社的编辑贺畅女士的努力是分不开的。从最初的沟通与协商,到内容的取舍与编辑,乃至装帧的谋划与确立,处处体现出贺女士的细心与耐心。

2008年,是中国改革开放30周年,而中国的改革是从农村开始的。仅以此书的出版纪念农村改革30周年。

许宝健

2008年3月31日

目　录

第一章 走进农民工调查报道

（2005 年 7 月—8 月）

职业病：农民工的新"杀手"

据有关部门调查显示，我国现有涉及有毒、有害作业的企业 1600 万家，受职业病威胁人数超过 2 亿，其中绝大多数为农民工。目前，全国累计报告尘肺病人 59 万多例，且每年新增约 1 万例，超过新发职业病总数的 80%。恶劣的工作环境严重威胁着农民工的健康……

职业病让农民工苦不堪言

2002 年 10 月，河北清苑县南大冉镇 63 岁的农民杨凯到保定市一家企业做烟道清理工。2003 年 9 月，他突然感到身体不适，出现呕吐、腹痛、听力下降等症状。一年后，他来到河北省保定职业病防治所住院治疗。经过反复检查确诊为"慢性铅中毒"，这是一种由于长时间在含铅量超标的地方作业导致的职业病。

在河北省邢台市郊区的一家板材加工厂,记者刚走进车间,就被弥漫的粉尘和刺鼻的气味赶了出来,待的时间长一点,胳膊上还有些发痒。再看看车间里干活的五六个工人,除了一个普通的口罩之外没有任何防护措施,因为气温高达三十八九摄氏度,有些工人甚至赤膊上阵。来自南和县贾宋镇的农民小李告诉记者:"粘细木板的胶都有味,你去哪儿看都一样。"

河北省卫生防疫部门的专家认为,农民对职业病知识缺乏,加上就业难度大,导致许多脏活、累活,城里人不愿意干的工作,只要能挣点钱,农民就会争着干。加上农民打工流动性大,特别是在矿山做工,导致农民得职业病后难以得到及时的救治。

河北省有关部门调查发现,全省目前得不同类型职业病的农民多达十几万人,很多农民不明不白得了职业病,不仅自己苦不堪言,还常常拖累全家陷入经济困境。

河南某县农民谢章超,在保定打工时得了再生障碍性贫血,老板为躲避检查和赔偿,把他藏了起来。保定市职业病防治所的医护人员得到消息以后,多次到其所在村庄找村民和群众了解情况,终于把他救了出来。经过检查,发现他白细胞和红细胞大量减少,生命危险,经及时治疗,患者病情明显好转,但是没有能力支付医疗费用,至今仍欠数千元。面对日益增加的农民职业病患者,职防所副所长任宝印很无奈,"我们也想帮这些农民工早日康复,可是时间长了,我们也没有能力承担这么多患者的医疗欠账。"

预防职业病应双管齐下

国家有关部门调查显示,目前我国至少有1600万家有毒、有害品生产企业,接触职业病危害的人超过2亿。其中,绝大部分是在中小企业打工和在乡镇企业上班的农民。

中国疾病预防控制中心职业卫生与中毒控制所首席专家李德鸿说,随着外资和私有企业的发展,受职业病危害的高危人群有很大转变。以前对健康有害的一些工种都由工厂的正式职工来做的,这样的工人有基本的医疗保险,能够得到国家基本的卫生服务和职业病防治服务,健康安全有一定保障。但是,近年来随着经济的发展,大量的农村富余劳动力向城市转移,很多人从事了艰苦的、职业危害严重的工作。这些农民工、短期合同工没有任何医疗保险,也不懂防范知识,因此成为职业病的高危人群。

据中国疾病预防控制中心职业卫生与中毒控制所所长李涛介绍,我国职业病报告漏报率较高,区县以下企业基本是监测"盲区"。实际发病要比报告例数多 10 倍,尘肺病的实际发病数可能不少于 100 万例。一些企业只顾自身利益,随意取消和削减配套防护设施预算,留下职业病危害隐患。尽管法律对违反规定的企业最高罚款可达 50 万元,但违法成本还是远远低于守法成本,这是造成职业病发病率升高的一个重要原因。

链接

职业病是指劳动者在职业活动中,因接触粉尘、放射性物质和其他有毒、有害物质等因素而引起的疾病。职业病的分类和目录由国务院卫生行政部门会同国务院劳动保障行政部门规定、调整并公布。这一目录目前规定的职业病有尘肺、职业性放射性疾病、职业中毒等 10 类 115 种疾病。

劳动者如果怀疑所得的疾病为职业病,应当及时到当地卫生部门批准的职业病诊断机构进行职业病诊断。对诊断结论有异议的,可以在 30 日内到市级卫生行政部门申请职业病诊断鉴定,鉴定后仍有异议的,可以在 15 日内到省级卫生行政部门申请再鉴定。

职业病诊断和鉴定按照《职业病诊断与鉴定管理办法》执行。诊断为职业病的,应到当地劳动保障部门申请伤残等级,并与所在单位联系,依法享有职业病治疗、康复以及赔偿等待遇。用人单位不履行赔偿义务的,劳动者可以到当地劳动保障部门投诉,也可以向人民法院起诉。

农民工:居住条件太"寒酸"

简易房、大通铺,蚊子、苍蝇常相伴……农民工大多住的是这种房子

2005 年 7 月 4 日,北京市东城区东单大街附近某工地。

虽然时间已经接近晚上 7 点,但农民工依旧在紧张地忙碌着。

"你们在哪里住呢?"看到几个农民工在工地旁休息,记者走上前去问。"我们就在那里住。"一个民工指着正在加固的小楼说。

在一个农民工的带领下，记者走进这个正在加固的小楼里。由于还在施工，房子里弥漫着灰尘。"我们就是在这样的条件下睡觉。"领路的农民工说。

在小楼的二层记者看到，房子里竖着几块床板，旁边还码着一些被子。"白天我们在这里干活，晚上铺上床板我们就在这里睡觉。"一个正在工作的电焊工得知记者的来意后，走上前来告诉记者，"这里面很潮，早上起来腰疼得厉害。"

"是呀，现在是夏天，白天苍蝇特别多，闹得人心乱，晚上蚊子很多，经常被咬得一晚上睡不安稳。"另外一个民工挤上前来说。

在北京市朝阳区四惠东地铁口附近也有十几间用板材搭建的简易房子，那里面住了附近建筑工地上的农民工。虽然已经是深夜10点多，但是当记者走进一间屋子的时候，仍然感觉到一股热浪迎面扑来。记者看到，十几平方米的小房间内，一个挨一个地放着八张床，房间的地上湿漉漉的。几个民工躺在床上悠闲地抽烟，似乎全然没有意识到身处人员密度高、易燃材料集中的环境。在床铺的上方，架设的电线密如蛛网，其中有几条从工棚顶垂下，距地面不到2米。

来自河北的农民工王建章告诉记者："别看就是这么个地方，一共住着30多人，大家都回来睡觉的时候，几乎是人挨着人。房子是板材搭建的，所以冬天特别冷，最冷的时候，水滴到地上马上就冻成了冰。而到了夏天这里则格外热，像个火炉。"王建章说，由于屋子里特别热，他们不得不在地上洒水，之后用仅有的一台电风扇吹风，"这样房间凉快了许多，但是被子却潮多了，用手一攥都要出水了。"

"这样的简易房遇到刮风下雨更倒霉。"与王建章同室的河南信阳人李军凑上前告诉记者，前些天北京下大雨的时候，屋子一直漏雨，后来刮来一阵大风把房顶吹下来了，不仅把被子都淋湿了，还砸伤了几个工友。

在记者采访的几个大工地的工棚区，随处可见肆意横流的污水和垃圾、粪便，排水沟旁残汤剩饭的刺鼻味在空气中飘散。工棚角落里堆着脏衣裤、脏被褥，炉灶旁的碗筷上落满苍蝇，室内空气令人窒息。

在采访中记者还了解到，一些地方的农民工甚至是男女混住，住在里面的夫妻也就是用布帘木板隔一下，避开其他人的视线。另外，因为很多工棚附近树多杂草多，用石棉瓦围成的工棚到处是缝隙，蜈蚣、蝎子、毛毛虫甚至蛇常来"光顾"。还有的农民工图凉快，夏天的时候，一夜夜地在马路边睡觉。

一天几块到十几块钱的农民工公寓里,有彩电、电话、洗澡间……可农民工一般都住不起

针对农民工住宿条件差的现象,一些地区兴建了"农民工公寓"来改善他们的住宿环境。据了解,农民工公寓房屋宽敞明亮,有简单家具、电视、电话,并有独立卫生间,还有热水。

然而对于这样的公寓,大多数的农民工表示住不起。在东单某工地,记者见到了四川籍民工郝利友,当谈到农民工公寓的时候,他低头想了想:"谁都希望住得好一些,可是一天七八元,甚至十几元的费用,对我们来说是一个不小的数目。"他告诉记者,自己每月的工资是1000元左右,每个月的伙食是100元,而抽烟又要四五十元,如果再花去一二百元去住好点的房子,那么自己一年也挣不了几千块钱。"我们出来就是为了挣钱,不是为了花钱,工地提供的宿舍是免费的,我们有地方住就很知足了。"

来自河北省衡水的李建柱告诉记者,即使是公寓的价格很便宜,大多数的民工也不会选择公寓,因为干活的农民工都在城市的各个角落,如果干完活再忙着去"公寓",一方面会使自己更疲惫,另一方面,来回的交通费也是一笔不少的开支。哪开支得起啊!李建柱的几个工友都这样说。

关节炎、风湿病、心脏病……农民工住在如此恶劣的环境下,容易引发很多疾病

"长期居住在阴暗、潮湿、不通风的环境里可以引发很多疾病。"北京协和医院的大夫刘红玉忧心忡忡地说。根据她的临床医学经验,经常住在阴暗、潮湿、不通风的房间里,容易诱发四种病:一是皮肤病;二是风湿性关节炎;三是阴囊湿疹;四是心脏病,以风湿性心脏病为主。另外,长期居住在潮湿、拥挤、寒冷的环境中也易患感冒、气管炎、咽炎等各种类型的呼吸系统疾病。她提醒广大民工,一定要尽量保持宿舍的通风,经常晾晒被褥。

"国家应该尽快出台个专门的条例,来规范农民工的权益保障。"中国人民大学劳动人事学院的常凯教授在接受记者采访时说。他表示,专门针对民工居住条件的规定还不多见,但国家2002年颁布的《安全生产法》中也特别提到生产经营场所和员工宿舍安全卫生等都要作为整个生产过程的一环来加以关注。

农民工文化生活近乎零

远离亲人和故乡独自在外打工,孤独是农民工夜晚最难以忍受的,但文化生活的欠缺又决定了他们必须忍受孤独,这就是他们"夜生活"的真实写照。

夜晚没事干,空闲下来总想家

7月13日晚8点多,北京市海淀区花园路通汇大厦旁的一路灯下。

十几个光着膀子的农民工,正玩着一种20年前城里四五岁小孩玩的拍"洋画"游戏。游戏两人一组,只要3下将10个折叠的小纸条拍翻就赢,输的则被弹5下脑门儿。记者觉得有趣,便问旁边的一个姓张的农民工:"咋玩这小孩子才玩的东西?""下班后没事干,找点乐呗。"

来自贵州省六盘水市的农民工王哲说:"工地上没有任何文化娱乐活动,下班后,我害怕回到冷清的工棚,空闲下来就想家。实在无聊,就到路边看看高楼大厦,看看来往的车辆,看别人一家子在一块散步的温馨一幕。"

在一个旧书摊前,从四川来北京做钢筋工的李玉西告诉记者,他出来打工还不到1年的时间,特别害怕夜晚。每当日落西山的时候,他就感到空虚寂寞。大多数工友晚饭后的消遣方式是看录像、闲逛或是喝酒。他由于出来时间不长,经济条件比较差,即便是这些低消费的生活方式,也承受不起,所以他选择在饭后到处逛逛或者往人多的地方看热闹。

小李带记者来到附近一家录像厅。掀开门帘一看,呵!黑压压的一片,影碟机里正放着一部《血色双雄》的香港武打片,两个黑衣人打得正起劲,二十多个农民工看得津津有味。虽说是廉价的2元录像厅,小李说工友们并不是每晚都来,一个星期最多两次。如果天天来,一年下来就是700多块钱。在老家,可是要值500多公斤谷子。

在北京的一处建筑工地上,来自河南的农民工王森望给记者描述了他一天的生活:"早上5点起床,吃饭后上班;晚上7点下班,吃完饭后就闲着没事干,9点左右上床睡觉。"工地上每个月只给100元零用钱,他们得十分节省才能用到月底。现在看场电影需要几十元，来回坐车也得花钱，他们消费不起。有时小王和工友们也会隔三差五地买份报纸，大家轮流看。

据介绍，农民工"夜生活"最奢侈的是下馆子撮一顿。但这是偶尔情况下才有的生活，比如工友生日、老乡来。这个时候，他们往往邀上要好者，在被城里人称为"苍蝇馆子"的路边店里吃上一餐，一顿"海吃"下来不超过100元。

丰富农民工业余文化生活不是企业的义务

"农民工的业余生活不归我们管，因为合同里没有约定，建筑行业也没有这种惯例。丰富农民工业余生活不是我们的义务。"北京某建筑公司经理刘文思接受记者采访时说。

据刘经理介绍，公司先后和数以万计的农民工签订过劳务合同，但从来没有什么政府部门要求给农民工提供什么文化设施和文化娱乐活动。

记者调查的几家建筑公司和工地，结果都是一样：所有工地都不会提供文化设施，建筑业没有这种惯例。

在一座开工的高层住宅楼工地，一位姓谭的老总介绍说，整个楼的建设都承包给了一家大型建筑公司，农民工直接和建筑公司签订合同。所以，农民工的劳动时间、报酬、作息安排，都由施工方来安排，建设方无权也不便于干涉。"搞好农民工的业余文化生活，让农民工精神饱满、心理健康，不是有助于提高劳动效率吗？"对记者的这一提问，刘经理也表示认可。但他又解释说，农民工的工资是计件工资，完成多少工作量拿多少报酬，农民工劳动效率的高低对建筑公司影响不大。建设方、施工方都明白，在工地上建个简易书屋、搭两个乒乓球台，也花不了多少钱，但"合同没有约定，业界没有惯例，施工方和建设方都感到没有义务"。

施工单位应该为农民工提供文化设施

谁来关心农民工的业余文化生活？

采访中，北京市海淀区劳动保障部门一位同志说，劳动部门只能按照《劳动法》规定，对非法用工和侵犯职工权益的行为进行处罚。至于农民工的业余生活和精神生活，那是农民工的私人生活领域，不属于法律调整的范畴，行政执法部门不能也不应该干预。

一位工会的同志认为，工会作为职工之家，工作范围也包括为进城农民工服务。但工会的主要职能是帮助农民工维护自身的合法权益,当农民工权益受到侵害时,工会要站出来为农民工说话。至于农民工的业余文化生活,工会还真难有所作为。

北京天元律师事务所王国涛律师认为,从法律意义上讲,农民工和用人单位建立了劳动合同关系,其权益受到《劳动法》的保护。《劳动法》规定了工作时间、休息休假、工资支付等内容。对于如何丰富农民工的业余文化生活,法律法规没有具体的规定。从法理上说,对于私人领域的事情,法律法规也的确不该作出强制性规定。

中国社会科学院研究员王春光认为:城市里各种娱乐场所和旅游景点越建越漂亮,然而农民工却很难享受到。他们生活在条件简陋的工棚里,基本上过着与世隔绝的"孤岛式"生活。目前,农民工的劳动时间普遍过长,劳动强度普遍过大,几乎没有什么业余文化生活,应该多管齐下帮农民工走出"孤岛"。他说:"建设单位或者施工单位应该为农民工提供文化设施。比如,工地达到多大规模、有多少农民工,就要提供多少图书报纸、建设多少文化设施等等。社团组织也要发挥自身优势,积极组织开展丰富农民工业余文化生活的活动。"

挣钱自己不敢花　全为补贴家里用

穿十几元的衣服,吃三四元的饭菜,一周只吃一次肉,农民工在城里很节俭

2005 年 7 月 18 日晚上,北京市宣武区一工地的地摊旁,几位农民工正和摊主讨价还价。他们要买几件无袖背心。经过一番计较,最终以 10 元 3 件的价格成交。

"说来有些不好意思。我出来打工好几年了,穿的衣服大都是在地摊上买的。特别是夏天,我们穿的衣服都是价钱最便宜的。"来自河南的小张说。

随后,小张为记者算了算他在城里的消费账。在工地上吃饭每天花 8 元左右,一个月下来需要 250 元左右。抽的烟多是一元多钱的便宜烟,一个月花费超不过 50 元。穿衣服一年超不过 200 元。一个月的消费在 300 元左右。"你看我身上的衣服,裤子 15 元,黄胶鞋 10 元,背心 10 元 3 件。城里人讲究的那些消费,我都不敢想。"

来自河北的杨秀琴和丈夫都四十多岁了,8 年前夫妻二人来到北京市打工。丈夫杜建军做体力活儿,杨秀琴在一家单位做清洁。

"日子过得艰难。"这是杨秀琴见到记者说的第一句话，"我每天早上不到6点就起床为全家煮饭。一天的米饭一次做好。早上吃咸菜下饭，然后老公外出找活儿干，主要做些体力活，一个月下来，有八九百元的收入。我每天去做清洁，一个月下来，500多块钱。两人收入1300多元，但这些钱根本就不敢乱花。"

据杨秀琴介绍，每月300元的房租几乎是他们主要的消费项目。除此之外，则是能省则省。

杨秀琴和丈夫每周吃一次肉。"不敢买精瘦肉，只敢吃5块钱一斤的半肥半瘦的肉。一般情况下，每顿一个素菜，最多加一个咸菜。米面有一部分是从农村老家带来的。"杨秀琴说，为节约时间和钱，她和丈夫还经常一天三顿吃同一样菜，哪有过多的钱花在吃上。

供孩子上学，盖新房，农民工收入的大头补贴了家用

2005年7月19日上午，来自安徽的农民工老郭走进了位于北京市西城区月坛南街的三里河邮局。向工作人员要了一份汇款单，老郭工工整整地写下了自己家的地址，往家汇了1000元钱。

"钱带身上，一是不安全；二是花得太快。身上没多少钱，花钱时就得掂量掂量了，可花可不花的钱就不花了。所以，把钱寄回家，就等于省下了。我们出来打工就是为了挣钱，多攒一元是一元。再说孩子秋天开学就得交钱。学费、书费，得用不少钱呢。"老郭说。

自从按月发工资后，老郭每月领到薪水后做的第一件事就是到邮局汇款。老郭今年40岁，常年在外做建筑工，两个孩子都在上学，大的读高中，小的读初中。老郭月工资1300元，除去日常生活开支外，每年有近1万元节余。两个孩子读书，每年报名费要1000元，加上学杂费、生活费以及各种花销，每年花在小孩身上的教育费用达3000多元。

让农民工心里更充实

不少农民工存在心理问题

今年的5月19日晚上，浙江省宁波市发生了一件让人意外而又深感叹息的

事情。

在宁波打工的农民李某和两个老乡百无聊赖,便想出让两个未婚的老乡"英雄救美"的主意:"我去抢过路女子的包,你们来追,把我抓住,这样你们就可以认识美女了。"当晚10点多,3人来到新河路,李某冲上去抢一女子的包,待他跑了十多米后,两个老乡开始追。被抢的女子大声呼救,路人纷纷出手。最终李某没被老乡抓住,却被路人抓了。在派出所,警方对李某实行了治安拘留的处罚。

2004年2月22日,在黑龙江省哈尔滨市太平区某工地打工的宋某在和4个工友喝酒时,工友问宋某,他出外打工把妻子留在家,怕不怕妻子和别人乱搞。心情郁闷的宋某听后顿时恼羞成怒,起身要打对方,结果反被4人一顿拳打脚踢。事后,宋某便出现了精神失常的症状,最后被送到了该市第一专科医院接受治疗。

据该市第一专科医院专家调查显示,由于受孤独、难以适应环境等因素的困扰,相当比例的外来农民工存在不同程度的心理问题。

农民工生活很"无聊"

在北京市朝阳区大望路某工地,来自河北的农民工王东告诉记者:"我们工作在工地,生活在工棚,没电视看,不会上网,酒吧咖啡厅又去不起。一天除了工作、吃饭,就是睡觉,生活很无聊!"

在王东身旁的床上,一个满脸稚嫩的农民工正熟练地吐着烟圈。经过交谈,记者得知这个只有18岁的青年叫李建军,来自安徽省安庆市。"我从15岁的时候就外出打工,为了解闷学会了抽烟。抽抽烟、吐个烟圈,几乎是晚上最好的消遣,特别是大伙在一起抽烟,几乎是我们最大的乐趣。"李建军说。

不仅烟,酒也是不少民工的"伴侣"。安徽人老徐来北京打工已有10年了。他说:"收工后打几两便宜的白酒犒劳一下自己,是很多人的习惯。""可是喝酒有时也惹麻烦,以前就有工友为打发无聊聚会喝酒,结果喝多了就打架。"来自福建的小刘说。调查显示,农民工中不抽烟不喝酒的人很少,喝酒成了不少人消磨时间的选择。

在采访中,记者了解到由于打工的人中很多都是青年人,因此缺少异性关心也成为影响农民工心理健康的一大问题。在北京市东单大街某工地,来自四川省绵阳的耿杰向记者了透露了一个难以启齿的问题。他今年23岁,来北京打工4年,一直都在工地干活。他说:"每天围着工地转,见到的全是男的,难得见女性,更不要说跟年轻姑娘接触了,空闲的时候我就去马路边去'观赏'美色。"

让"城里人"和"农村人"形成共生理念

中山大学社会学教授王宁指出,进城农民工由于受多方面因素的影响出现心理健康问题也是正常的,关键是要帮助农民工走出封闭的"孤岛",让"城里人"和"农村人"形成共生理念。王宁教授说,农民工心理问题长期得不到解决,往往会导致自杀、酗酒、斗殴等恶性社会事件,要避免这些情况发生,社会应多关注他们的生存环境和心理问题。比如,为农民工提供免费的心理救助,在农民工中间开展调节不良情绪的讲座,传授给他们一些必要的心理自我调节的方法,同时应该鼓励农民工在感到困惑与苦闷时到医院的心理门诊来解开自己心中的"结"。另外,"城里人"必须更新观念,消除对农民工歧视、隔膜的心态,以热情和友善接纳进城农民,取消城市居民和农村居民由于身份不同而导致权利的不平等,使"城里人"和"农村人"真正亲如一家。

"解决农民工心理问题,农民工自己的心理调节也很重要。"中国医学科学院的一位心理学专家提醒农民工朋友,要正确对待自己,正确对待别人,正确对待工作,正确对待生存环境。

政策卡在了哪儿?

"电视上经常看到国家出台一些政策,都是照顾我们农民工的。到了现实中,却又走了样儿。"辽宁省朝阳县的农民工王永涛告诉记者,2003~2004年,他和一些老乡在朝阳市的一个建筑工地干活儿,到现在工资都没能要回来,"忙活一年最后什么都没落下,我们能找谁说理去。"

2002年以来,中央关于农民工的政策接连出台,农民工的生存环境也在一定程度上得到改善。可是工伤医疗保险、孩子上学、讨要工钱,仍然困扰着很多农民工。有政策难落实,成了解决农民工问题的一个瓶颈。

农民工该归谁管

"好政策我们也听说过,可是具体到我们打工的地方有啥政策,我们出了事儿谁能管,我们就说不清楚了。"从河北来北京打工的宋明光告诉记者,他半年前在工地被落下的砂石砸伤了眼睛,因为没有保险,工程的老板给了他3000块钱医药费,就不再管了。在老乡的劝说下,宋明光每天拿着自己的材料去北京的各个媒体求助。

农业部农村经济研究中心副主任宋洪远认为,中央的农民工政策不能有效执行的原因主要是利益问题。政策一项接一项地出台,但没有调整好一些执行部门的利益问题,从而导致政策失灵,最终的结果可能是,这部分资金跑到了个别部门,而不是农民工身上,现在的关键是做好各方面的利益调整,最终明确农民工的各类问题该谁管、谁来埋单。

"保险我们根本没见过,公司也没给我们上过任何保险。"山东菏泽的王鹏在天津一家家电制造公司上班,他对记者说,"我们也想过,自己的安全什么的应该有保障,可是岗位就这么多,人家不要保险也干,你要求这些就没人愿意录用你。"

政策执行缺乏有效监督

王永涛告诉记者,自从工资被拖欠,他们就开始寻找各种解决问题的途径,去劳动监察部门,那里的工作人员告诉他们应该去劳动争议仲裁委员会仲裁,到劳动争议仲裁委员会,说了情况,"仲裁庭那儿的人说拖欠款额过大,让我们去信访办。"王永涛对要回自己的工资越来越绝望,"上面的政策再好,执行的也是下边。下边的不执行,我们也不知道这事儿怎么解决。"

针对农民工的各项政策,为了防止有关执行部门弄虚作假,一般在政策出台的同时就制定了种种规章制度,比如针对农民工培训开展的阳光工程,就要求首先由指定单位对农民工进行培训,培训结束后经由农民工本人确认,专项资金才能支付。安徽省一位地方官员告诉记者,即便如此,还是有一些地方弄虚作假,冒领补贴款。如果是上面没有配套资金,下面又没有指定负责执行和监督的部门和政策,执行起来就更难了。

第二章 农民犯罪现象扫描

（2005 年 7 月—8 月）

农民犯罪缘何居高不下？

　　自改革开放以来,我国农村经济得到了空前发展,农民的生活水平也有了很大改善和提高,但伴随物质文明发展的同时,农民的刑事犯罪率也在呈逐年上升之势。

　　在这种情况下,如何预防和减少农民犯罪,为农民群众营造一个良好的治安环境,就成了当前农村经济能否持续快速发展的前提,同时也是和谐社会构建目标能否实现的根本保障。

农民已成为犯罪主要群体

我国是一个农业大国,农村人口占到了我国人口的大多数,和该比例成正比的是,在所有类型的刑事犯罪中,农民在犯罪嫌疑人中也占有相当高的比例。

据重庆市垫江县检察院统计,自 2002 年至 2005 年 3 月,该县检察院共批捕刑事犯罪嫌疑人 1018 人,其中农民犯罪嫌疑人就达 787 人,占到了嫌疑人总数的 77.31%。另据山东省垦利县法院统计,2001 年,该县法院共审结各类刑事案件 77 件 110 人,其中农民 86 人,占被告总人数的 78.2%;2002 年审结 70 件 90 人,其中农民 71 人,占被告总人数的 78.9%。近两年来,该县农民犯罪比例虽有所下降,但农民占刑事案件犯罪嫌疑人的比例仍维持在 75.38% 左右。

这些数字不仅从侧面体现出了农民所处法律状态的严峻性,同时也间接提出了一个我们都不能忽视的问题——那就是从人口绝对数上而言,农民已经成为犯罪的主要群体。农民的犯罪比率居高不下,甚至还要持续上升,这种情势不仅对农村,也对城市的稳定发展构成了严重威胁。

犯罪低龄化　侵财案件集中

2005 年 3 月的一天晚上,年仅 15 岁的周添(化名)在网吧玩了一个通宵,看自己钱已花光,于是他就动起了歪脑筋。周添在武汉市洪山区洪山乡板桥村附近抢劫了一名路过的中学生 2 元钱。但就为这 2 元钱,周添付出了惨痛的代价,日前,周添因犯抢劫罪被洪山区法院判处有期徒刑 2 年,并处罚金 1000 元。

在人们看来,这只是一起偶然发生的个案,不能说明什么,但严峻的现实表明:类似案件的发案率近年来却有增无减,农村青少年犯罪的比例正在逐年增高。经常代理青少年犯罪案件的北京铭达律师事务所张凤书律师认为,农村青少年文化水平偏低、心智不成熟,加上一些青年农民厌恶像父辈一样终日过着面朝黄土背朝天的农村生活,他们对城市高消费生活方式充满向往,但因没有一技之长或根本不愿通过诚实劳动来换取劳动果实,因而很容易走上犯罪的道路。

仍以重庆市垫江县为例,2002 年至 2005 年的 3 年间,该县农民犯罪嫌疑人年龄最小的只有 14 岁,最大的 72 岁,而 18 岁至 35 岁的青年农民犯罪嫌疑人共有 467 人,占到农民犯罪总人数的 59.34%;18 岁以下的犯罪嫌疑人 109 人,占农民犯罪总人数的 13.85%,此两部分人数之和达到 576 人,占该县犯罪人口的 73.19%。

此外,在农民实施的各类犯罪中,以盗窃、抢劫、强奸、故意伤害、杀人和拐卖妇女儿童等 6 种犯罪最为常见,该 6 种犯罪甚至占农民全部刑事犯罪的 90% 以上,其中尤以侵财类犯罪最为突出。

法律意识淡漠仍是犯罪主因

长期以来,由于受历史、政治等多种因素的影响,封闭、愚昧、落后一直就是我国农村、农民的代名词。改革开放以后,我国农民的物质文化生活实现了质的飞跃,但农民的整体文化素质和法律意识仍停留在较低层面,这也就成为导致农民犯罪众多因素中最致命的内因。

在由农民实施的刑事案件中,犯罪嫌疑人的文化程度多为文盲、小学或初中毕业,高中以上学历者甚至不能达到一成。文化水平偏低,对法律常识知之甚少,对自己行为的性质、后果缺乏起码的准确判断和定位,甚至干脆连什么是犯罪行为都不知道,这样的文化素质引发犯罪也就不足为奇了。

在众多的刑事案件中,很多案件都是因为鸡毛蒜皮的小事引起的,在法律意识和情绪冲动的对抗中,许多农民的法律意识总是位居下风,当犯罪既成后,犯罪嫌疑人又都会无一例外地表现出深深的悔恨和自责,但这一切总是为时已晚。

心理失衡摒弃法律底线

虽然我国经济发展速度较快,但是农业生产力水平总体仍然比较落后,在市场经济条件下,这种落后的生产力状况加上人多地少特点的影响,就使得我国农村大约有三分之一的劳动力处于闲置状态,这些富余劳动力急欲寻求新的就业门路,特别是一些青年农民,他们在对父辈生活方式的价值评价中,心理产生了失望和不甘情绪,他们崇尚城市人的生活方式,但由于自身文化水平较低,又无专业和技术特长,因而在外出务工过程中只能依靠出卖体力赚取微薄的报酬。面对城乡经济发展日新月异的差距,面对社会财富分配的多元化,面对收入水平差距的不断扩大,一部分在打工路上屡屡受挫的农民心理开始严重失衡。

在这种情况下,为了尽快致富,一些农民抛弃道德和法律的底线,放弃了诚实劳动,选择了自认为最直接也最快的致富之路——犯罪。如前些年出现的非法传销,以及近年来出现的农民盗窃原油案件。

通过对农民犯罪类型的统计,盗窃、双抢等侵财性案件频发也从另一个方面说明,农民实施的犯罪仍以财产类为主要目标。为了钱,为了能过有钱人的生活,一些农民不惜铤而走险。但他们没有想到的是,采取这样的方式挣钱等待他们的必将是漫长的铁窗生涯,而那些看似得来容易的财富也会在转眼间灰飞

015

烟灭。

犯罪离农村青少年有多远？

伴随我国农村经济的不断发展，各种新事物、新思想开始涌入农村，在这些新鲜事物中必然掺杂的不良思潮直接或间接诱发了农村青少年的犯罪，而这种令人担忧的局面还有进一步蔓延和恶化的趋势。那些失足的农村青少年就像是即将绽放的花朵，在一瞬间突然凋零……

数字下的严峻现实

目前，我国青少年犯罪的总体趋势是呈不容乐观的上升态势，犯罪人数增多，案情复杂，手段成人化，恶性案件突出是青少年犯罪最突出的特点。相关资料显示，近年来，我国青少年犯罪已占到全国刑事犯罪总数的70%，其中15岁至16岁少年犯罪又占到了青少年犯罪案件总数的70%以上。整个青少年犯罪中，18岁以下青少年犯罪则高达80%以上。

在这当中，农村青少年的犯罪又占到多大比重呢？据安徽省枞阳县法院对该县过去5年间刑事犯罪案件进行的统计表明，农村青少年涉及的犯罪案件共120件，占整个青少年犯罪的66.7%，而枞阳县检察院检察委员会的程炳武委员告诉记者，这一比例在现实中只低不高，实际情况比世人想象的要严峻得多。

而且，不同于城市青少年犯罪的是，农村青少年犯罪还有其自身特点，农村青少年犯文化程度普遍偏低，法制观念极其淡薄。河南省在对179名农村青少年犯做的抽样调查显示，初中以下文化程度占95%，其中74人是小学文化程度。

此外，由于农村经济相对落后，农民生活艰苦，贫富差距拉大，农村青少年犯罪多以满足钱财欲望为主，侵财类犯罪占绝对多数。

两肋插刀结伙犯罪

2004年8月，广西北海市合浦县公馆镇浪坡村一个被称为"徐氏集团"的家族犯罪团伙在广西北海受到终审判决，全部 18 名被告人中，16 人被判处 10 年以上有期徒刑的重刑，其中 5 人被判处死刑，除一人被缓期两年执行外，其余 4 名主犯均被立即执行。该团伙从 1999 年 8 月至 2001 年 7 月，在途经公馆镇的 325 国道上结伙持枪抢劫，作案 28 起，抢劫赃物价值 8 万多元，杀死一人。

令人震惊的是，这 18 名犯罪团伙成员除一人外，全部都是叔伯兄弟，他们的年龄大都在 19～29 岁之间，更有六七人犯罪时年龄尚不足 18 岁。

虽然这只是一个极端的典型案例，但该案仍向我们透露出一个不容忽视的新动向——农村青少年团伙犯罪趋势明显。这类犯罪从行为上看，具有纠合性、盲目性和冒险性等特点。由于青少年缺乏对行为后果的评判能力，他们淡薄的法律意识被宗族观念、哥们义气所代替，"为朋友两肋插刀"是他们行为的指导信条，"徐氏集团"的形成就是最佳佐证。

农村青少年纠合形成犯罪团伙后，他们相互模仿、相互影响，以大带小、以老带新，使团伙犯罪迅速发展蔓延，但这种团伙由于缺乏严密的组织结构，遇事临时起意，随意结伙，因此比较松散。但为了恃强逞能、在团伙中造就威严地位，不少团伙成员会在犯罪中表现的胆大妄为、心狠手辣，甚至会以手段残暴来赢得同伙的"尊重"。

让孩子吃好穿好就行了？

我国计划生育政策实施到今天，农村独生子女明显多了起来，农村青少年的生理、心理发育受整体经济、文化等因素影响周期也在变短，他们的个人意识普遍增强，而自我约束能力相应较弱。再加上农村青少年文化素质不高、法律意识淡薄，一些腐朽、落后的东西便很容易侵蚀他们的思想。在被人教唆后，农村青少年往往很少能认识到行为的危害性和法律后果，容易偏离正道，走上犯罪之路。在这种情况下，甚至还曾经出现过青少年报复杀人，在民警为其做完讯问笔录后，要求民警送其回家的可悲情形。纵观大量类似的农村青少年刑事案件，不难看出这都与他们的无知和法律意识淡薄有着极其密切的关系。

此外，家庭教育环境差也是农村青少年犯罪不容忽视的主要原因。和城市的父母不一样，农村父母对孩子的监管多半仅局限于对其生活上的照顾，很多人认为"能让孩子吃好穿好就行了"，他们对青少年在成长中遇到的生理、心理困惑及烦恼，不能助其及时有效地排解，要么是"大撒把"式的放任自流，对孩子的成长和交友不管不问,要么就是简单粗暴的"棍棒教育",使孩子产生想要摆脱家庭的心理阴影。这些极端的教育方式,对本就缺乏是非辨识能力的青少年来说更像是犯罪催化剂,使他们更容易沾染坏习气,受不良思想蛊惑从而走上犯罪之路。

"物质至上"＝价值标准?

随着我国经济的快速发展,在百姓日子富裕起来的同时,也有很多不健康的思想和文化产品浸染在我们的周围。对于青少年来说,他们在成长的过程中要面临太多邪恶的诱惑,农村的孩子也不能幸免。

如今,不利于青少年成长的因素实在太多,电视电影、书刊中不可避免充斥着色情暴力;建在学校周边的网吧、游戏厅牵扯了孩子们太多的注意力;更有甚者,大大小小的歌舞厅、美容院、农家乐等娱乐场所都将青少年看成可拉拢的客源,所有这些对成年人来说可能早已习以为常,但对青少年来说,他们天生的好奇心和强烈的模仿欲总是在内心深处蠢蠢欲动,在和自己朴素的好恶观作过一番激烈搏斗后,好奇心很轻易地占据上风,他们会尝试着去接近诱惑,往往事后才知道要为自己的行为付出惨痛的代价。譬如各地多有发生的青少年因无钱上网而去抢劫、绑架,乃至杀人的报道,对任何人而言都已不再新鲜。

在市场经济条件下,追求利益最大化早已不再是企业的行为准则,它甚至已经演变成很多人生存的意义和行为的标尺。在这样的大环境下,农村青少年也就理所当然地认同了"赚钱体现能力"的评价标准,"不读书照样可以挣大钱"在农村青少年中有很大的市场,甚至已成为部分家长和孩子的共识。这就直接导致农村青少年价值观念的迷惘,"物质享受至上"使青少年极易陷入对生活的无度追求中,使意志薄弱者最终跌入迷途,走向犯罪。

"学分决定一切"还要不要法制教育?

农村青少年犯罪日益增多,也有学校法制教育滞后与偏差的原因。目前,我国的教育体制片面追求升学率,中小学校注重的是学生的笔头功夫,"只要学习好就是好学生"的观念存在于不少老师心中。很多学校根据学习成绩将学生分配到不同的班级,安排在不同座位,为的只是一个目的——使学习好的(学生)成绩更好,而在传统的思想教育和精神文明建设方面,学校投入的力度明显不足。

在"学分决定一切"的今天，那些学习差的农村青少年为了摆脱被轻视、被歧视的境遇，他们开始在虚幻的网络世界里寻求被认可，于是就不可避免地踏入"成绩差——逃学——撒谎——辍学——犯罪"的恶性循环之中，而将他们推向犯罪边缘的，除其自身原因外，学校法制教育的缺失和滞后也一样难辞其咎。

北京联合大学的韩如冰老师认为，农村青少年受其特定成长环境的影响，其生理、心理诉求都处于发育成长时期，他们在这个时期开始学着用自己的眼光打量社会、评价社会，但由于缺乏免疫能力，最易受不良东西影响而腐蚀堕落成违法犯罪分子。因此在这个意义上而言，学校的法制教育就显得特别重要。但法制教育应区别于思想政治教育，应由法律工作者理论联系实践，系统全面地对学生施教。

然而现实是，很多城市的中小学校都没有开设专门的法制教育类课程，更不要奢望农村的孩子能在学校接受本该接受的法制启蒙教育，农村青少年法制观念薄弱也就不难理解了。

农村女性：犯罪中的加害者还是受害者？

在人们的传统观念中，农村女性历来是"吃苦耐劳，隐忍善良"的化身，人们很难将她们与"杀人越货，穷凶极恶"这样的名词联系在一起。然而，随着我国社会变革步伐的不断加快，农村女性犯罪率也在呈逐年上升之势，而且表现出与男性犯罪完全不同的特点。究竟是什么使她们走上背离法律与人伦的道路呢？

只有摒弃狭隘的世俗观念，增强法制意识，自尊自强，才能使农村女性远离犯罪。

农村基层调解到底有多重要？

海南省琼山市演丰镇龙头村农民林英娃，1999 年 12 月，她怀疑自家芋头被邻居孙梅玉偷去，便将后者左手小臂骨拧折，并用镰刀刀把砍击孙梅玉的头部和胸部，造成孙梅玉身体多处受伤。

郑艳(化名),河北省霸州市霸州镇农民。2000 年 4 月,以卖冷饮维持生计的郑艳,与卖水果的王瑞霞因摊位占地产生矛盾。在一次激烈争执中,郑艳用水果刀将王瑞霞刺死,王瑞霞的丈夫勇新杰也被郑艳刺伤右腿及左肩部,造成轻伤。

这些其实只是近年来农村女性犯罪之一瞥,与之类似的案例更是不胜枚举。归纳起来,这类案件起因多由一些家长里短的琐事引起,矛盾双方其实完全可以心平气和地坐下来协商解决。但农村女性由于受历史、社会等多重因素的影响,文化素质普遍偏低,在一些地区,很多农村女性都处于文盲与半文盲状态。以广西钦州市为例,2000 年以来,该市检察院批捕的 268 名农村妇女中,只有小学及以下文化程度的就占到了 87.6%,与之相对应,她们的法制意识淡薄也就势在必然。

此外,由于生活环境相对闭塞,世俗的不良观念容易被农村女性接受,相对狭隘的观念加上爱钻牛角尖、遇事不冷静的头脑,往往会使她们做出一些不计法律后果的事情来。

在这种时候,农村基层组织对民间矛盾纠纷的调解就显得格外重要。但现实的情况是,一些基层政府办事效率低下,作风冗沓,不能及时有效地化解民间纠纷,致使某些原本可以得到解决的矛盾不断激化。还有一些农村基层组织,对家庭矛盾、邻里纠纷采取"多一事不如少一事"的态度,对调解工作能拖就拖,对侵犯农村女性合法权益的行为制止不力,任凭事态扩大,最终以"解决不了"为由放弃调解,从而导致严重的暴力犯罪发生。文章开头那两则案例的当事双方,如果都能得到村委会的及时劝解调和,悲剧就完全有可能避免。

家庭暴力中的加害者还是受害者?

"家庭暴力"早已不是什么新鲜话题,但它真真切切地存在于我们的周围,而且其有增无减的势头无疑也是激发女性犯罪的又一重要因素。

2003 年 8 月,河南省临颍县农妇王娟(化名)因不堪忍受丈夫长期的殴打、谩骂,将丈夫杀死在家中。只有小学文化的王娟,与本村青年王军(化名)结婚以来,经常遭到丈夫殴打。不仅如此,王军甚至还曾在酒后对岳母施以拳脚。8 月 23 日凌晨 1 时许,王军酒后回到家中,再次无故暴打妻子,被激怒的王娟再也无法忍受,冲动之下用电线将丈夫勒死。

李继红(化名),上海市浦东新区一村委会干部,在村里为人谦和的她经常做调解工作。但令人无法想象的是,作为村里的妇女干部,李继红本人却将丈夫对其实施的家庭暴力默默忍耐了20年。2004年7月,在与丈夫发生一次激烈的口角后,终于忍无可忍的李继红将丈夫孙飞(化名)杀死。

在我国一些农村地区,男尊女卑观念依然严重,甚至在某些封闭的山区农村,丈夫对妻子俨然有"生杀予夺"的大权。由于绝大多数农村女性缺乏独立的经济来源,在家中对丈夫形成依附关系,因而当她们面对家庭暴力时,就只能忍气吞声,当对丈夫的积怨到相当程度时,就可能导致恶性伤害案件和杀人案件的产生。

据哈尔滨市妇联统计,在遭受家庭暴力侵害的农村妇女中,超过70%的妇女认为家庭暴力是家丑不可外扬,不能声张。另据对农村妇女遭受家庭暴力调查结果显示,只有29%的农村妇女明确表示没有遭受过丈夫殴打。引发农村家庭暴力的主要原因排在前三位的分别是:夫妻性格不合、打牌赌博、婚外情。此外,经济条件差、生活负担重也是农村家庭暴力产生的一个重要根源,男性为缓解压力必然寻求某种发泄途径,酗酒后殴打妻子对他们而言就成为泄愤的唯一选择。

从这个角度讲,因家庭暴力导致犯罪的农村女性多是由最初的受害者转变为后来的加害者,这种角色的转换无疑是最让人痛心的。

"物质女郎"对农村女性有多大冲击力?

在我国市场经济高速发展的今天,伴随着西方价值理念的进入,一些腐朽没落的生活方式也乘虚而入。这些腐朽的价值取向不仅刺激着城市人,而且对农民也产生了极大的冲击,特别是农村女性,面对经济大潮下社会价值多元化的趋势,她们朴素的传统思想也在悄悄发生着蜕变。

为数不少的农村青年女性在利益和诱惑面前,她们更向往过城市人那种灯红酒绿的物质生活,于是她们随着进城务工的民工潮开始大量涌入城市,尽管这些地方令她们感到无比陌生,甚至随处都潜伏着可能出现的险恶,但她们仍然义无反顾,选择把"赚钱"作为人生的最大乐趣和终极目标。

但令这些农村青年女性很快便陷入失望情绪的是,找工作并不像她们想得那样容易,即便找到工作,由于缺乏一技之长,少得可怜的薪金也足以令她们产生"另辟蹊径"的想法。在城市生活中遇到的事业与情感双重挫折,使得一部分农村年轻女性人格畸变,发生扭曲,继而产生犯罪欲望,于是,一些农村女性便开始走上诈骗、盗窃、抢劫和卖淫等违法犯罪道路。

另一方面,由于城市相关部门对流动人口的监管存在巨大缺口,一些在城市打工的农村女性都处于"黑户"状态,她们居无定所,流动性大,从胆战心惊的第一次违法犯罪中初尝甜头后,侥幸心理驱使她们步步深陷,不能自拔。长此以往,罪恶感和羞耻感在她们心里被日益明确化的物欲所代替,"物质女郎"就成了这部分犯罪的农村女性最佳写照。

农村女性犯罪率的不断增高给社会带来了新的不安定因素,也给我们敲响了预防农村女性犯罪的警钟。从社会治安角度而言,与打击犯罪相比,更重要的是进一步改善农村女性的生存环境和发展条件,而这其中,最重要的就是改变社会资源配置体系中存在的性别歧视,调整传统文化对两性心理塑造及角色的既有认定。农村女性也只有不断加强自身文化修养,善用法律武器维护合法权益,才能让自己真正远离犯罪。

农民工:扒在"城市巨轮"船帮上的人们

随着我国城市化进程的加快,大批农民涌进城市加入城市建设的大军。这些从农村涌入城市的建设者们组成了我们这个时代特有的一个群体——农民工。他们从事着辛苦繁重的工作,为城市建设做出了巨大贡献。但同时,由于种种原因,农民工犯罪率也在日益上升,成为威胁城市治安的重要因素。

生活在城市边缘衍生的屈辱感

农民工这个特殊群体,城市人谁都不会感到陌生,因为他们就生活和工作在每个城市人的周围。城市人对农民工的了解多半会用"脏、没规矩、工作辛苦"等互不关联的简单词汇加以概括,但也有不少人认为"农民工大量激增是导致社会治安环境变差的主要原因",究竟现实情况如何呢?

据不完全统计,1994年中国农民工数量为6000万人,1999年达到8200万人,2000年达到8840万人,而2004年全国进城务工的农村劳动力已高达1.4亿人。10年的时间,农民工人数就增加了一倍还多。事实上,这个数字还在以每年千万人的速度快速增长。在城市中,农民工从事的都是最繁重、最危险、最脏、最苦、最累的工作。与之相应,他们的生存环境也一样的艰辛而令人心酸。劳动环境差,工资待遇低,人身受歧视,权益没保障,这些就成了广大农民工真实的生存写照。

对此,中国人民公安大学教授王太元认为,城市就像一艘永不停止的巨轮,城市人坐在船上,而农民工则扒在船帮上费劲地渡河。其实,这个比喻形象地说明了农民工的处境,他们从乡村的熟人社会来到城市所谓的匿名社会,犯罪成本大大降低,不被城市接纳,永远生活在城市边缘,这使农民工与城市人之间的对立情绪日益加剧,面临巨大的心理落差,心头总有挥之不去的被剥夺感和屈辱感,所有这些都会直接和间接导致农民工犯罪的激增。

"阿星们"被迫选择的"正义"

不久前,多家媒体都曾报道过深圳的"阿星杀人事件",这虽是一起个案,但却带给记者深深的思考——在1.4亿的农民工中,究竟有多少个"阿星"呢?

阿星和工友们每天工作12小时,每月工资却只有300元,在一次旷工之后,厂方不容置疑地开除了他。收拾行李准备走人的阿星本应拿到2000元工钱,但厂方却只给了他600元,面对这一切,阿星仍然选择了默默忍受,但接下来主管"不失时机"的临别训斥,使阿星埋在心底的怒火突破了理智底线,阿星杀人了!

有人说,农民工文化素质普遍较低,流动性强,不便管理,是他们犯罪率高发的主要原因。事实上,这种只将责任归咎于农民工的说法,已经背离了农民工犯罪的本质。虽然不能排除有些农民工是因为上述原因主动实施犯罪行为,但大量鲜活的案例也包括阿星都在告诉我们,阿星杀人,有其深刻的社会保障制度缺位的原因。

城市人在置疑农民工导致社会治安状况每况愈下的同时,是否问过自己:城市为农民工做了些什么?

现在的社会保障制度主要是保障城市居民,对于农民工则还有相当多的政策、制度需要完善。农民工进城务工缺少必要的组织,当他们权益受损时,往往只能凭借个人力量去讨回公道,这种力量是何等的薄弱啊!一个文明和谐的社会,首先就应当是人人平等、公平正义的社会,如果社会给不了农民工应有的正义,"阿星们"只能在绝望的情绪下选择他们认为的"正义"之道,那势必导致更多的犯罪。

生活的全部——干活吃饭睡觉

农民工进城务工为城市建设做出的贡献是巨大的,同时产生的经济效益也是巨大的,但他们的精神世界却是城市人根本无法承受的极度贫乏。

在北京市朝阳区一个建筑工地外,记者看到一群正在吃晚饭的农民工,他们沿着人行便道或蹲或坐。当记者问道:吃完晚饭业余时间如何打发时,这些人大都憨厚地一笑,有的说晚上还要赶工,没时间休息;有的说玩牌、喝酒、聊天;也有的说就这么在马路牙子上坐着,看街景和来往的行人。最后这个回答让人听起来难免有些心酸,但这就是农民工现实的精神生活。

据 2004 年北京城建集团做过的关于"农民工业余生活状态"调查表明,有60% 以上的农民工 10 年内没有看过电影。长年累月单调的生活使他们陷入到"干活—吃饭—睡觉—干活"的怪圈,这个怪圈左右了他们生活的全部内容。

不论男女,农民工大都是一些精力旺盛的年轻人,他们有作为一个人所应具备的七情六欲,他们也渴望享有爱与被爱的权利,可在一座座钢筋水泥搭建的城市丛林里,他们的精神世界完全被忽略和遗忘了。

农民工不仅要承担沉重的劳动和生活压力,而且由于长期不能与配偶团聚,无法过正常的夫妻生活,加之又缺乏健康的业余文化生活,使得相当一部分农民工通过看黄色录像或黄色书刊来打发时间,排解欲望,久而久之,导致性压抑、性饥渴,甚至铤而走险引发性犯罪。

所幸的是,农民工业余文化生活匮乏的现象已经引起政府的重视,目前,各级政府通过开办农民工电影专场、农民工图书馆等方式来引导农民工享受健康充实的文化生活。

贫穷仍是万恶之源

在各地由农民工实施的犯罪中,侵财类案件都占到了绝大多数,这与农民工过于低廉的劳动力价格以及贫穷的经济状态有着最为直接的关联。据哈尔滨市道里区检察院统计,2004 年,该院批捕的 55 名外来农民工犯罪嫌疑人中,盗窃的26人,占农民工犯罪的47%,抢劫、抢夺罪者占20.8%。

贵州省社会科学院法学所副研究员李青认为,贫困导致犯罪是不争的事实。消除贫困,扩大就业,满足农民工基本的生活保障,帮助农民工寻求更多致富途径,才是消除农民工犯罪的有效途径之一。

上文提到的阿星,出生在广西壮族自治区天等县上映乡温江村山岱屯。因为贫穷,那里的孩子大都早早地走出大山,来到城市打工。但因为没有一技之长,找一份像样的工作对他们而言就成了头等难事。在贫困交加之时,"老乡"这种最原始的人际纽带将这些农民工维系在了一起,面对恶劣的生存环境,面对城市人歧视的目光,他们决定以犯罪手法换取生存权利,于是就有了震惊深圳的"广西砍手党"。

此外,农民工因为经济原因实施的侵财类犯罪,还有一个突出特点,那就是具备明显的季节性。每年春节前夕,一些农民工劳作了一年却因资方拖欠工资而拿不到应得的钱回家,于是盗窃、抢劫类案件的发案率就会明显增多。在这时,犯罪便造就了一个可悲的意义——既成为夺财的手段,也成了平衡心灵的慰藉。

农村干部:"三大员"成为"高危人群"

农村干部是我国农村基层带领农民奔小康的排头兵,他们不仅管理农村的公共事务,而且有时还在一定范围内协助政府从事某些工作,真可谓"村官"虽小,权力不大,但管的事却不少。但近年来,农村干部犯罪频发已引起社会的广泛关注,它不仅破坏着基层的干群关系,而且还严重阻碍了农村经济的正常发展。

村干部也存在职务犯罪

随着我国农村经济的快速发展和乡镇体制的调整改革,广大农民逐步走上了富裕之路,作为农村各项工作组织者和领导者的农村干部功不可没。在这种情况下,一些农村干部开始受不良思想侵蚀,背弃了最初带领村民共同致富的誓言,利用手中的权力大行违法犯罪之事,而且还有明显的上升之势。

据河北省威县检察院统计,2002年该院立案查处农村干部犯罪案件4件4人,占全年立案数的37%;2003年查处7件7人,占全年立案数的64%;2004年查处5件6人,占全年立案数的55%;2005年上半年查处7件8人,占立案数的62.5%。而且这些犯了事的村官多半都是栽在了经济问题上,其中,贪污、侵占、挪用公款等财产型犯罪已经占到农村干部犯罪总数的53%。

事实上,早在2000年4月,全国人大常委会《关于刑法第九十三条第二款的解释》就确认了村委会等村基层组织人员在协助人民政府从事有关行政管理工作时具有国家工作人员身份。换句话说,尽管村委会等农村基层组织人员不享有国家公务人员的权利和义务,但他们协助人民政府从事国家公共事务管理时,如果利用职务便利,非法占有公共财物、挪用公款、索取他人钱财或者非法收受他人财物,构成犯罪的,就要适用贪污罪、挪用公款罪、受贿罪等相关法律规定。

从这个角度而言,农村干部就具备了"准国家工作人员"的身份,这就决定了他们的某些犯罪行为必然要被划分到职务犯罪的范畴中去。

"三大员"成为"高危人群"

在农村干部职务犯罪中,涉案人员多是村级基层组织的主要负责人,而且主要集中在村支书、村主任和村会计这"三大员"身上。之所以产生这种情形,很大原因在于村干部权力过于集中,村委会和村民代表大会形同虚设。

虽然村务公开制度已经被写进了村民自治条例,但在一些地方,村务公开还是流于形式,公开的内容多是些无关痛痒的村务项目。当村务公开成为一种摆设,当权力缺乏应有的监督,一些村干部也就变得有恃无恐,大权独揽、搞一言堂,拉帮结派,培植个人势力,为达到自己的目标,不惜使用各种手段打压排挤"不同声音"。民主意识在这些村干部头脑中,根本就不存在。

记者也曾接触过一些农村干部,他们或多或少有这样的认识,由于自己不是国家正式干部,任职时间不过短短的几年,如果不趁现在捞上一笔,过期权力可就作废了。有些村干部甚至直言不讳地告诉记者,当官就是为了"多捞些钱"。正是在这种心态的驱使下,"抓紧时间,大肆敛财"就成了某些"三大员"压倒一切的行为准则。

"村官"虽小,权力有限,然而一旦蜕变,其犯罪对农村社会的危害却是巨大的。职务犯罪的本质就是以权谋私,损害公众利益。由于"三大员"工作在农村最基层,他们朝夕面对的就是广大农民群众,其犯罪往往会直接损害农民最切身的利益,因此也最易激化矛盾,造成干群关系紧张,引发群众上访,甚至集体上访、越级上访。在河北省大厂县检察院经办的28件农村干部职务犯罪中,有18起引发了群众上访,占64%。由此可见,农村干部犯罪已经成为引发地方群众上访的主要因素之一。

"村里的钱就是我的钱"

近年来,随着城市化进程的加快,原本是农村的地方也渐渐融入城市,成为城市的一部分。在土地开发征用过程中,涉及到的土地补偿等各种专项资金下拨到村级集体组织,根据法律规定,本应由村民委员会行使的财务大权,在一些农村被村主要负责人变相把持,甚至有些农村干部荒唐地认为,"村里的钱就是我的钱",于是在财务上出现了"一人独断、一笔独签"的现象,这也为农村干部经济犯罪埋下了隐患。

1997年10月至2002年间,浙江省慈溪市观海卫镇新泽村合作社以牟利为目的,违反土地管理法规,非法将村集体所有的54.6亩土地的使用权转让给他人用作宅基地等用途,从中非法获利250万余元。其中,时任经济合作社社长的翁贤达在1997年10月至1999年下半年期间,非法获利112万余元。翁贤达的继任翁金田,在担任新泽村主要负责人期间,私自转让给外村自然人和单位土地使用权共计29.08亩,非法获利138万余元。

此案当年在慈溪市曾引起不小的震动。这些农村干部之所以能利用职权非法牟利,就是钻了村财务制度混乱的空子。一些农村,只有会计没有出纳,有的是会计、出纳一人兼,有的是村干部兼任出纳,总之,财会人员配备随心所欲,毫无规范可言。此外,村财会人员业务素质低也是不争的事实,记假账、私设小金库、随意打白条入账等现象还十分普遍。这其中虽不排除村会计是在村主要负责人的授意下不得已而为之,但只要财务正规化管理跟不上,财务不透明,就必然为诱发村干部经济犯罪提供方便,为那些腐败村干部造就可乘之机。

"村官"就是"土皇帝"?

农村干部本应是群众主心骨、致富带头人,但在一些农村,村干部信奉的却是"顺我者昌,逆我者亡"的人生信条,在村里扮演"太上皇"的角色,在村务管理中简单粗暴,实行"一言堂",甚至在遇到"阻力"时不惜使用暴力排除"障碍"。慑于村干部的势力,就出现了村民们不敢管,村代表不能管,乡政府不会管的现象,于是个别村干部变得更加肆无忌惮,飞扬跋扈。

　　对此,北京市鼎铭律师事务所的张凤书律师认为,出现上述情况,有选举、监督、制约三方面的原因。那些幻想通过贿选、逼选等不正当手段破坏选举,以此获选的人,在他们心里装的绝不会是全体村民,这些人一旦走上村负责人的岗位,注定会滥用职权,谋取私利。因此,保证村民能够按照自己的意志行使权利,乡镇纪检加强监督,防患于未然,才能最终消灭农村的"土皇帝"。

第三章　农民工艾滋病防治调查报告

（2005 年 9 月）

关于农民工艾滋病防治知识的调查

北京市疾病防控中心统计的数据表明，全市区累计报告艾滋病感染者 2226 例，艾滋病病人 289 例。其中，2005 年 1—7 月，全市共检出艾滋病病人 365 例，其中感染者 311 例（6 月至 7 月检出 81 例），艾滋病病人 54 例（6 月至 7 月新增 20 例），比较去年同期，感染者和病人数分别增加了 53.2% 和 42.1%，超过半年前评估后公布的艾滋病在北京年均递增 40.6% 的速度。2005 年 7 月 23 日，卫生部新闻发言人在清华大学组织的艾滋病与媒体报道研讨会上说农民工等群体是艾滋病传播的高危人群。近期卫生部将把这些人群作为预防宣传的重点人群。为了解艾滋病防治知识在农民工人群中的普及程度，经济日报农村版从 8 月 4 日开始进行了为期一个月的调查分析。这次调查的对象全部是农民工，包括保安员、保洁员、售货员、餐饮业人员、建筑工人、家政人员、个体户、美容美发业人员等。10 名调查员经过培训后，深入建筑工地、商店、美发店、居民小区和家政服务机构中采用当面访问的方法进行调查,调查中发放问卷 352 份,回收问卷 326 份,经检验复核,确认有效问卷 300 份。

一、基本资料

1. 性别

在 300 份有效问卷中,男性 205 人,女性 95 人。

2. 年龄

年龄分布以中青年为主,25 岁以下的 152 人,26—40 岁的 111 人,41 岁以上的 37 人。

3. 文化程度

高中及以上学历的 87 人,初中学历的 179 人,小学学历的 32 人,文盲 2 人。

4. 目前职业

保安员 31 人,保洁员 14 人,售货员 17 人,餐饮业人员 34 人,建筑工人 93 人,家政人员 11 人,个体户 26 人,美容美发业人员 22 人,其他 18 人,所从事的职业不稳定的 23 人,无业人员 11 人。

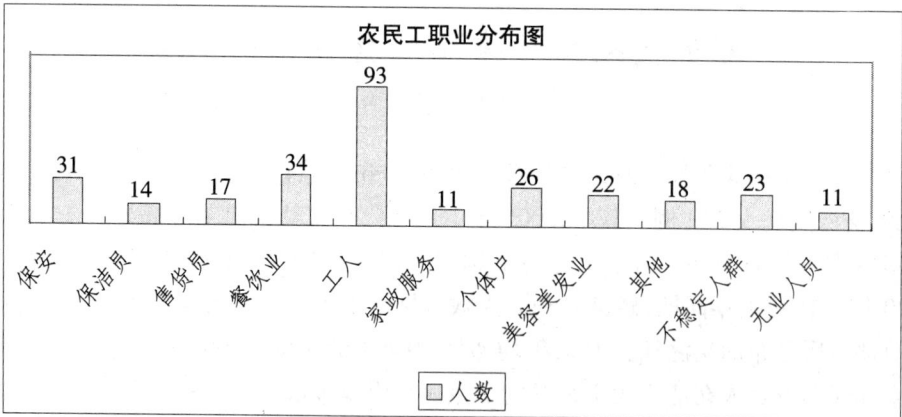

农民工职业分布图

保安	保洁员	售货员	餐饮业	工人	家政服务	个体户	美容美发业	其他	不稳定人群	无业人员
31	14	17	34	93	11	26	22	18	23	11

□人数

二、基本知识

1. 您是否知道艾滋病?

有 210 人知道艾滋病这个病的名字,占 70%,有 29 人根本不知道什么是艾滋病,占 9.67%,还有 61 人对艾滋病知道的很少,占 20.33%。两项相加,30%

的农民工对艾滋病几乎不知道或知道得很少。

2. 您是通过什么渠道知道艾滋病的？

有272人是通过报纸、电视、广播、电影等传播媒体知道艾滋病的，有42人是通过他人谈论得知艾滋病的，有15人是在学校的学习过程中了解艾滋病的，还有13人根本不知道艾滋病。从数据可以看出农民工人群对外界事物的了解大都是通过传播媒体，这表明我们的宣传教育部门和卫生防疫体系在其中还可以发挥更大的作用。

3. 您知道艾滋病的全称吗？（什么是艾滋病）

有77人认为艾滋病是性病，有31人认为是梅毒，有104人选择了正确答案"获得性免疫缺陷综合症"，有19人认为是癌症，还有81人不知道艾滋病的全称是什么。其中，还有一些人认为艾滋病就是性病和梅毒，它们三者是同一种病。不难看出有2/3的农民工人群对艾滋病知识不了解。这说明虽然对"您是否知道艾滋病"的问题，有2/3的人回答"知道"，但是从这道问题反映出实际上只有1/3的人知道艾滋病是什么，大多数人并不真正了解艾滋病，就是说在农民工以为自己"知道"时，其实大部分人并不知道艾滋病是什么。

4. 您知道世界艾滋病日吗？

有15人认为是9月10日，占5%，有83人认为是正确答案12月1日，占27.67%，有55人认为是3月12日，占18.33%，还有145人不知道世界艾滋病日是哪一天，占48.33%，除此，还有2人未作答。这个数字显示出农民工人群对世界艾滋病日的了解很少，在调查过程中发现，尽管有人选择12月1日，但实际上并不知道这是正确答案，纯粹是猜测得出。

5. 您知道到什么地方可以做艾滋病的病毒检测吗？

有13人同时选择了我国省、市级卫生防疫站、皮肤病防治所和各大医院，即正确答案，占4.33%，选对2项正确答案的有53人，占17.67%，选对1项正确答案的有197人，占65.67%，一项正确答案都未选择对的有15人，占5%，选择不知道的20人，占6.67%，未作答的2人，占0.67%。这个最基本的常识，却只有4.3%的人知道，可见，一旦出现问题，农民工的应对能力相对较差，而由于经济条件等方面的原因，更可能导致到小医院、个体诊所应付了事或不去检测等现象，从而加大感染概率或延误治疗时机。所以在农民工人群中应该加大对艾滋病常识的普及力度，尤其是普及预防和检测基本知识。

农民工对艾滋病病毒检测机构了解剖析图

0.67%
6.67%
5%
4.33%
17.67%
65.67%

■ 全部答对
■ 答对两项
□ 答对一项
□ 全部未答对
■ 不知道
■ 未作答

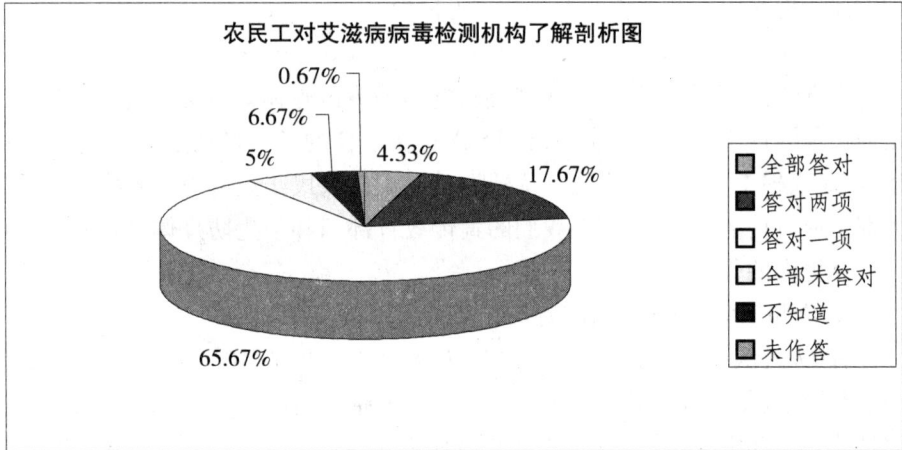

6. 您认为自己是否有可能被感染艾滋病?

有 68 人认为根本不担心,占 22.67%,有 128 人认为应该不会被感染艾滋病,占 42.67%,理由是自己的生存环境比较安全,身边没有患艾滋病的人。并且他们能够在日常生活中控制自己的行为,所以认为自己没有患艾滋病的危险,这种态度说明虽然他们相信自己能够远离艾滋病,同时也表现出了他们对艾滋病的传播过于轻视,忽视了艾滋病传播的其他途径,如:输血、美容美发、治牙等。有 33 人认为可能会,占 11%,说明他们在一定程度上认识到了问题的严重性,还有 71 人没有想过这个问题,占 23.67%,这说明近九成的农民工完全没有预防意识并疏于防范。其中有 88.87%的农民工认为自己不会被感染艾滋病或没有想过这个问题,说明大多数农民工对艾滋病疏于防范,同时,对患艾滋病的危险认识不足。

7. 如果您身边的人患了艾滋病您会有怎样的反应?(可多选)

选择害怕的有 63 人次,选择躲避的有 38 人次,选择讨厌的有 27 人次,选择帮助的有 161 人次,选择同情的有 130 人次,还有 1 人未作答。这说明大多数农民工富有同情心,但仍缺乏有关艾滋病的知识。

三、传播途径

1. 您知道艾滋病会通过什么方式进行传播?

有 91 人同时选择血液、母婴、性,即正确答案,选对 2 项的有 63 人,选对 1 项的有 49 人,1 项都未选对的有 21 人,有 71 人既选择了正确答案,又选择了错

农民工对身边患有艾滋病的人的反应图

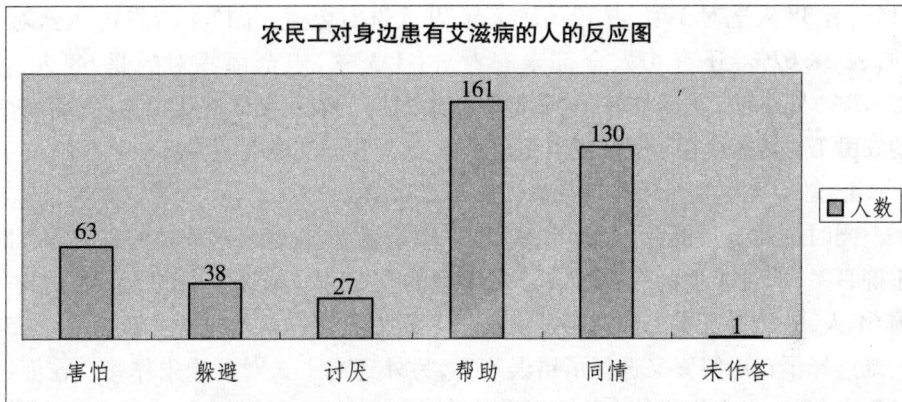

误答案,还有 5 人选择不知道。统计表明,70%的人对艾滋病的传播方式不了解或不完全了解,这是非常值得关注的问题。

2. 您知道蚊虫叮咬会传染艾滋病吗?

在 300 份有效问卷中,有 95 人选择正确答案不会,占 31.67%,有 115 人选择会,占 38.33%,有 90 人选择说不好,占 30%。很明显有 68.33%的人对此题的知识了解得很少。

3. 您知道艾滋病传播的主要途径吗?

有 33 人同时选择静脉吸毒、血液制品、性传播、母婴传播,即正确答案,占

农民工对艾滋病传播的主要途径了解剖析图

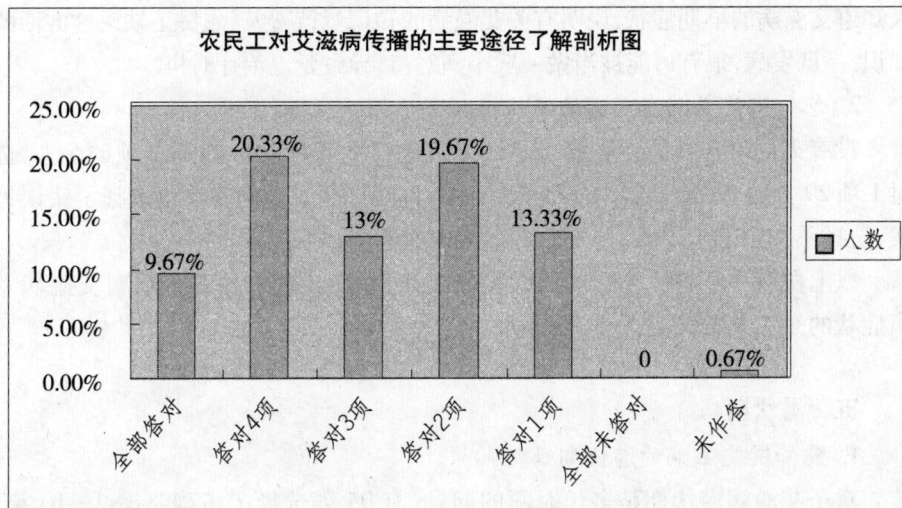

11%，有 38 人选对 3 项，占 12.67%，有 39 人选对 2 项，占 13%，有 116 人选对 1 项，占 38.67%，还有 4 人全部未答对，占 1.33%，未全部答对的是 68 人，占 22.67%，另外有 2 人未作答，占 0.67%。约 11% 的农民工了解传播途径，而 89% 的农民工对传播途径不了解或不完全了解，这对预防艾滋病的传播非常不利。

4. 您知道什么人群最容易被传染上艾滋病？

同时选择了吸毒者、卖血者、卖淫者、嫖娼者、同性恋者这五项的有 29 人，即正确答案，选对 4 项的有 40 人，选对 3 项的有 59 人，选对 2 项的 39 人，选对 1 项 61 人，被访者基本上都选对了一项以上的答案，有 14 人选择了不知道，有 57 人既选择了正确答案又选择了错误答案，另外还有 1 人对此题未作答。在面访过程中，有一名卖烧饼的个体商贩曾认真地告诉本报调查员，食用喷洒过农药的蔬菜就会染上艾滋病。

四、发病症状

1. 您知道艾滋病的早期症状吗？

同时选择伤风、流感、体重减轻、全身无力这四项的只有 1 人，即正确答案，占 0.33%，选对 3 项的有 11 人，占 3.67%，选对 2 项的 30 人，占 10%，选对 1 项 41 人，占 13.67%，1 项都未选对的 18 人，占 6%，未全部答对的 83 人，占 27.67%，选择不知道的 115 人，占 38.33%，另外还有 1 人未作答，占 0.33%。300 人中只有 1 人知道艾滋病的早期症状，说明有关艾滋病的知识亟待普及，农民工缺乏这方面的知识，一旦发病，很有可能被当做一般小病对待，导致延误治疗时机。

2. 您知道艾滋病发病时的症状吗？

没有人同时选择恶性肿瘤、痴呆、失明这三项正确答案，选对 2 项的 5 人，选对 1 项 29 人，1 项都未选对的 71 人，有 42 人既选择了正确答案也选择了错误答案，选择不知道的 151 人，另外还有 2 人未作答。

以上两题中能够完全选对的人寥寥无几，从而说明农民工人群对艾滋病发病症状的知识非常贫乏。

五、潜伏期

1. 您知道艾滋病的潜伏期吗？

对于艾滋病潜伏期是多长时间的问题，有 95 人选择了正确答案 2—10 年，

农民工对艾滋病早期症状了解剖析图

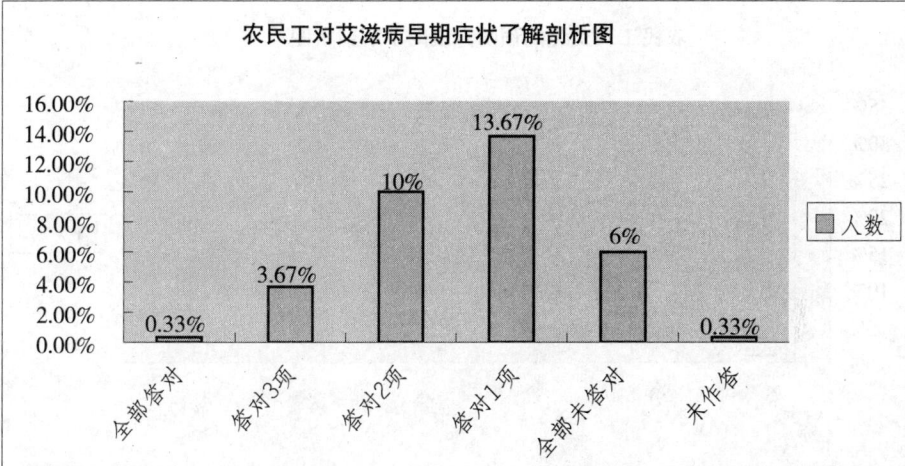

占 31.67%，有 3 人选择 1 周，占 1%，有 24 人选择 1 个月，占 8%，有 57 人选择 1 年，占 19%，还有 121 人选择了不太清楚，占 40.33%。只有 31.8% 的农民工了解这个问题，绝大多数人不了解或不清楚。

2. 您知道潜伏期的传染性吗？

当艾滋病病毒感染者处于潜伏期时具有传染性，这是一个非常重要的常识。在 300 份有效问卷中，有 123 人认为潜伏期会传染，占 41%，有 69 人认为不会传染，占 23%，有 104 人选择不知道，占 34.67%，未作答的 4 人，占 1.33%。数据显示，有 41% 的人答对了此题，说明农民工人群对此知识的了解不是很多。有一半以上的农民工对艾滋病潜伏期的传染性认识不足。

六、如何预防

1. 您知道预防艾滋病的方法吗？

同时选择不盲目输血或血液制品、正确使用安全套、使用一次性和消过毒的针头和注射器这三项正确答案的有 96 人，占 32%，选对 2 项的有 89 人，占 29.67%，选对 1 项 87 人，占 29%，全部没有选对的 11 人，占 3.67%，有 13 人选择不知道，占 4.33%，另外还有 4 人未作答，占 1.33%。约有 32% 的农民工知道正确的预防方法，67% 的农民工不知道这一重要的基本知识。

2. 您知道什么是窗口期吗？

窗口期是从艾滋病病毒进入人体到血液中产生足够量的、能用检测方法查

农民工对艾滋病预防方法的了解剖析图

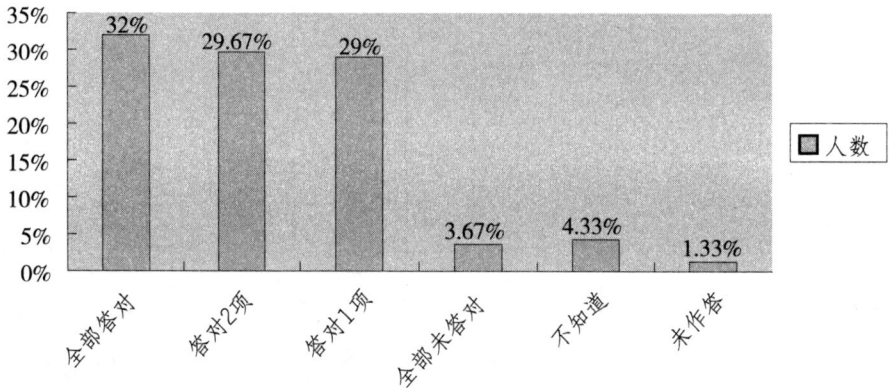

出艾滋病病毒抗体之间的这段时期。

在 300 份有效问卷中,选择从艾滋病病毒进入人体到出现病发症的这段时期叫窗口期的 45 人,占 15%,选择正确答案的 61 人,占 20.33%,选择从能够从血液中检测出艾滋病病毒到死亡的这段时期的 9 人,占 3%,选择不知道的 179 人,占 59.67%。另有 6 人未作答,占 20%,这是一个较为专业的问题,大约 80% 的农工对此一无所知。

3. 您知道处于窗口期时人体是否具有传染性吗?

处于窗口期的人体具有传染性。在 300 份有效问卷中,选择有传染性的 91 人,占 30.33%,选择没有传染性的 48 人,占 16%,选择不知道的 157 人,占 52.33%,未作答的 4 人,占 1.33%。

结 束 语

经过此次调查,可以看出,由于农民工群体的文化程度大多在初中水平,具有一定的知识接受能力,所以,通过广播、电视、报纸等媒体的宣传,部分农民工已经具备一定的艾滋病基础知识,掌握了一些预防、检测方法,但是,由于多方面的原因,使他们在社会宣传艾滋病时成为被遗忘的角落,成为艾滋病知识宣传的盲区,导致大多数农民工仍然缺乏预防艾滋病的知识。

作为艾滋病传播的高危人群,基本防治知识的缺乏将导致严重的后果,从农

农民工对处于艾滋病窗口期的人是否具有传染性的了解剖析图

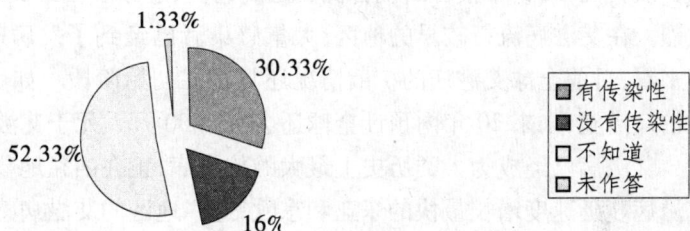

1.33%
30.33%
52.33%
16%

有传染性
没有传染性
不知道
未作答

民工获得预防艾滋病的知识渠道中,可以看出,我们的宣传教育部门、卫生防疫系统在普及预防艾滋病知识上未将农民工作为重要群体。在调查过程中,调查员在配合农民工做完调查问卷后,向他们发放艾滋病宣传资料,这些资料受到了农民工的欢迎,从这一点上,我们可以看出,农民工群体同样希望了解预防艾滋病的知识。

采访札记

编者按

通过对农民工艾滋病预防知识的调查,本报调查员有机会切身感受到了农民工对艾滋病防治知识的缺乏。调查结束,大家纷纷提笔写下了自己的感想。

(一)像防治"非典"一样防治艾滋病

近日,针对农民工已成为艾滋病感染的高危人群之一这个事实,经济日报农村版就农民工对艾滋病的了解程度作了一项调查,调查中笔者发现许多农民工对艾滋病防治知识的了解程度近乎零。许多人仅听过"艾滋病"这个名字,对于具体的一些细节知之甚少。看到调查问卷上千奇百怪的答案,笔者倍感心情沉重。如果不大力加强有关艾滋病预防知识的宣传和引导,艾滋病一旦泛滥开去,我们就再也无法力挽狂澜——因为它在当今还属于难治之症。

从我国 1985 年报告出现首例艾滋病病例,至今我国的艾滋病流行已经愈演愈烈。在艾滋病流行较早的地区,大量感染者已经到了发病期。从过去一段时间来看,目前全球艾滋病的扩散情况还只是在初始阶段。如不采取更多的防范和治疗措施,未来 20 年内预计全球还会有 7000 万人死于艾滋病。

艾滋病已经成为人类历史上最大的传染病,正在凶猛地蔓延。过去两年内,艾滋病蔓延速度增长最快的东亚和东欧,这些地区的艾滋病感染人数翻了一番。各国政府较为关注防治艾滋病工作,但是要想遏制艾滋病蔓延,还需要更多的投资和有效防治措施。全球中、低收入的国家每年需要 100 亿美元的投资,为患者提供治疗。虽然自 1998 年以来,捐助国在这方面的投入已经增加了 6 倍,从 2002 年到目前为止的总投资也有 30 亿美元,但与实际需要还有很大距离。

从目前数字来看,我国艾滋病防治已经到了严峻阶段。为了防止艾滋病泛滥,我国需要拿出防治"非典"工作时期的决心和行动。动用一切可以动用的、发动所有能发动的社会力量,投入充足的资金和人力,宣传艾滋病防治知识,加强艾滋病防治教育,让所有人对艾滋病有正确认识。特别是对欠发达的农村,有关人员更应该做更加细致的工作,让每一个农民了解防治知识,科学防范,保护自我。拿出"非典"时期的精神和决心,最终形成全社会共同防范艾滋病、杜绝艾滋病流行的良性局面。

(二)了解预防知识已成全社会的问题

在调查中,我们发现在对艾滋病防治知识的了解上,在有些农民工可以说是无知。他们对艾滋病没有一点儿了解,更谈不上在日常生活中采取适当的预防措施了。即使他们被感染了艾滋病,可能仍然毫不知情。

不过,谈及不懂的原因,许多农民工的回答是:没有人告诉过他们这方面的知识,无论是在村里,还是在城里,他们从来没有听说过这些事情。本来应该让他们了解的知识,却没有人告诉他们;本来应该得到的关怀,却从来没有人送达。从这个方面来看,对农民工宣传预防艾滋病知识工作还需要深入。

在开始进行调查之前,调查组先在工作人员之中进行了问卷调查。结果让人震惊,工作人员对艾滋病的了解连一知半解都算不上。调查组先组织有关专家对工作人员进行了专门培训。经过两天的突击培训,工作人员才对艾滋病有了一定了解。在调查中,工作人员也经常遇到一些城市居民甚至高校教授、政府职员等前来咨询,讨要预防艾滋病知识手册。看来,艾滋病防治知识的缺乏已经成为全社会都存在的问题,并不只存在于农民工人群中。

为什么全社会都会"患上"预防艾滋病知识缺乏症呢?这恐怕得从我们的宣传上找原因。在有关专家认为艾滋病已经极容易形成蔓延之势的今天,我们仍然没有形成一个预防艾滋病知识宣传的统一策略。不但在广播电视等媒体上看不到艾滋病知识的影子,而且我们看到的艾滋病感染人数报告仍然是截至2000年的统计数据。正是这种知识宣传的缺失,造成了全社会对艾滋病的无知和麻木,进而使艾滋病的传播有机可乘,有空儿可钻。所以,预防艾滋病工作需要你我共同参与。

(三)想方设法把预防艾滋病知识告诉农民

几天的调查下来,"学习"之声不绝于耳,许多农民工表示在家里很少能接触到艾滋病防治知识,要趁这机会学习学习。这对我们的艾滋病预防宣传而言,无疑是敲响了警钟。"亡羊补牢,未为晚矣",现在我们能做的就是想方设法把艾滋病防治知识告诉全国9亿农民。

具体方法有哪些?首要的是广泛散发艾滋病预防知识方面的小册子。2003年抗击"非典"期间,政府有关部门为每家每户散发了防治手册。这使得农民能在最短的时间里认识了"非典",了解了防治知识。现在,为了防止艾滋病在农村传播蔓延,我们也可以做同样的工作。

其次,可以在电视中通过小知识类的节目介绍艾滋病防治知识。在"非典"肆虐期间,中央电视台新闻联播节目每天都介绍"非典"防治小知识。近来,在建设节约型社会的社会大背景下,新闻联播又陆续介绍了不少节约的小窍门。因此,我们也有理由期待艾滋病防治知识进入电视台的黄金时段。

再者,我们还可以采用许多机动灵活的方式进行艾滋病防治知识宣传。建筑工地上,可以每个月抽出半天的时间进行艾滋病防治知识学习;城市社区里,为每家每户发放一本小册子,让他们随时为到这里做工的农民工做一些讲解;火车上,尤其是春运时期开设的农民工专列上,可以多放几本与艾滋病防治知识有关的书籍,让农民在外出时也有机会了解艾滋病预防知识。

宣传途径还有很多,关键是我们如何去做。也许农民在一次宣传中获得的艾滋病防治知识只是一星半点,但时间长了,接触的次数和途径多了,就足以在农民中形成一道遏制艾滋病蔓延势头的预防屏障。

(四)期待"红丝带万里飘"飘遍神州

"你们做的不仅仅是调查,而且也是一次很好的艾滋病防治知识宣传。类似的宣传如果更多一些就好了。"调查时,一位路过的老教授这样说。老教授的话让我想起了看过的艾滋病宣传演出"红丝带万里飘"。

初次接触"红丝带万里飘"文艺演出是在 2004 年年底。由国务院防治艾滋病工作委员会办公室和卫生部委托河北省大厂评剧歌舞团创作的大型预防艾滋病综艺节目。演出采用了小品、歌舞、曲艺、评剧等多种艺术形式,目的是通过农民喜闻乐见的形式传播艾滋病预防知识,提高群众的自我防护意识和能力。

至今,许多节目仍然历历在目。一个五分钟的短剧,展示了一个艾滋病感染者深深的自责和无言的后悔;一段婀娜的舞蹈,传达了社会对艾滋病感染者的理解和宽容;一段快板书,告诉观众艾滋病的传播途径到底有哪些;一个小品,告诉恋爱中的男女如何提高自我保护意识……

如今,让农民充分了解艾滋病已显得更加迫切。农民工成为艾滋病传播的高危人群,农民受艾滋病的威胁越来越大。怎么办?加大宣传力度,让"红丝带"在神州大地飘扬,让歌声在神州大地传唱。

(五)仅把预防知识告诉农民工还不够

我们在每次问卷调查访问结束时都会向受访农民工赠送一些有关艾滋病预防知识的读物,并告诉他们看完后可以给身边的人看,让更多农民工了解预防艾滋病的知识。可以设想,如果措施得力,用不了多久,农民工对艾滋病的认识就会提高一个档次。高兴之余,我想到了另一个问题。那就是,仅仅把艾滋病防治知识告诉农民工够不够?我想这是远远不够的。

我国有9亿农民,近年来部分农民到全国各地工作,成为流动人口,有些农民工由于对艾滋病缺乏足够的认识和重视,感染了艾滋病后传染给其他人,在家的农民受艾滋病的潜在威胁就越来越大。如果不在全社会进行必要的宣传,艾滋病就极有可能在农村传播蔓延开来。

因此,我们需要提高全体农民对艾滋病的警惕。预防艾滋病宣传不能只针对城市中的农民工,必须面向全社会,将农民工作为预防艾滋病的重要对象,组织力量深入到农村加强预防艾滋病的宣传,使预防艾滋病的意识深入民心。

(六)农民解放思想应与提高知识水平同步

改革开放以来,我国广大农村地区的经济得到了迅速的发展,同时农民群众的思想也得到了极大的解放。但是,由于我国经济发展速度的不均衡,广大农民群众的知识水平并没有达到相应的高度,由此带来了无数问题和潜在的危险。

艾滋病在农村地区的迅速蔓延就是一个明证。不少农民认为,艾滋病是城里人得的病,与农民不相干。从我们的调查当中也可以看出,农民对艾滋病的了解程度很低,不少人认为"艾滋病就是性病",也有相当数量的农民"从未想过自己会得艾滋病"。这反映出大部分农民群众对艾滋病还相当陌生,艾滋病相关知识非常贫乏。

正如那位一听"艾滋病"转身就跑的小伙子,相当一部分农民群众还对艾滋病感染者持有歧视和恐惧心理,盲目地将艾滋病与道德品质相联系。

解放农民思想是我国农村发展的重要条件,而提高农民的知识水平、改变他们的态度和行为,需要人们更多地去思考和关注。

第四章　透视农民看病难

（2005 年 11 月—2006 年 2 月）

农民看病难在哪里？农民看病要花多少钱？
医疗纠纷怎么解决？药品价格缘何虚高？

现　状　篇

（一）透视农民看病难

农民看病难吗？难。农民看病贵吗？贵。请看这样几个镜头：

一位山区农民得了胃炎，在村里拿点药吃不管用，到乡里卫生院看了几次也不见效，便想到城里大医院瞧瞧。他天不亮上路，点灯时到家，一天时间全搭去了。夜里躺在床上感叹：进城看趟病真难。

一位 84 岁的老人患病在医院抢救了 3 天，药费、治疗费、化验费共花了8600 多元，日平均近 3000 元。看着长长的收费清单，拿着找回的几个零钱，儿女们摇头说："如今有病真是看不起。"

一位原本清贫,但幸福美满的家庭,刚刚走出贫困没多少年。可突如其来的一场大病,不仅花光了所有的积蓄,而且还欠下了一屁股债,又成了国家扶贫的重点对象。这真是:脱贫三五年,一病回从前。

　　可能有些城里人会说这是我国农村中的个别现象,不足以说明问题。但国家有关部门提供的数字,不得不让人承认目前"农民看病难看病贵"的现实。

　　有数据显示,78.9%的人感觉现在医院比10年前增加了许多,差不多翻了一番,可60%以上的人却认为看病比以前难多了。为了挂个专家号,32%的人早上7~8点就去医院排队,23%的人则凌晨5点去排队,还有5%的人则是提前一天就守在医院门前。

　　国务院发展研究中心曾对25个省市的114个县的118个村医疗卫生情况作过调查,结果83%的农民因病住不起院,29%的农民欠债是因为看病借的钱,40.9%的家庭缺乏劳动力是疾病造成的。卫生部有关领导也下农村作过调查,估计有40%~60%的人因看不起病而因病致贫、因病返贫。在中西部地区,因看不起病、住不起院,在家死亡的人数达60%~80%。

　　这一桩桩、一件件,无不说明农民看病难看病贵。一些地方的农民为此编了顺口溜:"不怕穷,就怕病。""救护车一响,一头猪白养。""住上一次院,一年活白干。""小病拖,大病抗,重病等着见阎王。"……

　　没有农民的健康,就没有农村的小康。农民看病,怎一个"难"字了得? 农民看病,怎一个"贵"字交代? 于是,本报经过精心策划,派出5路记者,分赴江苏、陕西、江西、吉林、湖南等省农村,就农民看病难、看病贵、医患关系、因病致贫、因病返贫、药品价格虚高、乡镇医院和村卫生室生存困难以及如何解决医疗机构公益性与营利性不分、怎样降低药品价格、新型农村合作医疗究竟怎么搞等问题进行深入细致采访,形成了"透视农民看病难"系列报道。

(二)得了大病　真是看不起

　　"救护车一响,一头猪白养;住上一次院,一年活白干。""小病拖,大病扛,重病等着见阎王。"这些农民自己编的顺口溜,生动反映了如今很多农村家庭——

家里值钱的东西都卖光了

"医生,我得的是啥病?"江苏省灌南县新安镇草庄村农民蒋成来怯生生地问。

"别紧张,初步诊断是淋巴上有肿块,还要再查查。"医生本不想告诉,看他媳妇急得嗷嗷叫,还是婉转地说了。

结果终于出来了,是淋巴癌。蒋成来不知道自己是怎么从连云港市人民医院里走出来的。来医院一天就花了好几千元钱,以后需要花多少,还是一个未知数。他真有些绝望了:妻子患小儿麻痹,儿子双目失明,父母常年有病,家已经穷得不像样子。他想到了死,可丢下父母、妻子,又有点舍不得。

他本不想来看病,因为家里的经济条件不允许,平日里买点油盐酱醋,都靠他打短工挣点零花钱。他清楚记得,前年父亲耕地时,脚划了一个口子,没钱看,最后化脓了才把亲戚送的一头小猪卖了去治病。然而,父母非让去看病,他是家中唯一的劳动力,亲戚朋友还帮他借了 2000 多元钱。现在自己得了淋巴癌,这个家不就完了吗?

可不管怎么穷,怎么苦,一家人商量来商量去,还是决定给他治病。半年下来,家里所有的积蓄都花光了,没办法,只好变卖家里值钱的东西。"牛卖了,猪卖了,粮食卖了,能卖的几乎都卖了,家里已经没有什么值钱的东西了。"蒋成来哽咽着说。

据蒋成来的姐姐介绍,家里没钱了,看病只能四处借,到现在已经借了 2 万多元了。看着一堆堆收费单子,蒋成来的媳妇感伤地说:"如今有病真是看不起!"

再也没地方借钱治病

中午了,江苏省灌南县李集乡新杨村农民王老汉下楼给住院的儿子买饭,由于医院提供的饭菜价格太高,只好去医院外边买点吃的。

王老汉叫王增山,是江苏省灌南县李集乡新杨村农民。儿子得的是尿毒症,在老家县医院里治了一段时间,钱花了不少,效果不明显。没办法,他只好带着儿子来省人民医院,"来 5 天了,花了 4000 多元,一天 800 多元。"看着医院的收费票据,王老汉茫然地告诉记者。

儿子的病把他们本来就不富裕的家庭压得喘不过气来。儿子的病又不能不治，没办法，只有卖家里的东西，可是家里又没有值钱的东西，无奈之下，只有卖家里的粮食。

可是卖粮食的那点钱，对于昂贵的医药费来讲不过是杯水车薪。粮食卖了，钱仍然不够，只有向亲戚朋友借钱，邻近的亲戚朋友借遍了，就去市里的亲戚那里借。"以前借钱还好借点，现在都知道咱们借了钱也还不起，人家根本就不借。"人情的冷暖，让王老汉欷歔不已。

因为没有那么多钱，他们决定不治了，可儿子不想回家，回家疼得受不了。但他说："如果我要是再坚持活下去的话，我不敢想以后家人的生活会怎样，借这么多钱怎么还啊。所以一想到这，我就不想活了。"在夫妻俩的老家，记者体会到了他们的绝望。因为病，家里倾家荡产，只有一张旧床，其他啥家具都没有。别人家吃的是大米干饭，他家只能熬稀粥喝。他父亲说，家里已经尽到最大努力了，如今实在是没钱治了，再也没地方借。最近，医院方面告诉已找到了合适的肾源，但需要近 20 万元，他们能到哪里去弄这些钱啊。

王增山一家的主要经济来源是靠种地，老伴常年疾病缠身，如今儿子又得了尿毒症，无疑让这个生活拮据的家庭雪上加霜。"知道这种病难治，早就有心理准备，能挺多久算多久，直到家里实在没辙为止，这是无奈中的选择。"王增山低哑地说。

唯一能卖的只有房子

初次见到宜兴市刘贤镇村民庄富强，他并没有记者想象中的农民模样，相反倒像一个白面书生，由于他现在对妻子隐瞒了她的病情，所以记者并没有到他的家，那个据说是他们村里最破旧的房子。采访是在宜兴市一个小吃店里进行的，满脸悲伤的小庄告诉记者：他的妻子是 6 月 6 日在市人民医院查出患胸腺肿瘤的，随后转到了省人民医院，但是更令小庄感到五雷轰顶的是，妻子在治疗期间又被查出患有白血病，直到 8 月 1 日办理出院手续时，一共花费 5 万余元，这对于他们本来就入不敷出的家庭来说是毁灭性的。

小庄本来有个清贫但幸福的家庭，小两口凭借自己的努力，日子过得倒也美满，而在 8 个月前出生的女儿更是为这个家庭带来了不少欢笑。今年 1 月，小庄四处借钱买来了汽车，跑起了出租。眼看着这个家庭生活日渐好转时，不幸发生了。

"有什么别有病,没什么别没钱。"因为妻子的病情,花钱就像流水一样,亲戚朋友已经借遍了,妻子病重的那几天,光输液就花掉了一万多元。家里卖掉了汽车,但是还是不够治病,小庄不得不带着妻子于8月1日办理了出院手续。医生说,妻子现在的免疫力非常低,一个普通的感冒就能致命。但是,即使是每天几十元的床位费,他们也已经负担不起,更不用说那每天需要的2000余元的治疗费用了。现在唯一能卖的就是房子了,由于房屋太破旧,只能靠那点地皮卖点钱。

而他们只有8个月大的女儿现在则是吃着百家饭,靠着亲戚、朋友、邻居的接济养活着。小庄说,他不敢想象,以后的日子会是什么样。

(三)群众看病贵 没有得到真正解决

近年来,我国价格主管部门先后17次出台降价措施,降低了1100多种药品零售价格,降价总金额达到350多亿元。但群众看病贵、药品价格高的问题还没有得到真正解决。

据国家发改委价格司副司长周望军介绍,首先是政府定价的部分药品价格没有降到位。近年来,虽然一大批药品的零售价格陆续降低,但部分政府定价的药品价格仍然偏高。

其次是实行市场调节价的药品价格上涨。目前一些实行市场调节价的药品价格出现了明显上涨势头,有些甚至是成倍上涨,价格虚高的现象比较严重。

三是医疗服务乱收费问题屡禁不止。一些医疗机构自立项目违规收费、分解项目重复收费的问题还时有发生,不仅加重了患者的医药费负担,也腐蚀了医务人员。

(四)临终病人 日均开支近3000元

84岁的老人张志明老人走了,3天的抢救,花费共计8645.62元,平均每天2880元。其中药费5591.46元,治疗费460.34元,化验费934元。还包括几项特殊费用——呼吸机使用费,每天200元的急诊观察费、心电图费等。在对老人的抢救中,医院总共用了5种抗生素:庆大霉素、亚胺培南、盐酸万古霉素、罗氏芬、头孢他啶。除了庆大霉素每支仅0.38元外,其他4种单价均在100元以上。其中亚胺培南和盐酸万古霉素都是目前最昂贵的抗生素,占到张志明用药总额的一半左右。而起到主要作用的抢救药品有12种、270支,总价值仅为191元。

相关链接

◆今年年初,国务院发展研究中心的一个课题组对25个省市的114个县的118个村的医疗卫生状况做了一次调查。调查结果显示:83%的农民不愿意住院治疗是因为费用太高,负担不起。29%的农民负债理由是因为看病。40.9%的劳动力缺乏是因为疾病损伤。

◆河北省城调队曾就城乡居民看病难、看病贵问题作过专项调查,数据显示:从1984年至2004年,20年间,人均年可支配收入增长了15倍,但人均年医疗费用却增长了183倍。

◆近8年来,医院人均门诊和住院费用平均每年分别增长13%和11%。其中,医疗收入增长占医院总收入增加额的49.8%,药品收入增长占医院总收入增加额的38.7%。

江苏某地诊治10种常见病在县乡医院所花医药费的差距

(单位:元)

序号	疾病名称	乡镇医院	县医院
1	上呼吸道感染(感冒)	100—150	300—400
2	肠炎	150—200	350—500
3	菌痢	120—150	200—300
4	甲肝	1000—1500	2500—3000
5	分娩(自然生产)	500	1200
6	分娩(手术生产)	1500	2500—3000
7	阑尾炎(手术)	1000	1800
8	疝气(手术)	900	1500
9	白内障(手术)	800	2000
10	胃癌(手术)	1000	3000

江苏某地医院16种常用药品医院购入价与售出价

（单位:元）

药品名称	参考规格	医院购入价	售出价
羟氨苄青霉素胶囊	0.25g＊20粒/盒	3.6	12.1
氨苄西林胶囊	0.25g＊24粒/盒	3	6.5
琥乙红霉素片	0.125g＊12片＊2板/盒	2.38	6.35
头孢拉定胶囊	0.25g＊24粒/盒	4.1	12.6
头孢氨苄胶囊	0.125g＊12粒/盒	4	9
环丙沙星胶囊	0.25g＊12粒/盒	1.2	4.5
氧氟沙星胶囊	0.1g＊12粒/盒	1.8	7
尼群地平片	10mg＊100片/瓶	9	26
丁胺卡那粉针	0.2g/2ml＊10支/盒	0.8	4.5
头孢拉定针(先锋6号)	0.5g/支	0.84	4
头孢噻肟钠针	1g/支	2.43	8
头孢他定针	1g/支	2.93	9
阿奇霉素针	0.25g/瓶	2.35	13
氧氟沙星针	0.2g＊10支/盒	1.2	5
柴胡针	2ml＊10支/盒	0.7	3.1
克林霉素针	0.3g/支	4.1	9.3

各方评说

无锡市惠山区政府符志刚:时下,农民"看病贵"主要原因:一是药价太高。有的定点医疗机构开出的处方药品金额较大,有的药品进销差价高达3~4倍甚至更多。二是检查费用偏多。门诊检查费太高,最多的要几百元,有的检查对病情诊断用处不大。三是住院费偏高。有的大病、重病特别是癌症患者住院费用要高达几万元到数十万元。

灌南县人民医院王冠群:解决农民"看病贵",首先要实行"阳光购药",凡纳入农村合作医疗用药目录的全部药品,均要列入招标范围,统一配送。其次要建立以县市为单位委托中介机构进行药品招标采购配送的平台,并逐步向省一级过渡。第三,严格控制农村合作医疗机构门诊及住院费用增长,将药品费用控制在医疗费用的一定比例之内。

宜兴市郊海镇农民陈进堂:眼下到医院看病,先给你七检查八检查,药还没有拿到手,钱已花掉几十元甚至上百元。所以,不少农民能不去看病尽量不去看,能不吃药尽量不吃,能不动手术尽量不动。各级政府要高度重视和舍得投入,进一步健全和完善农村合作医疗制度。

（五）去医院　没病也得累出病

看个小病也要去县城

在陕西省延安市采访时,众多农民反映当地缺医少药,看病实在是很艰难。

在安塞县,记者颇费了番周折才来到了关仙嘴杨庄村,在村委会主任安书英家,他妻子告诉记者,几年前村里是有一名村医的,3 年前村医去县城自己开诊所去了,村子就一直没有村医。"无论大小病,我们都是去县城呀。真是非常不方便。"她告诉记者,村子离县城 10 公里左右,由于交通不是很便利,每天只有一趟通往县城的车在此经过,因此大部分村民看病都是骑摩托车去的。"可是人病了,又要坐摩托车,有的时候一受风,病反倒加重了。"

在安书英家的桌子上,记者看到"易蒙停""丁桂儿脐贴"和一些感冒药,"没有办法呀,冬天的时候,从村子里去县城不方便,有了病就自己吃点药。"

"附近村庄没有村医吗?"记者问。

"有,前面的桥台村就有,但是他是刚刚毕业的,经验不多,所以大伙还是去县城医院看病。"

出门在外的日子难　求医的日子更难

2005 年 11 月 1 日,北京协和医院附近的一间小房子里。

一大早,王红芬就早早起来到附近的一个超市,"天气冷了,租的房子里又没有暖气,没有办法,先买两个暖水袋,这样两个老人晚上睡觉的时候还暖和点,看病太难了。"王红芬感叹到。

王红芬来自河北省吴桥县，为了给母亲看病，她从今年6月份至今几乎成了北京的"常客"。"出门在外的日子难，出门在外求医的日子更难呀。"她这样评述陪母亲在北京看病的日子。

"其实，我母亲的病是十多年以前就有的。"王红芬说，1992年的时候，母亲感到憋气、胸闷，由于吴桥离济南较近，就到济南某医院诊治，当时只是治疗却没有根治。而到了去年，母亲的肚子突然鼓胀起来，吃不下饭，家里人才感觉到事情的紧迫，又到附近的医院诊治，医生告知可能是癌症，就来到北京看一看。

"刚来北京的时候最难。"王红芬说，那个时候连北京协和医院在哪里都不知道，只能四处打听。找到医院，却没有地方住，无奈，他们在医院附近的旅馆租了一间屋子。"一天旅店费就要100多元呀，一住就是一个星期。吃饭呢，由于没有锅灶，也只能到附近的小吃部去买。"在这一个星期里，她每天都到北京协和医院了解情况，"说实话，像我母亲这样的病，我们去哪个科看都不知道，去门诊人家不收，去病房，也没有人理，急得一家人团团转。"

一个星期都没挂上专家号

医院是找到了，但又一个难题难住了我们，"医院能找，可挂号更难。"那些天，她每天早晨到医院挂号处挂号，却一连一个星期都没有挂到。"医院旁边到处都是号贩子，每个专家号本来十几元钱，可一经过票贩子就要卖到300元钱。"有一次，她早晨4点多到挂号处，却发现那里已经排满了人。"有了这几次的经历，我就感觉看病肯定需要很长的时间，因此我就决心在附近租一间屋子。"几经打听，她终于在医院附近以800元/月的价格租下一间12平方米房子。"有了房子，我们可以自己做饭了，这样还可以省一些钱。"随后，她又花200元钱购置了炉灶。由于母亲不能自己走路，她又花了680元购买了轮椅。在接下来的日子里，她就开始为挂号忙碌，后来终于在一位医院工作的老乡帮助下，拿到了一个医院的专家号，而这个时候她已经来北京半个多月了。

"其实，出门看病困难的地方还不仅仅是金钱和住宿等这些方面的。"谈到看病难，王红芬这样告诉记者，照顾病人也是一个很难的事。比如，自己的兄弟姐妹不少，但是由于都有自己的工作，并且都不在北京，因此谁来照顾就是很大的问题。而王红芬自己也因为忙着上班而不得不时常往返于北京和吴桥之间。"多的时候，一周跑过三个来回。"没有办法，他们把已经年迈的父亲带到北京照看母亲,并且让正在上学的侄子休学来帮忙照顾奶奶。接下来的日子,她的母亲开始了正常的治疗。

各方评说

陕西省安塞县关仙嘴杨庄村薛建成:我们村没有村医,因此无论什么病都要到县医院求医,而我们村到县城的交通不便利,所以一般情况就要骑摩托车或自行车去,看病真是难呀。

河北省吴桥县桑园镇王红芬:要说看个小病呀,其实并没有什么难的,可是看大病的确很难,从坐车出门,到住宿、吃饭等都要花钱,而在大医院,排队时间长,挂专家号几天都难挂上。否则你就别想看。农民看大病真难呀!

安塞县白坪村村医张义富:说实话,虽然我是这个村的村医,但是我也是只看头疼、脑热和感冒等小病,稍微大一点的病就要去县医院,甚至去延安市、西安市或北京市的医院,不仅不方便,而且麻烦事太多。

相关链接

孕妇难产在马背上驮了三天

青海省孕妇的死亡率很高,一个孕妇难产,要在马背上驮上三天三夜,才能到达一个乡卫生院,而那里又没有专门培训过的妇产科大夫,因此,孕妇即使经过几天马背上的奔波到了这里,也只能还是"听天由命",大人和孩子的生命还是没有保障。

摔伤致残只好在家等死

42岁的湖北农民李社成因建房从屋顶摔下致残,仅靠从亲戚朋友那儿借钱疗伤,原先所建房屋已卖,所得钱款也凑不齐昂贵的医药费,只能抱着"等死"的心态面对人生。妻子整日面容憔悴,以泪洗面,两个上学的儿女无力上学只能辍学在家。

突发疾病妻子死于求医途中

家住离乡镇20公里的湖南村民梁凤英凌晨1点突发急病,因村中赤脚医生已举家迁往县城,不得已丈夫跑到4里地外敲了半天司机的门,租了一台手扶拖拉机送妻子就医。凌晨3点梁凤英在赶往乡镇卫生院的崎岖山路中口吐白沫死于颠簸的拖拉机拖车里。家中留下一个10岁的女儿和年迈的公婆相守。

一个农民进城看病的时间表

"老伴身体一直挺好,可从8月份开始,总感觉胸闷、憋气。村里医生说是支气管炎,打了好几天针,吃了不少药,仍然不见好。儿女们觉得不能再拖下去,便让老伴到市里医院看看。没想到,到市里医院看病这么不容易。"江苏省灌南县杨集镇农民王云祥在记者采访时说。他回忆了那天带老伴看病的经历:

时间	事件
6:00	带着昨晚准备的干粮,步行6里多山路,来到公路边等候去县城的汽车
6:40	车来了。小面包车上人满满的,没座位,只好站着
7:30	到了县城汽车站。开往市里的早班车已经走了,只好等下一趟车
8:20	终于坐上了去市里的客车。不断有人上车,总是走走停停。本来1小时的路程,结果多走了半个多小时
10:00	转了两次公共汽车,到了市人民医院
10:40	排队、挂号。爬了三层楼,找到了内科候诊室。护士让到一楼挂号处买个病历本
11:00	到一楼买病历本,尔后在5诊室等候。我多了个心眼,想瞅瞅看病的医生是老的还是年轻的,便悄悄去看了看,是个年轻的女娃,便到分诊台给护士说想换个老大夫看。护士没有同意,还说了我几句
11:40	胸透室没人。别人告诉我医生吃饭去了,下午1点半才上班。我们不相信,坐在走廊上等
12:20	等了半个多小时,也没见到医生。只好下到一楼门诊大厅,边吃干粮,边继续等待
13:20	提前来到胸透室。门口已有10多个人排队,我是第13个
14:30	拍完胸片。医生说1个多小时后出结果。我担心时间太长,没有车回家,便哀求医生能不能快点。医生说不可能,让耐心等着
16:00	结果出来了。可上午看病的医生有事没来,护士让去3诊室看

时间	事件
17:00	3 诊室医生说:要最后确诊,还需作个肺功能检查。我问这个检查快不快,医生说不知道今天检查的人多不多,让去 5 楼问问
17:20	我俩合计了一会儿,决定先拿些药回家
17:40	划价、交钱、排队拿药
18:00	提着一袋子药走出了医院
21:00	回到家

（六）医疗事故　农民难以承受的痛

"从出事到现在,正好是两个月零一个星期,从来没想到她会走得这么早。"2005 年 10 月 21 日,江西省上栗县福田镇连陂村村民刘培忠喃喃自语,他口中的"她",是他两个多月前去世的妻子。

拉肚子要了人命

刘培忠更没有想到的是,夺去他妻子生命的,仅仅是拉肚子这样的小病。他告诉记者,出事那天,提前没有任何征兆,妻子突然开始上吐下泻,他以为可能是吃坏了肚子,赶紧带着妻子跑到福田镇卫生院。

"医生就是听了听心跳,连体温都没有测,就开了 3 个吊瓶。"刘培忠告诉记者,3 个吊瓶打完之后,他想去找医生来检查一下,看看病情是不是稳定了,还需不需要再开些什么药。没想到,当时几个值班医生都在打麻将,没人理会他的要求。看妻子当时没什么反应,刘培忠就带着她回了家。吃过晚饭之后,妻子突然病情加重,口吐泡沫,没等送到医院就离开了人世。

对于妻子的突然离世,除了悲痛,刘培忠更多的是愤怒:"不说别的,我们在福田卫生院看病,自始至终,他们都没告诉我我老婆得的是什么病,就开了药,输了液,最后人死了,他们也不愿意出钱给做医疗事故鉴定,连处方都一直没有给我们。院长后来给我解释说没有住院条件,如果是这个情况,你早点说明我们可以转院,也不至于弄出人命来。"

靠着在城里工作的亲戚帮忙,刘培忠去市里找到相关部门,几经周折,从卫生院得到了 2 万元的赔偿。

医疗事故谁之过？

从连陂村到福田镇卫生院，只有大约 10 分钟的车程，记者在住院部找到了医院的副院长易某。对于这次的事件，易院长的解释轻描淡写，"这个怎么能说是医疗事故呢？人又没有死在我们医院里，她自己死在家里了，和我们有什么关系？"

既然和医院没有关系，为什么卫生院出 2 万元的赔偿金呢？易院长不耐烦地说："不给钱他就去市里闹，我们有什么办法？"

记者还想再了解一下当时的情况，易院长说自己并不清楚。而当记者问到为什么出了事不做医疗事故鉴定时，卫生院的一位工作人员告诉记者："鉴定一个器官要 1000 块钱，我们工资都发不全，哪有那个钱。赔点钱就得了。"

在连陂村卫生室，记者想找当地医生了解这个事故的情况，却发现摆满药品的诊所里空无一人。看到诊所隔壁的店铺里几个人在打麻将，记者问诊所的医生是否在家，有个人抬起头问记者是否要买什么药，记者说明自己的来意，几个人立刻沉默了，都说不知道医生去了哪里。记者无奈只得离开，门口经过的一个村民告诉记者，刚才问话的那个人就是医生。

设施落后隐患多

除了医护人员的素质问题，基层农村卫生机构基础设施条件差，设备落后，也是造成医疗事故频发的一个重要原因。记者采访中发现，一些地方的乡镇卫生院仍然依靠"老三件"（听诊器、血压计、体温表）看病，而且仍有部分乡镇卫生院的现有医疗设备是上个世纪六七十年代装备的。据统计，全国大约 1/3 的乡镇卫生院基本瘫痪，面临倒闭，1/3 仅能勉强维持生计。农民主要健康指标的改善幅度减缓或停滞，城乡居民健康差距进一步加大。

在江西省新余市渝水区欧里镇卫生院，记者看到，卫生院临街窗户的玻璃掉了不少，支离破碎的窗框上满是灰尘并结满蜘蛛网，大厅内落满灰尘的地面上烟头、纸屑随处可见。一楼注射室里窗户、门框、墙上同样是灰尘、蜘蛛网密布。由于病床上同样不卫生，一名男子宁愿抱着小孩输液而不愿让其睡在病床上。记者就此电话采访了该院院长。院长的解释是：欧里镇是产煤区，因此灰尘很多，另外卫生院对面又是农贸市场,加上卫生院房屋旧了。记者问:"房屋旧了不能搞好卫生吗?"对方没有回答。

相关链接

激增的医患纠纷

江苏省有关部门2005年初对南京、盐城、南通、苏州、常州等五市的医疗纠纷进行了调研。发现2002年9月至2004年底,全省各级各类医疗机构共发生医疗纠纷11089起;年增幅都在30%以上。2003年全省各级各类医疗机构为医疗纠纷付出的经济代价高达3亿元以上,迄今为止最高一起医疗纠纷的赔偿金额高达165万元。

事故多发的乡镇卫生院

据统计,2004年度,江西省宜昌市医学会共受理医疗事故技术鉴定委托55起。其中,经鉴定为医疗事故11起,分别是:一级甲等事故3起,三级事故7起,四级事故1起。11起事故中,有8起发生在乡(镇)卫生院。在构成医疗事故的原因中,有2起是因未严密观察病情而延误救治时机、2起是未及时转诊,还有7起是医务人员违规操作或操作失误造成。

难产的医疗责任险

医疗责任险在国外已推行数十年,在美国,医疗责任险的理赔率在80%以上,最高赔偿额超过百万美元。统计资料显示,一些发达国家的医疗纠纷发生率仅为7%,远远低于我国,医疗责任险作用功不可没。

在我国,医疗责任保险自开办之初即遭到冷遇。近年来虽有几家保险公司把它作为新险种进行推广,但并未形成气候,有的保险公司甚至半年销不出一份保单,使得医疗责任这一有着强大市场潜力的险种处于十分尴尬的境地。

(七)医疗纠纷:医患双方都头痛?

现在一提到医疗纠纷,无论是医患双方还是司法部门都感到非常头痛,医院和医生因不被理解而备感委屈,患者因讨个说法太难而异常愤怒,卫生行政部门因被认为既是运动员又是裁判员而觉得有苦难言,司法部门因遇到不少法律障碍而显得爱莫能助。生老病死是自然规律,谁也躲不掉和医院、医生打交道。医疗行业高风险,发生一些纠纷本属正常,只要处理得当,医患关系应当是比较融洽的。可是情况偏偏不是这样,大家在一些问题上争论得却异常激烈,公说公有理,婆说婆有理。

争议之一:鉴定

患方:极不公正

目前的医疗事故鉴定存在两个主要问题:一是由独家组织,暗箱操作问题难以避免;二是鉴定结果只标明是否是事故,而对那些虽然不构成事故,但医院在诊疗护理过程中有失误的情况却没有详细说明。

医疗纠纷由卫生行政部门交医学会组织鉴定,该会如果不受理,患者就求告无门;如果鉴定不公正,也无处讨说法。医学会不仅在行政上隶属于卫生行政部门,而且在业务上医学会专家鉴定组出具的"医疗事故技术鉴定书"最终还要经过卫生行政部门审核认可。而卫生行政部门既是医院的上级主管单位,又是医疗行业的法定监督部门,同时承担运动员和裁判员的双重角色,很难保证在医疗纠纷处理过程中角色不错位。况且还不仅仅是老子给儿子鉴定,有时简直就是自己给自己鉴定,因为专家鉴定组成员大多数是各个医院的医生,这些医生有的就在发生纠纷的医院工作,即使不是纠纷医院的人,可谁也不敢保证自己医院及其本人就不会发生医疗纠纷,所以在鉴定中偏袒医院和医生是难免的。

既然卫生行政部门及其医学会组织的鉴定极易造成对患者的不公平,不被患者信任,那么就必须有司法救济,授予司法部门医疗事故的鉴定处理权。以法医鉴定为依据审理医疗纠纷,法医在鉴定时不但把医院有无过错以及过错与患者出现不良后果的因果关系作为鉴定重点,而且把伤残等级纳入鉴定范围,使鉴定结论真正发挥"证据之王"的作用。

医方:合理合法

医疗事故只能由医学会鉴定,未经该组织鉴定的医疗纠纷法院不应该受理。发生医疗纠纷的情况相当复杂,鉴定中的专业要求非常高,医学会专家鉴定组是根据《医疗事故处理条例》依法成立的,其鉴定的权威性和法律效力是不容置疑的,没有经过医学会鉴定的医疗纠纷法院不予受理,这是有依据的。暗箱操作问题,医学会完全可以通过扩大专家鉴定组的成员范围,吸收法医等司法界人士参加,提高鉴定的透明度等方法来解决。

争议之二:赔偿

患方:数额太少

在医疗纠纷处理上主要存在以下两个问题:一是只有经鉴定属事故的才处理,医院虽然有失误但不属事故的不处理也不赔偿;二是即使经过鉴定属于事故,按照《医疗事故处理条例》赔偿的数额也是少得惊人。

医患关系就是经营者与消费者的关系,患者挂了号医患双方就形成了消费合同,出现纠纷理应按民法有关规定处理;无论是否属于医疗事故,只要医院有失误,损害了患者的权益,就应该承担相应的责任,赔偿患者的损失。赔偿标准应当按照《民法通则》的有关规定执行。

医方:能力有限

《医疗事故处理条例》是国务院颁布的处理医疗事故的专门法规,即使有不完善的地方,在其没有修改前必须无条件执行。

按照专门法优于普通法的原则,在医疗事故处理上《医疗事故处理条例》有规定的必须按其规定办,只有该条例没有具体规定的地方才可引用其他法规。另外必须明确,一方面医疗服务具有公益性质,收费低于成本;另一方面医疗属于高风险行业,事故发生有其必然性,我国尚未建立医疗责任险,医院承担赔偿风险的能力极其有限。所以对医疗事故的处理只能解决因事故而增加的额外医药费,最多再给予极少量的补偿,但不可能像交通事故赔偿那么多。

争议之三:举证

患方:举证责任倒置

在医疗服务中患者处于被动地位,而医生处于主动地位,是否需要检查,做哪些检查;是否需要用药及用药的品种、剂型、剂量、配伍、给药次数和方法等都是由医生决定,患者只能无条件地服从。同时病历、处方、医嘱单、手术记录等都由医院和医生保管,患者一般很难查阅得到。况且又经常发生出现医疗纠纷后院方修改和藏匿证据的现象。所以在医疗事故处理中不能适用"谁主张谁举证"这个一般原则,而将举证责任倒置,即由院方证明自己在诊疗过程中没有过错。如果不能证明自己的医疗行为与损害结果之间不存在因果关系及不存在医疗过错,就可以判患者的主张成立。

医方:谁主张谁举证

医疗工作情况非常复杂,专业性要求很高,治疗的风险极大。有人打了个比喻,人体就像一个"灰箱",就目前的科技水平,对人体还不能做到像看一个透明的"白箱"一样,全部看得一清二楚;但又不是像看一个"黑箱"那样对里面的情况一无所知。医生只能根据现有的医学知识和自己的临床经验对患者进行诊疗,对治疗效果只能是一个大概的预测,何况一些特殊病例没有什么好的治疗方法,有时医生只能凭经验来处理,但这又很难说有多少道理。另外我国医生的数量还不能满足社会的需求,医生特别是大医院的知名医生每天都要为许多患者诊治,不可能对每个患者都留下充分的证据。如果每个医生在为患者诊疗疾病时首先考虑为日后打官司留下证据,这只会束缚医生的手脚,最终受害的还是患者。

读者来信

我说医疗纠纷

编辑同志:

看到贵报上期有关医疗事故的话题预告,觉得这个问题很有必要,借此机会我也想说几句。医疗纠纷的频发,在给患者带来痛苦的同时,也造成了不良的社会影响。我认为主要原因有:一是医生业务水平有待于进一步提高。医生水平的高低,事关患者的安危,由于医生的原因而误诊、漏诊的事例很多,因此医生的整体素质需进一步提高。二是医疗市场需进一步整顿。眼下社会上庸医、假医泛滥,打着各种旗号的诊所遍布,患者很容易听信各类广告而上当受骗,从而引发医疗事故。三是患者心理需进一步调整。患者应有良好的心态,不要有讳疾忌医、"有病扛扛就好"的心理,这样更容易延误治疗时机,造成医疗事故。四是简化就医程序,使患者更加接受医院治疗,减少医疗事故发生的可能性。五是降低医疗费用,使某些特效药、好药能为民所用,从而解除患者病痛。

山东省沾化县李杰

（八）脱贫三五年　一病回从前

在距离河北省阜平县城40公里的地方,有一个小山村名叫黄连峪村。这个位于太行山脚下的小村,四面环山,一条小溪从村中流过。在村子北部的一个小山头下,有一个恬静的小院。院子的男主人叫刘新宅,女主人叫杨风雪。疾病和贫困给这个小院打上了深深的烙印。

辛苦奔波四处忙　夫妻合力摘穷帽

现年44岁的杨风雪从小在这里长大,8岁时过继给了叔叔。为了照顾叔叔,30岁时,杨风雪和来自邻县的刘新宅结了婚,把家安在了那个自己长大的小院。几年后,两个儿子前后降生。

刚结婚时,杨风雪家的日子过得非常紧巴。尽管改革开放让小山村发生了许多变化,但脱贫致富仍是这个新组建家庭面临的头等大事。自实行联产承包责任制后,黄连峪村就未再进行过土地调整,因此,杨风雪能经营的就是叔叔和她自己的责任田。黄连峪村地处山区,种地没啥收入,唯一能卖钱的就是承包的红枣树。一年下来,能有近4000元收入,除去农业投入和日常花费,日子过得苦兮兮的。

不能这样过下去,再苦再累也要摘掉头上的穷帽子,杨风雪和丈夫开始寻找生活的出路。刘新宅曾在建筑工程队当过木工,还学过会计。面对生活的压力,刘新宅想起了自己的手艺。1992年,刘新宅打起了铺盖卷,到正定县建筑公司做起了木工。不久,就成了木工组长,第二年还当上了一个项目部的会计。

刘新宅在外打工,把家里的农活全扔给了妻子杨风雪。杨风雪不但要打理家务,还要忙碌地里的农活,一年四季休息不了几天。去地里干活时,就把儿子扔在家里。后来,儿子一看她拿工具,就死死地抱着她的腿,说什么也不撒手。每到这时候,杨风雪总是感到鼻子酸酸的,但没有办法,为了这个家能尽快脱贫致富,为了改善自己的生活条件,全家人只能这样奔忙了。

工夫不负有心人。经过七八年的努力,杨风雪家的生活条件有了很大改善。家里有了积蓄,盖起了5间新房。村里人都说,杨风雪这么短短几年就脱贫致富了。再等几年,还不提早进入"小康"了。

河北省阜平县黄连峪村基本情况

人口	耕地面积	人均收入	支柱产业	经济收入	村医	人均就医费用
396 人	180 亩	2000 元	种植业	红枣	1 名	250 元

河北省阜平县黄连峪村农民 2004 年就医情况

户均收入	户均医疗费用	户均住院次数	重病治疗率	自购药率	因病返贫户
8000 元	1000 元	0.2 次	50%	90%	4 户

一病借债三万元　生活倒退十多年

平静的生活没有延续几年。病魔的来临,打破了这个小院的宁静,击碎了这个家庭的憧憬。

2004 年 10 月 1 日,正值秋收的大忙时节。由于雨水足,秋玉米穗鼓鼓的,谷子穗沉沉的,红枣也挂满了枝头,杨风雪喜上心头。可有天晚上,杨风雪刚坐到床上,感觉头很疼,很难受,刘新宅赶紧打电话叫来了村里的医生,医生初步诊断是脑血栓。刘新宅打电话叫来几个亲戚,租了一辆车,连夜把杨风雪送进了行唐县中医院,诊断为脑出血。10 月 3 日,又转院到了河北医科大学附属第二医院。

经过手术,杨风雪在昏迷了三天三夜之后清醒了过来,性命是保住了。可杨风雪在河北医科大学附属第二医院住院 20 天,又在行唐县中医院巩固治疗 20 天,前后花费了 3 万多元,几乎花光了家中所有的积蓄,还欠下几千元的外债。如今,病愈回家的杨风雪面对的是一大堆债务,家中的生活水平也是直线下降。从前经常为孩子们买吃的喝的,现在全部取消了。来村里卖水果、卖食品的小车前再也见不到杨风雪的身影。好在学校为两个孩子办理了贫困助学申请,孩子才没有辍学。

"我们想靠自己的力量供孩子读书,但是没有办法,一场大病,我们家的经济全崩溃了。"一向要强的杨风雪眼中含着泪花说。

家中失去劳动力　日子更是难上难

病魔,不仅让杨风雪家日趋贫困,更使这个家庭失去了一位劳动力。生病之前,杨风雪可是很能干的。但现在,她已不可能再承担沉重的农活了,而且连做家务都感到吃力,还需要他人的照顾。

无奈之下,刘新宅只能放弃了在建筑工程队的工作,回家打理农活,同时照顾妻子的日常生活。有几次,建筑工程队打电话要他去上班,但是考虑到妻子的身体情况,他还是留在了家中。

"我家现在处于两难的境地。"刘新宅说,"以前,我们俩可以一里一外。现在她病了,家里少了一个支撑。我在家里种地,收入太少,养活不了这一家人;我出去工作,她又没人照顾。所以,我也不知如何是好了,这以后的日子太难了。"

张毛眼:保住性命也高兴不起来

张毛眼家住内蒙古自治区丰镇市新城湾镇四城洼村,前段时间因肾功能衰竭差点丢掉性命。虽然在医院医生的悉心治疗下脱离了生命危险,但张毛眼怎么也高兴不起来,因为近2万元的医疗费有一大半是借的,这对经济状况刚刚有些起色的家庭来说是一个沉重的打击。

"当初有病我是硬拖着,舍不得花钱找医生。腿疼、腰疼就拔火罐,实在难受得扛不下去了才在村里打针输液。农村人挣不来钱,我既要照顾老人,还要供孩子上学,脱贫致富太不容易了。好不容易攒几个钱,去趟医院就全扔进去了,刚刚摘下的穷帽子又戴头上了。所以,我就想生在家里生,死在家里死。谁曾想看到我快不行了,家里人竟把我送到医院里治病。现在病是稳定了,但却拉下一身债,倾家荡产了,今后的日子可怎么过啊?"一说到这些,张毛眼就愁眉不展。

相关链接

据卫生部第三次国家卫生服务调查结果显示:近年来医疗费用的增幅大大超过农民增收,三成农民因病致贫。即使在经济发展水平较高的广东省,近5年来,农民人均诊疗费用平均每年增长11.30%,人均住院费用平均每年增长11.40%,部分农民因病返贫。

各方评说

河北省望都县副县长刘新桥:去村子里看看那些贫困户,大部分家中有重病人。有了重病人,就很难脱贫致富;有了重病人,脱了贫也很难不返贫。

河北阜平县黄连峪村农民杨秋英：老话说得好，"炕上没病人，衙门口里没官司，就是好光景。"我们过日子苦点累点不怕，最怕得病。即使手里有几个钱，得一场大病准得变穷。

吉林省洮南市医院副院长庄丽明：农民只要得一场大病，十有八九就得致贫。一般农民家境再好，也很难抵挡一场大病。

原 因 篇

（一）12 元的药　就这样卖到了 170 元

头孢三代的零售价是 170 元。其中医生回扣 35 元，增值税 16 元，药厂 12 元，开发医院销售费用 5 元，维护医院销售费用 5 元，经销商 5 元，其他协调费用 5 元，医药代表提成 11 元。这里面利益最大的是医院和医生，分别占 40％和 20％。一种药从生产到患者手里要经过 6～9 个环节，而中间商则不计其数。

医药销售公司的利益和"公关费"大约占了药品价格的 20％

吴先生本是河北省某县人，但在北京从事医药代理已经十几年，用他的话说，医药行业的所有"规矩"他都"门儿清"。

"药品价格为什么'翻着跟头'上涨？因为药品从厂家到患者手中要经过好几个环节，而这个环节中人人都要拿钱。"吴先生说，一般的药品大致流程是这样的：药厂——医药销售公司——销售代表——医院——医生——患者。

吴先生说，药品出厂后一般有两种销售形式：一种是厂家派出人员自行营销，一种是被一些大的销售公司买断，进行总经销，然后再通过医药代表卖给药店和医院。在这个过程中，表面上看，药厂是以批发价格给销售公司的，但实际上药厂已经留给了医药销售公司 15％～20％的回扣，"这基本上已经成为医药销售的'潜规则'"。

医药销售公司从上到下又分为片区经理——省级经理——医药代表。这些人员大部分都和医疗部门有着一定的关系，他们的责任是负责把药品打入药店或者医院的药房，在这个过程中，几乎都要花钱，也叫"公关费"，一般三甲医院要 3 万元至 5 万元，一般的医院为 1 万元至 2 万元，县级医院也要几千元。

医院和医生的利益大约占了药品价格的一半

药品要想进医院，不是很容易。首先要取得院长的同意和药房主任的批准，还要经过药事委员会的通过。"在许多地方，这些支持都是要用钱来做后盾的。要知道，全国有药品生产厂家 6000 多家，品种有 1 万多个，同一药品少则百十家企业生产，多则几百家生产，你不这样做，别人也会。"他还告诉记者，一般的药品给医院 15% 的利润，这个利润是国家允许的部分，称为"明扣"，除此之外，还要给医院一部分"灰色收入"，大约 10%，行内称为"暗扣"。

"在公关医院的整个过程中最麻烦的是药品审查委员会，对于药品的采购来说，药品审查委员会具有一票否决的权力，只要对一个人的公关没到位都会前功尽弃。所以，这个环节花的钱最多，也最费心思。很多的时候我们会请药品审查委员会的委员去旅游度假，用这样的方式联络感情，之后再给一定数量的'信封'，一般情况下，只要你能拿下一个，这个人就会指引你下一个怎么办。因为别的委员不同意，药就进不了药房。"

"药进了医院，医药销售代表还不能高枕无忧。没有医生开药方，药就会一直压在药房里，跟没进门差不多，因此还得到医生那去公关。"他说，一般和医生建立联系的方式就是约医生吃饭，或者约一些男医生去洗浴足疗，给一些女医生送高档化妆品，当然也有的时候实在找不到医生，他就把药品说明书直接放到医生的桌子上，等医生主动打电话。和医生联系好后，要说好给百分之多少的回扣和付款方式，所以对医生有很大的吸引力。

药店的情况和医院类似，进店费、柜台费、促销费一样少不了

"药品进药店其实和医院一样，我们也要花许多钱。首先要进店费，这是给医药公司的，接下来要买通部门经理，一般的也是给'红包'的形式来做，其次还要交柜台费，要给柜台负责人好处，要给柜台营业员类似医生提成的所谓促销费。因为药店药品太多，没有好处营业员就不会特别卖力地帮着推销。尽管药店的进货中间环节少点，但价格并不比医院低。有的药店看见药品进价较低，甚至还要求厂方或代理提高报价，然后从提高的部分中提成。这样做的目的是可以应付物价部门的检查，药店可以名正言顺地说是药品的进价高，而非暴利。"

063

业内人士都知道,"药品生产企业都希望药价能降下来,可又害怕国家实行药品降价。每次降价国家都是要求药厂压低价格,可中间环节毫无损伤。在没有办法的情况下,一些医药企业也会要些'鬼把戏',就是以'研发'的名义更换被要求降价药品的名称和包装,这样新瓶装旧酒,这些药品就依然可以堂而皇之地卖高价了。"

各方评说

江西省医药管理学会专家胡国琪:治理药价虚高问题,国家相关部门应在治理医院所出现的一系列不正之风的同时,还要制定相关法规,一方面卡死了药品的出厂价,另一方面制定相关的规定,确定医院的零售价。

医药销售代表王凤鸣:"药价虚高"的原因之一是药品回扣之风愈演愈烈,进而导致药品的进货价格不断攀升。而要从根本上整治药品回扣问题,就必须在药品采购上全面推行"阳光采购",彻底杜绝"暗箱操作"行为。对医院的药品采购,应该借鉴招标采购的办法,进多少药、进什么药,不再由个别人说了算,而是开出清单后,召集多家药品供应商在比价采购、市场调查的基础上,按最低价格采购。

(二)"要干这一行,就得把良心丢掉"
——江苏省宿迁市某医药公司经理巩军如是说

"我现在卖的一些药,实际成本只有定价的十几分之一。换句话说,你花100元买的药,其实还不到几块钱。这中间我能赚30元左右。但用来支付回扣、公关等各项费用也不少,否则再好的药也卖不出去。要干这一行,就得把良心丢掉。这话一点都不假。一次患感冒,医生一下子就开了100多块钱药,把我吓了一跳,觉得太贵了。这时我想这100多块钱当中有很大一部分是虚的。可想想平时自己就是这么推销药品的,我真有一种负罪感。"

"一般人也许不知道,药品从药厂出来,要真正到患者手里,至少要经过进药、出库、医生处方三大关卡。先说进药吧,药剂科主任如果不同意,那总渠道就卡死了。首先要把药剂科主任的性格、兴趣、爱好、家庭住址、电话号码、他在医院里的权力大小、他的社会关系等等做个调查，了解清楚，然后晚上到他家去公关，送点现金、礼物等等，事情就搞掂了多半。药品进医院以后在哪一个科卖，这个科的主任也必须同意，打通这个关节，也是必要的。"

"重要的公关是医院药品委员会，为了让有权有势的人同意进我们的药，我们把有关系的人都集中起来，吃饭、娱乐、打麻将什么的，一闹闹一宿，然后以'交通费'的名义，给每个人几千元或上万元的红包，事情也就好办了，需要解决的问题都开了绿灯。"

"库房是药品推销中的桥梁，库房不打点好也不行，他们可以这么讲：虽然药事会同意了，但是并没有让我必须进这种药，也就是这个药并不是我们医院所急需的。药品推销员不可能、也不敢得罪库房的人，你只能迁就他，你只能去跟他协商甚至于厚着脸皮去讨好他，然后晚上到他家里去坐坐，少不了要花钱。"

"这些关节打通后，最后就是需要医生在处方上开药了。给医生的回扣，一般都是现场兑付，或者给医生开一个秘密账号，然后把钱存入这个账户。对于什么时间开的什么药，每个医生都有个账本。只要开出了方子，不管是否成交，医生都会在这个账本上记上，然后按照账本上记录的数量结算。可以说，在整个过程中几乎90%的回扣款全都到了处方医生的手里。至少是零售价的10%～15%，这是个不成文的规定。如果少于这个比例，你的药就卖不动，多于这个比例你的药就会卖得非常快。最后每月统计医生开药的情况时，一般是由药房出具统计单结算。这就要跟药房打交道了，一般十几块钱的药每盒给药房主任提五毛钱，一般是3个月或半年结算一次，有的给现金，有的给存折。"

"从1999年开始干这行，每年打点的钱，少则三五十万元，多的八九十万元，这些人的心比我们还黑。"

（三）平价药店遭同行"围剿"

居高不下的药价是农民看病难的重要原因之一。如何平抑药价，去掉药价中的"虚火"？人们曾对近几年出现的平价药店寄予了很大希望。但由于种种原因，平价药店在城市经营艰难，让广大农民从中受益并不容易——

在天津市河东区津塘路 52 号,有一家平价药店,名叫老百姓大药房。由于对现有药价形成了一定冲击,老百姓大药房在发展的过程中,遇到了与其他平价药店相类似的困难和阻力。

恶意抢购是家常便饭

2005 年 11 月 20 日,记者在天津老百姓大药房河东店看到,药店内,人来人往,熙熙攘攘,许多人在货架上选取着自己需要的药品。由于是周末,人比平时要多一些,药店显得更加拥挤。在药店的旁边停放了十多辆货车,车身上的字样显示,是天津市一些药店的运货车。在顾客拎着大包小包药品走出店门的同时,一些药店的负责人也在不断地往车上装药品。

记者上前攀谈,一位药店负责人说:"我们这是在进货。刚开始我们来这儿,主要是看看他们的经营手法,想借鉴一下。后来发现在他们这里可以买到许多便宜货。我们是个体药店,进货量比较小,现在他们所谓特价药品零售价比我们的进货价都要低。"他指着车上的货说,"消渴丸卖 10 块 5,复方益母草膏卖 3 块 8,美吡达卖 12 块 9(以上药品在普通药店分别为 15.1 元,4.2 元,14.2 元),你算算成本,真不知道他们哪来的货,反正我进不来这样的货,所以我就当找了一个新的进货渠道吧。"

在场的多位药店负责人表示,他们现在到平价药店进货几乎成了习惯,每天都会派出专人逛逛市内的大药店,有便宜货就买进。

据老百姓大药房执行总裁石展介绍,现在老百姓大药房药品被一些同行恶意抢购几乎成了家常便饭。以前老百姓大药房的几家分店开业以及各分店开展的大型促销活动期间,都会发生同行恶意抢购的现象。

为了应对恶意抢购,天津老百姓大药房准备了大量的库存药品。同时规定,除一些诊所急购药品和一些集团公司经与药房进行协商后,可以大批量购买药品外,对非正常的抢购进行限购,每位顾客买药都有数量限制。

石展说:"平价药店遭恶意抢购是一种普遍现象。不光是我们,几乎每一家平价药店都有这样的遭遇。平价药店的药价低,对其他药店的高利润形成了一定威胁,他们肯定要想方设法进行破坏,抢购是他们的常用手段。买了你的低价药,既能让你无药可卖,又可以拿着这些低价药到自己店里高价出售。这个方法是一箭双雕。"

利益联盟集体封杀

"恶意抢购是同行对付我们的主要手段,但不是唯一的手段。"石展说,"尽管平价药店受到了广大顾客的欢迎,大家可以在这里买到比较便宜的药品,但是对那些在原有药品市场格局中利益均沾的商家及医院来说,平价药店无疑就是'害群之马'。平价药店招人嫉恨并被那些利益联盟集体反击也就不足为怪了。"

平价药店遭到的反击主要有以下几种:一是进行正面还击,如果平价药店在某一区域威胁到了传统药店的生意,他们就在其附近门店进行相应的价格竞争;二是在原有的价格默契基础上,形成明确的价格同盟,维持原有价格,压迫平价药店;三是对平价药店进行暴力破坏。

石展说:"需要应对的是一个利益联盟。每到一处,那些同行虽不敢单独和我们正面交锋,但是他们会联合起来,针对我们采取措施。有一次,一位顾客拿一张药方到我们药房买药,员工一看处方就蒙了,那张处方就像一张密码电报,根本看不明白,员工们研究了半天也不敢拿药,那位顾客只能失望地走了。像这样特意把处方改成'天书'就是医院针对我们采取的措施。如果是进行正面价格战我们并不怕,但对那些从多方射来的暗箭,我们招架起来确实有些吃力。"

走进农村困难更多

目前我国的平价药店多为省级店,多集中于省会等大城市,如果想进一步向农村发展,它们势必遇到比现在更多的困难,更大的阻力。

由于价格低利润率低,大规模和低成本运营就成了平价药店生存和发展的两大法宝。几乎所有的平价药店都是靠规模经营来赢利的。老百姓大药房能在天津市立足,在很大程度上靠的是其低成本进货,大卖场、大流量的营销方式,较低的运营和管理成本,从而能在单位药品上形成价格优势,并保持相当的赢利水平。但这些发展手段在平价药店向农村进军中很难完全实现。

"农村是一个非常广阔的市场,但平价药房要向农村进军,仅靠规模和低成本两个手段还远远不够。"石展说,"城市人口比较集中,所以可以保证大流量,但农村由于居住分散,人口密度相对较低,在一个较小的地方很难实现大流量,药店的规模也会受到相应的限制。同时,农民的医疗常识较少,药品知识比较缺乏,如果不能提高服务水平,农民得了病不知道用什么药,对一些药的药性也不太了解,那就很难把他们从医院拉到平价药店来。所以,近距离为农民服务,我们需要解决的问题还有很多。"

不过,对向农村进军,石展信心十足:"平价药店会做大的。平价药店在开拓省级公司的同时,会使现有的市场更加规范,对物流、信息、品牌进行有效的整合,并在加强服务的基础上,逐渐形成对一定区域的领导地位。一些条件成熟的平价药店的省公司,在充分调研的前提下,一定会向地级城市乃至县级城市发展,更好地向纵深发展。我相信农民用不了几年就可以在家门口买到平价药店的便宜药了。"

平价药店与普通药店部分药品价格对比表

药品通用名称	商品名称	剂型	规格	单位	生产厂家	平价药店售价(元)	普通药店售价(元)
头孢克洛片	优克诺	片剂	0.25g×6片	盒	广东广州白云山制药总厂	12.8	15.2
头孢羟氨苄片	欧意	片剂	0.25g×12片	盒	石家庄制药集团欧意药业有限公司	10.2	14.6
头孢氨苄胶囊		胶囊剂	0.125g×10粒	袋	广州白云山制药股份有限公司	2.5	3.0
阿莫西林胶囊		胶囊剂	0.25g×50粒	盒	河北石药集团中诺药业石家庄	5.5	7.8
氟氯西林钠胶囊	奥佛林	胶囊剂	0.25g×12粒	盒	香港澳美制药厂	39.8	43.5
氨苄西林胶囊	白云山必仙素	胶囊剂	0.25g×10粒×2板	盒	广州白云山制药股份有限公司	6.6	9.8
氨苄西林胶囊	百信安比先	胶囊剂	0.25g×10粒×2板	盒	海南百信药业制药厂	5.8	8.0
阿莫西林胶囊		胶囊剂	0.25g×20粒	盒	河北石药集团中诺药业石家庄	2.0	2.5
阿莫西林胶囊	白云山	胶囊剂	0.25g×10粒×2板	盒	广州白云山制药总厂	3.6	4.5

药品通用名称	商品名称	剂型	规格	单位	生产厂家	平价药店售价(元)	普通药店售价(元)
青霉素 V 钾片	爱心一片	片剂	0.25g(40万u)×2板	盒	吉林长春今来药业集团	1.7	2.5
盐酸头孢他美酯干混悬剂	安素美	颗粒剂	0.25g×6袋	盒	浙江震元制药有限公司	35.0	42.0
阿奇霉素分散片		片剂	0.1g×6片	盒	沈阳富东制药有限公司	5.5	7.8
红霉素肠溶片		片剂	0.125g(125万u)×12片	盒	广东广州白云山制药总厂	2.2	3.4
交沙霉素片	民生	片剂	0.2g×12片	盒	浙江杭州民生药业集团	7.5	9.8
克拉霉素片	利迈先	片剂	0.25g×4片	盒	陕西西安利君制药	9.8	11.2
罗红霉素分散片		片剂	150g×6片	盒	成都华神集团股份有限公司制药厂	8.3	10.8
麦迪霉素片		片剂	0.1g×12片×2板	盒	湖北宜昌人福药业	4.0	5.5
乙酰螺旋霉素片		片剂	0.1g(10万u)×12片	盒	广东广州白云山制药总厂	1.6	2.5
头孢克肟颗粒素	白云山世福	颗粒剂	50mg×6袋	盒	广东广州白云山制药总厂	34.5	39
头孢克洛干混悬剂	再克	颗粒剂	0.125g×6袋	盒	先声集团海南先声药业	16.3	19.8

相关链接

江西省开心人大药房　开业即成同行眼中钉

江西省内第一家平价药店开心人大药房在开张的 8 天里,每日顾客流量均超过 7000 人,最高日销售额达 10 万元。尽管得到了政府认同和百姓欢迎,但这家平价药店却由于"破坏了行规"成了同行的眼中钉。药店开业后,大药房常务副总经理张晖一连接到了好几个威胁电话。不明身份的人指责他们"坏了行规",要求立即停止降价,否则后果自负。在药店开张的第 4 天,200 个生产商、

第四章　透视农民看病难

批发商同时要求撤药,近百个厂商自己花钱买走了他们生产的药品。一家药厂的业务员则干脆"摊牌"——不少药店和医院已经向他们发出警告,要求他们限期到开心人大药房撤货,否则将联合采取制裁措施。为了留住大客户,他们不得不与开心人大药房断交。

天天好大药房　北京开业 3 天就断货

2005 年初,总部位于杭州的天天好大药房在北京开业,首日客流量就达到 2 万多人,创出北京药店开张之最。但是开业第三天,"天天好"却遭遇竞争对手的恶意收购。150 多种畅销的药品和保健品断货,20 多个药品生产厂家停止续货,30 多个厂家和供货商要求上调药价。

各方评说

河北省望都县副县长刘新桥:既然平价药店的出现是一件对百姓有利的好事,既然其受到来自传统势力的全方位反击,那么政府有关部门就应该秉持维护最广大人民群众利益的原则,鼓励合法、合理竞争,坚决打击不合理竞争和违法行为,使药品市场进入真正的竞争,以形成真正反映供需关系的合理价格。

老百姓大药房执行总裁石展:平价药房开张的最大受益人无疑是普通百姓,然而就是这样一件为民谋福利的事,却要遭遇许多不公平竞争。很明显,平价药房遭到恶意竞争,主要是一些药厂、药品代理商及药房同行等还想继续维持药价虚高态势,以长期牟取暴利。他们担心平价药房的"平价"会"拉"走自己的顾客,断了自己的"香火",所以使出各种"招术",阻止平价药房的开张和正常营业。

天津北辰区大张庄村张建业:我老伴患乳腺增生,我又患糖尿病,总吃药,经常跑药房,经过比较后,感到平价药店价格低,因此,我就把这里当成定点药店,经常来买药。虽说得从乡下跑到城里来,但我一个农民,一年也收入不了几个钱,治病买药是哪儿便宜就到哪儿买呗,钱能省一点儿是一点儿啊。

湖北省武汉市东西湖区慈惠农场蔡家大队钟学富:有些药店不择手段地对付平价药店,证明平价药店的出现确实是一件给消费者带来好处的事,因为从对手气急败坏的程度来看,他们受到平价药店的威胁,很可能就是暴利。

（四）医院卖了　包袱甩了　农民咋办？

江苏省宿迁市 124 家乡镇卫生院和 9 所县级医院，以公开拍卖为主要形式的产权制度改革目前已全部完成，这意味着公立医院已经成为宿迁的历史。

没有一家医院再姓"公"

2005 年 10 月 20 日，在江苏宿迁市沭阳县陇集医院。院长王雪田在简陋的办公室踱来踱去。3 个月前，经过二次改制，他以 154 万元的价格买下了这家乡镇医院，成了这里的新主人。2001 年，这家乡镇医院以 245 万元卖给了当地的一个企业老板，因经营不善，由政府部门托管。4 年后，这位在温州、南京等大城市打拼过的"大老板"，买下了这所乡镇卫生院。

宿迁地处江苏北部，下辖沭阳、泗阳、泗洪、宿豫和宿城区，共 124 个乡（镇）、1418 个行政村；全市 515 万人，其中农村人口占 74.5%。2000 年 3 月，宿迁市公有医疗单位产权改革首先从沭阳县开始，并以沂涛、南关、青伊湖三个乡镇卫生院为改制试点，拉开了声势浩大的卫生事业民营化的序幕。截至目前，124 家乡镇卫生院和 9 所县级医院，产权制度改革已全部完成。

卫生资产中民营占 62.7%

据市卫生局有关人士介绍，5 年改制，使宿迁卫生资产大大增值。2004 年全市卫生总资产已经达到 15.39 亿元，比改制前的 1999 年增加 10.44 亿元，增长了 210.1%，民营卫生资产占全市卫生总资产的比例由 1999 年的 1.2% 上升到 2004 年的 62.7%。同时，宿迁在卫生投入方面也加大了力度，开始建立公共卫生体系。在"一乡两院"制的构想下，全市 124 个乡镇陆续建立了主要承担预防医疗保健服务、卫生监管等职能的卫生院，而乡镇医院则专门从事医疗活动。

乡镇医院人才流失　病人向县城云集

据介绍，在有 170 多万人口的沭阳，为了争夺更多的病源，各家县级医院开始大规模挖人。一时，沭阳县医疗骨干的身价倍增。一个副主任医师，在周边地区只有月薪 2000 元左右,而在沭阳却被炒到 3000~4000 元,有的医疗骨干年薪甚至拿到 12 万元。而作为乡镇医院来说,人员流失相当严重。沭阳县陇集镇医院没有改制之前,还有职工七八十人,现在医疗外科骨干基本流失,主治医师只剩下五六个,全院减少到 30 人左右。记者在泗洪县某医院看到,近 30 多名主治医师都是从乡镇医院来的。特别是农村的病人逐渐向县城云集,乡镇医院的日子更难过。陇集镇医院没有改制之前,一年的收入有 100 多万元,最高曾经达到 170 万。改制以后,营业额却急速下降,2004 年只有六七十万元的收入。随之职工工资也下降了 2/3。而且,改制都存在一个难以回避的问题——职工身份的置换,包括养老保险的缴纳等。

二次改制迫不得已　中医科室在萎缩

更为重要的是,由于最初宿迁医改的时候,采取拍卖的方式,所以很多县级医院,尤其乡镇一级的医院处于一种"非理性"的投资状态,改制后医院经营日益艰难,加上职工的不稳定因素,有很多医院不得不进行二次改制。据记者了解,在完成二次改制后,沭阳县中医院效益不断增加,但该院中医科却完全是在亏本经营,一步步萎缩。没有改制之前,中医院还有一个专门的中医病区,现在已经消失。由于科室收益下降,所以医院原本招来的一些中医人才慢慢都转向西医。

医疗费用未降反升　县级医院涨幅大

宿迁市卫生局有关人士说,改革后的全市医疗服务价格连续 5 年下降。其中门诊费用市县级医院由 1999 年的 75.49 元降低到 70.19 元,下降了 7%;乡级医院由 37.62 元降低到 27.84 元,下降了 26%。同时每日病床收费、出院者平均医药费用都是大幅下降。但记者在宿迁采访期间,一些病人都感觉"看病比起以前贵多了"。泗洪县魏营乡一位农民拿着刚拍的片说,以前 30 多元就行了,现在已涨到 180 多元,你说看病贵不贵。2005 年 5 月,江苏省卫生厅曾在宿迁专门做过调研,走访 40 多家医疗机构,发放调查表 267 份,抽查门诊处方 1065 张,住院病历 42 份。最终得出的结果是医疗费用没有下降,反而上升,其中尤以县级医院涨幅最大。

医生的困惑:医院是公益性的还是营利性的?

"医院是公益性的,是要讲求医德的,把医院卖给企业老板,他就会以自己的想法来经营医院,他要以营利为目的,是要赚钱的,主要表现在药品提价、检查费提价、住院费提价等方面",一位医生说。"做个钡餐检查,原来是 10 块,现在是 30 块;骨汰注射液,零售 9 毛一支,医院给病人开 9 块 6 毛;抗宫炎片,零售 2 块,医院却卖 20 块。在医学院读书的时候,号召我们学习白求恩,现在医院却把我们当成了赚钱的机器。"这位医生有些气愤地说。

读者反馈

农民爱看这样的文章

马立强、徐阿宝:经济日报农村版近日推出的"透视农民看病难"系列报道,在河北省定兴县农民中引起了强烈反响。农民争相传看这份报纸,纷纷发表自己的看法。先于镇 42 岁的郭文说起给妻子看病的经历,仍很伤心:"我妻子在 2001 年夏天查出乳房上长了一个瘤子,在县医院做的切除,然后拿到保定做切片化验,是恶性的。2002 年又在保定做了乳房切除手术,当时花了一万多元。之后做化疗,因为家里经济条件不好,在保定治了几天,然后把药拿回家,在村里继续输液,这样可以节省点钱。钱是省下来了,可条件比医院差远了,不能及时调整用药。后来癌细胞扩散了,今年夏天她就去世了。"说到这里他流下了伤心的泪水,"农村版上说的'得了大病,真是看不起',确实是这么回事。"

车站村的陈玉书自己开了一个小诊所,"现在的药价差别很大,比如说'感冒清热冲剂',知名药厂的要九角钱一袋,一般厂子的三角钱一袋,但是药效却差不多。"说到看病难,她说"主要是看大病难,去大医院挂号难,化验费高,治疗费也高,一旦做手术,没个万儿八千的根本下不来。农村版上说的'一个星期都没挂上专家号',我经常听人说起这种事"。

应该刹刹医疗行业的不正之风

山东省滨州市滨城区读者张丽:看了贵报"12 元的药,就这样卖到了 170 元",我终于找到了知音,把一直憋在心里的话和一些真实见闻讲给广大读者听。

我的一位朋友是与医院打了7年交道的医药销售代表,我听他说过,他在武汉经销的一种药品,拿到手上的价格是7元,而最终医院卖给患者的是135元。那么7元的药何以卖到135元?据说,该药给医药公司是75元,批发给医院90元,医院加价到135元卖给患者。原来猫腻在"药品进医院的过程"。正是医疗服务中这些不正之风,使医药费不同寻常的虚高涨。我认为要改变药价高涨状况,首先国家应改变定价机制,如实行医药分离,医院分类管理。其次卫生主管部门及纪检人员要下决心调查整顿,刹刹医疗行业的不正之风。

为解决农民看病难提一建议

浙江省黄岩市退休教师鲍文陆:看了贵报连续推出的"透视农民看病难"系列报道,为你们真心真意为农民服务的精神所感动。我已经70多岁,但还想为解决农民看病难提些建议。

眼下,农民患病率高的原因,除了经济条件之外,最主要的还是他们文化水平低,缺少卫生保健知识,一旦农民了解了卫生保健知识,增强了健康意识,懂得一些疾病防治知识,诸如消化系统的肠胃炎、呼吸系统的伤风感冒,还有农民的腰腿病等等一些常见病、多发病,就可以避免或减少疾病的发生。现在,农村卫生院的医务人员完全依靠"以药养人"。因此,他们只有采取不合理用药,开大处方和虚高药价的方法,增大病人医药费用。这就是看病难、看病贵的根源。

希望媒体更多地关注农民看病中的问题

河南省固始县农民范合林:你们这组报道挺好,说得很真实。农村医疗机构不健全,医术也不高明。村医只能看感冒、腹疼之类的小病,病情稍严重就得上大医院。2003年我的母亲耳朵上长了一个瘤,在县医院住院两天就花了4000多元。希望你们更多地关注在城里打工的农民医疗保险问题。

山东省邹城市农民王良国:希望你们的记者能更多深入农民患者的家庭,去了解他们因病而带来的贫困生活。比如说你们有一些关于农民上市里的医院看病的文章,都是采访患者的,我认为你们最好是陪他们一起去医院看病,亲身经历这个过程,有更深刻的感受,相信会让你们写出更切合实际的报道。

山东省肥城市农民范士行:感谢你们对我们农民的关心!我希望政府更多

地关注农村的医疗问题,更好地落实相关政策。

河北省张家口市农民赵成路:看了你们关于医疗方面的报道,我觉得还需要注意一下在农村里面的医药质量问题,希望有关部门在完善医疗设施、提高医疗水平的同时也让我们买到放心药。我觉得你们的报道可以做得更全面,因为造成目前农村的医疗问题的原因不仅是医疗系统、体制的问题,还有农民的经济收入、负担、福利保障等方面的原因,我觉得还应该从这些方面去探讨。

网友热评本报
《12 元的药　就这样卖到了 170 元》一文

本报 11 月 28 日五版发表了题为"12 元的药,就这样卖到了 170 元"的文章,立即在社会上引起强烈的反响,当天下午,稿件被新华网首页转载后,立即引起网友热评,现将网友评论摘编如下:

网友一:这绝不是一种好玩的游戏,它害得多少人失去了治疗的机会,这样做的人应该感到羞耻!

网友二:公立医院的药房应该引入竞争机制,并且医药分离。医药公司的药店应该可以与医院的药房竞争。药品招标要透明化,严惩腐败分子。

网友三:药品的定价是一个最为简单的事情,那就是一种药品的价格,即从药房售出的价格(包括医院的药房和零售药店),中间的回扣等等由你去给,反正给老百姓的价格不能突破。突破价格就是违法,这样既有操作性,也能限制药品价格的离谱。

网友四:"回扣""公关费""红包"是社会的毒瘤,应该坚决打击、制止。

网友五:苦了药厂,害了百姓,撑死了那些医药销售代表,非常不公平!

网友六:12 元的药为什么卖 170 元的?背后有什么深层原因?有关管理部门应该查清楚。

网友七:药械暴利比杀人犯还恶毒。

网友八:构建药品生产厂家与患者之间的直通机制,取消药品流通领域中层层叠叠的分销环节,严惩不正当竞争行为和行贿受贿的犯罪行为。正确地引导与加快卫生体制改革,健全社会基本医疗保障机制,让患者看得起病,让群众满意。

（五）卫生投入别再厚城薄乡

据有关资料统计，我国卫生资源配置约80%集中在城市，而一些符合大众利益的基层医院，大都存在着资金短缺现象，无法持续发展，从而带来基层医院人才流失、信誉度下降等问题。

记者在湖南省邵阳市卫生局了解到，目前随着政府财政收入的增多，各项专用经费逐年增长，但卫生事业费却几乎多年不变，有些县、市甚至下降。如邵阳市在上世纪80年代，全市用于卫生事业的支出，占整个财政支出的8.7%。进入21世纪，随着经济社会的不断发展，这一比例反而降至1.79%。

乡镇医院人均收入大约只有市级医院的1/4

以位于隆回县滩头镇的县第三人民医院为例，每年政府没有投入过一分钱。医院全年的总收入是380万元，但目前的负债已高达600多万元。医院运转相当艰难，仅今年1年就已经换了3个院长。刚刚上任不久的院长告诉记者，一位普通医生1个月的治疗费、药费等收入要达到1400元才能保证自己有900元钱的收入。

在邵阳市属邵阳中医院，情况也不容乐观，虽然除享受一年80万元的财政拨款外，院里每年还有2400万元左右的收入，但院长表示这样的收入刚刚能维持医院的正常运转，根本就没钱搞基本建设，目前医院的病房还是上世纪70年代建的，医院里大型医疗设备大都是靠贷款购买的，几乎没有发展的空间。

乡镇医院人均资产大约只有市级医院的1/10

"我们这里条件太差了，许多病人怀疑我们的医疗水平，大多数人得了小病在村卫生室里拿些药，如果得了大病干脆到县、市级医院去就医，除非家里比较穷的，一般的是不会来我们这里看病的。"在湖南省邵东县廉桥镇的县第二人民医院，何从荣院长无奈地告诉记者。为了说明医院条件较差，他给记者讲了一个故事："不久前有一个病人得了低钾血症，被家人送到医院来，当时在医院住了1个多月花了8000元钱，结果对方看到医院条件较差，对治疗效果产生了怀疑，后来就提出要转到县医院去看,他们在县医院住了3天就花了1万余元,但那里条件确实比我们这里好,他们宁愿花钱也要到那里看。"

在隆回县滩头镇的县第三人民医院,院长告诉记者,他们的B超机已经用了10年,近5年来没有增加一台新设备,出诊和接送病人都只能靠手扶拖拉机,为了购买一辆救护车,他们跑了不少部门结果因为经费紧张至今也没买,说话间他向记者出示了一份盖满公章的申购报告表。

而记者在北京协和医院住院部了解到,医院的病房单间里有卫生间、电视、冰箱、中央空调等设施,一天的费用是400元。在某医院住院部的豪华套间内设有按摩浴缸、桑拿室、小厨房。住这样的房间一天需要近3000元。更有甚者有一些豪华医院竟然开出了一天1600美元的天价。

正规村卫生室日渐萎缩   外地游医遍地开花

上世纪60年代中后期,第一代赤脚医生进入村卫生室,走向了农村防病治病第一线。乡村医生已经在农村存在并工作了40多年,他们为改变农村缺医少药状况、保护劳动力资源、发展生产力作出了贡献。记者在采访过程中了解到,目前一些乡村卫生室由于条件差、待遇低已经日渐萎缩,而另外一些地方的乡村卫生室却出现了遍地开花的局面。

在北京市海淀区永丰乡六里屯卫生室记者了解到的情况是,这个村卫生室一共有5名乡村医生,平均年龄46岁左右,卫生室的负责人陈志刚告诉记者,该村原住村民有2000多人,由于该村外来人口较多,目前卫生室要服务的人口有近7000人,大家的工作量都很大,"我们24小时都得有人值班,5个人连轴转,一年下来没有一天休息日。"面对工作,陈志刚说,大家都是自愿的,因为是老百姓需要,但提到待遇问题他皱着眉头告诉记者,他们的工资是每年年底村委会按照全村的平均工资发放,发多发少村委会说了算,一年下来也只有四五千元。目前村卫生室人员虽然名义上是国家认可的乡村医生,但连个正式职称也没有,人员缺乏,一个新人也引不进来,而且退休后只能回家务农,福利待遇根本没人管。这几年,大量外地游医在村里开设了许多小诊所,对村卫生室也有冲击,但这种情况却无人过问。说到这里,陈志刚顾虑重重地说:"如果政策不制定好,没有新人来,再过十几年,等我们退休后,恐怕这个卫生室也办不下去了。"

而在湖南省邵阳县小溪市乡,记者了解到了截然相反的情况,有些村里有

2~3个卫生室,其从业人员几乎都是本县卫校毕业生或者是原赤脚医生及其下一代。这些卫生室普遍存在技术水平低,用药不规范等情况。

卫生事业投入既要锦上添花　更要雪中送炭

对于基层医院的作用来说,大家的共同观点是,基层卫生机构还是要在一定区域内承担大多数病人的诊断和治疗,这样才能把大多数的病人留在相应的区域内就医。国家注重对大医院投入,添设备,增人才,树品牌,把大量的人力资源和物力资源及病人相对地集中到大医院,实际上这种集中造成的浪费是相当可观的,而且增加了患者的负担。农民从村里到县里、市里就医除了要花费车马费、挂号费、陪同人的住宿费以外,还要浪费大量的时间,这种大医院里大量病人的集中也造成群众挂号难,看病难、看病贵等问题。海淀区永丰乡卫生院的果院长对记者说:"为什么现在有些医院里号贩子屡禁不止,就是因为他们有市场。"

湖南某市不同级别医院财务情况

医院类别	职工人数		床位数	资产总额(万元)	人均资产(万元)	服务人口(万人)	全年总收入(万元)	职工人均年收入(万元)
	总人数(人)	其中医生数(人)						
市级医院	1127	466	800	27152	24	800	11680	3.99
市级中医院	337	110	260	2000	5.93	730	2400	2.04
县级医院	604	135	302	5644	9.34	110	2400	2.2
乡镇医院	46	13	100	100	2.17	13	380	0.93

(六)看病中的几个没想到

12月1—4日,本报根据读者建议,派出记者和实习生以普通患者身份在北京9家不同级别的医院,看了看感冒、腹痛等常见病。

两分钟下处方

12月2日,下午1:20。记者来到北京市某二级甲等医院。因正值中午,内科看病的人并不多。记者从挂号到诊室只花了20来分钟,但让记者没有想到的是大夫的诊治速度惊人,嗓子痛只花了5分钟,就完成了观察,询问,开处方3个步骤。如此短的观察和询问时间,大夫能了解病症吗?记者当天又在海淀某医院挂皮肤科看青春痘,一坐下来医生就开始拿起笔来写处方,也没有对长在记者脸上的青春痘进行检查,要不是记者主动诉说病情和症状,主动询问医生具体情况,估计医生一分钟就可以打发记者。更令人疑惑的是,记者后来认真检查病历本,发现上面除了写得非常潦草的处方以外,连最起码的病症记录也没有,在其他医院,也同样出现了相似的情况。医生跟病人交流的时间最长是5分钟,最少是2分种。

没病看出大病来

12月3号在海淀一家医院,记者称肚子不舒服,医生看了下舌头,把了一会脉后竟然很严肃地告知记者,患的是比较严重的胃炎,要连续吃一个月的药,而且每个星期都要按时到医院复诊。看到医生一本正经的样子,记者吓出了一身冷汗,要不是坚信自己胃没有病,差点就要依照医生建议做一个全面的胃部检查。而在另一家医院内科,记者说嗓子疼,医生在检查完喉咙后说是扁桃体发炎化脓,白细胞可能会异样,必须先做血液检查。见到医生那么坚决的态度,记者只能马上去做了血液检查。医生看了化验结果,竟说"血液没有异常,就是扁桃体发炎,吃点药就好了"。

医生开的处方护士随便改

记者在某医院划价处取药结账时,当表示没有带够175元钱时,护士马上表示那个145元的药可以先不拿。待记者再去医生那里咨询用药方法时,医生看到那种药没拿时,除略表示不满后竟只字未提,让记者不得不怀疑那个药根本就不需要,或者是可有可无。

吃药无效可再来

当记者拿着开好的方子,准备离开时,医生嘱咐:"吃完药,没效果的话,要再来复查。"记者听后心里立马凉了半截。连医生自己都不确定这药有没有效果,就敢开,似乎有点开玩笑。

开的药药房竟没有

看着医生开的处方,药房护士面无表情地说药房没有其中一种药,让记者去急诊室去问问。记者于是又一路小跑到急诊室药房询问,护士拿着处方看了半天,也没看懂处方上的药品名称。几番询问,才把药品的名称弄明白。药房的护士对着电脑查了查,仍没有,只得苦笑了一下。药房没有的药,却开在了大夫的处方里。

(七)重复检查为哪般?

11月29日上午,在寒风中站立了半个多小时,记者终于挂上了北京市海淀区某医院内分泌科号。走进3诊室,接诊的医生姓黄,是一位主治医师,大约40多岁。

"怎么啦?哪里不舒服?"

"血糖有些偏高,空腹6.2,餐后8点多。"

医生给记者量了血压,正常。随后询问口干不干,有没有疲劳、乏力感觉。记者一一回答。医生在病历表上写下了症状。

"先检查吧。"医生态度很和蔼,并拉开抽屉,迅速开起了化验单。

"这是检测血糖,当时就出结果。这是8小时尿培养,这是肾全、肝全、脂全检查,这是尿蛋白化验。整个结果大概7天后出来,下次挂号再来看病。"

"这些检查,前几天刚在某大医院做了,结果带来了,能不能不做检查了,给开些药。"

记者递上了某大医院的几张检查单,医生看都没看,说:"别的医院化验结果我们不作参考,要在这里看病,应该以我们的化验为准。这些检查要做,不然就无法为你治疗。"

"同样的检查,为什么还要做?不能以别的医院结果作依据吗?"

"不行。医院有医院的规定。"

"这不是重复检查!有这个必要吗?"

医生不再说话,起身去叫下一个病人。记者请求开点药,医生不愿开。不过,他告诉记者,如实在想开,医院旁边有一个药店,可到那里买一种叫"诺和龙"的降糖药。记者到药店打听了一下,真有这种药,丹麦进口的,80多元一盒,比国产的卡博平、格华止等降糖药贵了4倍多。

记者看了看表,整个看病时间也就花了十多分钟。

(八)这检查 那处方 农民的钱包空了

"我去年得了心脏病,去县医院里看了看,花了4000多块钱也没能看好。可不敢再去医院了。"江苏省响水县双港镇丰大村农民徐树坤告诉记者,"小病拖,大病扛"在当地是一个普遍的现象。

患者:小医院的检查大医院不认 大医院的检查小医院也不认

去医院看病,别说是住院,单单是进门后的检查,就让人心惊胆颤。在北京市某医院门口,记者遇到了陪母亲看病的刘丽波,她无奈地对记者说:"现在医生动不动就让人做检查、拍片,也不知道哪项有用。"

北京某医院一位医生私下透露,目前许多医院鼓励医生靠诊疗费用创收。诊疗费挣得越多,奖金就越多。药品回扣相对好控制,患者嫌医院价格高,可以外购,但检查就不同,必须得在医院做。当患者治病心切时,医院的各种检查更是顺理成章。

河北省某县农民李立勇告诉记者,他的父亲因为脑血栓在北京住院,前后花了将近2万块钱,后来考虑到父亲病情相对稳定,自己也不能继续负担在北京的治疗费用,于是回到老家的医院继续治疗,没有想到的是,之前父亲在北京所做的一系列检查,家乡的医院居然不承认,李立勇很郁闷:"同样的检查,咋在别的医院不算数呢?"

医生:不开大处方就没有收入 开了大处方内心也不安

近日,一位古稀老人在哈尔滨市的一家甲等三级医院住院期间,竟然产生了550万元的费用,此事在社会上引起强烈反响。这位老人在医院缴纳的收费账单显示,他最多一天输血94次,还有一天注射盐水106瓶。看到这条新闻,北京市市民刘先生愤怒地说:"一个生命垂危的老人,一天不间断地每小时输4瓶盐水,又不是腌大白菜,这都根本不可能的事儿。这医生是大处方开惯了,根本不讲什么医德。"

082

一位不愿透露姓名的医生告诉记者,他所在的这家县人民医院,规定按医生所开处方的金额大小确定年终奖金的多少。所以为了多赚点钱,大家自觉不自觉地给患者多开药,每个疗程都要开出800元到1000元左右的药费。而且有意延长疗程,普通胃炎也会设法让它治半年。

他告诉记者,作为医生,本来应该是救死扶伤的"白衣天使",可自己却像风箱里的老鼠,两头受气。如果不开贵药,会被单位的人排挤、孤立,甚至连手术台都上不了。若开了大处方,就会被病人戳着脊梁骨痛骂甚至遭到殴打,滋味也很难受。

卫生局局长:咱和医院是一家人 对大处方只能睁只眼闭只眼

医疗卫生改革实施后,医院被推入市场化竞争,只能从患者身上寻求补贴,医生只得开大处方,千方百计地从病人身上"榨"钱。

某县卫生局局长告诉记者,在他们县,卫生局虽然对当地医院有行政管理的职能,但是大家都是一家人,对大处方只能是睁一只眼闭一只眼。再说,即使是要查处,"大处方"也很难界定。

江西省某县医院医生张某对大处方有不同的见解,他认为,"大处方也是医生为了保护自己不得已的选择,比如外科开刀一般只要用一次抗生素就够了,因为感染率还不到1%,但一旦出现感染,医生就可能惹上医疗纠纷,为防万一,只能每个都用上抗生素,并且都用强效的。"

相关链接

限制大处方各有各的招

青岛:门诊处方限定最高价

青岛市立医院制订门诊临床用药新规定,超过200元,必须由病人或其家属签字认可,超过300元,必须经科室主任签字方可生效。对违反规定的大额处方,将处方退回并处罚医生。

辽宁:药品收入与奖金脱钩

辽宁省人民医院明确规定,要把药品收入在总收入中的比例降到40%以下。同时,药品收入不再与科室奖金挂钩,彻底打碎个别医生开"大处方"多挣奖金、回扣的想法。

苏州:分级用药

苏州市要求各医院对抗感染类药物和治疗常见病、慢性病的药物按一、二、三线进行分类,规定每次用药的类别和数量,明确处方权限。住院医师处方权限为一线药物,主治医师处方权限为一、二线药物,副主任医师及主任医师处方权限为一、二、三线药物。

河北:用药不合理,医生来掏钱

河北省儿童医院近日出台了新规定扼制"大处方":对因开药量过大和因医生自身原因造成患者退药的,经医院核实确认无误后,其费用将由医生自己承担。

北京 9 家医院看病情况一览表

医院名称	症状	就诊时间	看病内容	化验项目	处方	挂号费	药费
北京某区三级甲等医院	嗓子疼	9分钟	检查舌头检查喉咙	验血(15元)	君尔清、六神丸	5元	
北京某区三级甲等中医医院	肚子疼	10分钟	检查舌头把脉		胃舒颗粒气滞胃痛颗粒	5.5元	100多元
军队某三级甲等总医院	痤疮	2分钟	目测		维胺脂胶囊痤疮水甲硝唑	5元	175元
京郊某二级医院	皮炎	3分钟	目测		氧化华油澳能搽洗剂	4元	43.1元
大兴某一级中医院	嗓子疼	5分钟	检查舌头把脉		君尔清凯诺清热解毒口服液	4元	144.7元
京郊某二级甲等医院	肚子疼	2分钟		验血(16元)	化验后再开药	4元	
北京某中医专科院	痤疮	4分钟	目测询问把脉		痤疮清热合剂、姜黄消痤搽剂、痤疮涂抹剂迪维霜	5.5元	150多元
北京某二级甲等医院	嗓子疼	7分钟	检查喉咙	纤维喉镜(156元)	仙特明藏青果冲剂、新咽灵	4.5元	73.2元
北京某区某二级医院	肚子疼	8分钟	指压检查	血常规 WBC分类(20元)	化验后再开药	4.5元	

分到乡镇医院的大学生不到一个月就走人，许诺当院长也不干，在城市医院当临时工也愿意。许多乡镇医院挑大梁的多是高中生和中专生。江苏、河北等地农村医院遭遇的人才尴尬，让不少人发出这样的疑问，为啥现在的医科大学生——

（九）宁愿在城市医院打工　也不愿到乡镇医院当院长

在医学院毕业生洽谈会上待了五六天，才找到了两个本科毕业生。可不到一天时间，两人又都不愿意来

走出江苏镇江医学院的大门，溧水县卫生局局长王春芳终于松了一口气，在医学院举办的毕业生洽谈会上待了五六天，总算与两个本科毕业生签订了来溧水乡镇医院工作的合同。要知道，溧水乡镇医院已经十多年没有招进一名本科毕业生了。

王春芳猜想，可能是自己在洽谈会上打出的一张王牌起了作用。那就是只要愿意到溧水乡镇医院工作的本科毕业生，一律享受院长待遇，三五年后，成绩突出的，还可以调到县医院当副院长或科室主任。

可王春芳万万没有想到，自己的高兴劲儿还没过去，两人先后打来电话，以家庭困难为由，表示不来溧水乡镇医院工作了。王春芳一再挽留，说有多大困难都能帮助解决，但依然没有商量的余地。

几天的工夫白费了，王春芳只能是一声叹息。其实，王春芳遭遇的这种尴尬，高淳、六合、浦口等县区的卫生局局长们早就体会过了。据高淳卫生局刘局长介绍，他每年都要参加省内医学院举办的各种人才洽谈会，常常是高兴而来，失望而归，偶尔达成一些意向，也全泡了汤。本科生招不来，大专生也很少有人愿意来工作，即便是从农村来的孩子，毕业后也不愿意再回到乡镇当医生。浦口区卫生局2004年从江西医学院招了一个大专毕业生，可在乡镇医院工作了不到一个月就走了。马群卫生院是南京东郊唯一的一所乡镇卫生院，辐射周边近10万人口，除1980年分来一名大专生外，已20多年没进大专生，更不要说本科生了。

乡镇卫生院大多是一些年龄较大的赤脚医生。初中以下文化程度的占27.8%，业务技术水平高的不足5%

据河北省沽源县白土窑乡卫生院院长张振刚介绍,全院原来医生11人,现在只剩5人了,那6个人都走了。河北省尚义县卫生局局长庞义说,目前,全县乡镇卫生院的医生多是一些年龄较大的赤脚医生、中专毕业生和退伍军人,正经医科大学毕业的一个也没有,来了也留不住。

河北医科大学副校长段惠军告诉记者,20年前,他到一个贫困县中心卫生院了解情况时,发现大专以上学历的只有院长一人,20年后再到那里,发现医疗条件几乎一点没有改善,而且连一个大专毕业生也没有了。北京中医药大学教授方廷钰在一个县里做过调查,全县乡级卫生院本科以上的毕业生只有一个,占总数的0.43%,初中以下文化程度的占27.8%,业务技术水平好的不足5%,大中专学历的卫生人员每月工资只有210元,加上病员少,业务收入低,乡镇卫生院留不住有业务水平的人,也无法吸引大学毕业生补充进来。

莫愁医院,南京市一家普通社区医院。目前该院在编的30多名职工中,绝大部分学历在大专以上。其中本科生占到一半,仅名牌大学毕业的就有6人。

毕业于南京医科大学临床专业的小韩已在这里工作了一年多,她没有事业编制,从事的仅仅是主治医生的辅助工作,如帮忙抄抄处方、填填化验单等,所学的知识基本用不上。记者问她为何不到能够发挥作用的县乡医院去工作,她说尽管自己在这里是临时工,但毕竟是在大城市工作,条件优越,农村医院去了也没啥意思。据龚院长介绍,别看是社区医院,每年至少有20多名毕业于名牌大学医学类的本科、硕士、博士生找上门来,有的甚至不要编制,甘愿留下来当临时工。

乡镇医院求贤若渴,都无人问津。城市医院人才饱和,依然打破头往里挤

2005年春季人才交流会上,南京市县、区近百家农村医院没有引进一名本科毕业生,而市内20多家医院却接到上千名本科、硕士、博士的求职申请,结果被录用的不足80人,且大部分为聘用人员,没有编制。南京鼓楼医院规定,到医院工作的博士生才给编制,硕士生一律聘用,可仍然有大量硕士生往鼓楼医院钻。江苏省人才市场的一位同志介绍,2005年,共有数十万学子走进了各类人才市场。其中卫生类的大专以上人才占有相当比例,首选省市级医院的,占到了50%以上,选择乡镇医院的则不足10%。

慢性结膜炎被诊断为沙眼,低血压说成是高血压。这样的环境哪能留住人

凌晨 4 点多钟,宝应县杨家集农民倪巧云就和丈夫来到了省人民医院门前排队挂号。为了能找到专家看病,两人提前一天就来到了南京,住在了医院附近的小旅馆。倪巧云患心脏病多年,在当地医院一直没有找到好的治疗方法,只好到省城多花点钱找专家看看。她说:"自己也不愿意跑这么远来看病,可县乡医院的技术实在太差了,花钱也治不好病,只好到城里医院来看。"

在某县医院当了两年内科医生、辞职到南京一家医院工作的刘庆云,对此种情况已见怪不怪。他告诉记者,自己本科毕业后,分到了一家县城医院。几年寒窗,理论知识学了不少,可缺少的是临床经验。本想工作后好好补补课,可看看周围的同事与医生,虽说年龄大多是四五十岁,可医术并不十分高明,有的把慢性结膜炎诊断为沙眼,有的把低血压说成是高血压。这样的环境,自己医疗水平能提高吗? 只好走人,找一个能深造的地方去锻炼。

毕业于扬州大学医学院的本科生小齐,在南京一家医院当临时工。他家在农村,当初报考医学院,是看到农村医疗条件差,设施陈旧,农民看病不容易,想尽自己的微薄之力去为乡亲们服务。临近毕业时,他考虑到农村医院的实际情况,特别是大病患者就医少,专业水平很难发挥,便暂时在省城医院打工,等有机会再跳槽。

据了解,目前江苏省名医、专家,高、精、尖的设备和医疗技术都集中在县级以上医院。全省医疗机构中现拥有床位 18 万张,省辖市、区及县城所在医院占到 76%,农村医院只占 24%。全省拥有高级职称的医疗人员 1.07 万人,二级以上医院占了 88%,基层医院仅占 12%。在江苏经济最薄弱的农村,乡镇卫生院还不如经济较发达地区的村卫生室,只有最基本的血压计,简单的 X 光机和心电图仪。住院条件更差,连农民的常见病,多发病都看不了。

江苏某县 4 所医院人才流失情况

时间	医生总人数	流失人数	占百分比
2002 年	201 人	42 人	20.8%
2003 年	186 人	78 人	43%
2004 年	218 人	89 人	40%

各方评说

江苏灌南县杨集镇李宏林：眼下农民跑上几百里路，去城里医院看病，既不方便，又花不少冤枉钱，原因就在于乡镇医院医疗水平太低。如果有一些医科大学毕业的学生，能到乡村医院来，那该多好啊。我们农民真诚欢迎他们。

江苏溧水县卫生局王春芳：农村医院留不住人，究其原因，一是嫌乡镇医院收入低、待遇差；二是乡镇医院医疗设施差，大学生专业水平无法得到发挥，做不到事业留人；三是现有医院人员素质差，高才生来了，单位无法做到感情留人。

江苏省卫生厅夏迎秋：很多医学院毕业生宁愿改行，也不愿意到农村去，即便是农村出来的学生也是如此。现在的就业机制是双向选择，有门路的都不会让孩子到农村去，这种机制致使农村医院招揽不到人才。

南京某医院医生严晓：农村医疗条件那么差，设备那么简陋，大病看不了，小病看不着，有劲使不上，学的知识白白浪费了，谁愿去？

探 讨 篇

（一）公益性与营利性医院该把谁放第一位

据有关部门统计，目前我国有各级医疗机构30万家，绝大多数都是公益性的。但95%以上的公立医院实际正按照营利性的商业模式在运营。80%~90%的收入都由自己创收。

吉林省洮南市医院始建于1946年，是集医疗、预防、保健、急诊、急救为一体的综合性医院，是全市唯一的一所二级甲等医院。洮南市医院建筑面积1.16万平方米，开放病床222张，年门诊病人近10万人次，住院病人5000人次。从上世纪90年代开始，洮南市医院随着医疗体制改革的进程，经历了公益性与营利性的冲突，最终确定了"以病人为中心"的服务理念与服务目标。

国家投入减少，生存压力加剧，公立医院把营利放在了首位

1999年，按照国家医疗卫生体制改革方案，洮南市医院开始进行改革。其最大的区别是:国家投入大幅度减少,不足费用由医院自己赚取。

面对生存的压力,洮南市开始采取多种赢利措施。"当时,我们医院一年的费用需要1000万元,财政拨款只有300万元,余下的700万元缺口全部需要我们想办法。当时我们感到压力很大。不过,也有人觉得赚钱的机会来了,既然国家要求营利,那咱们为什么不用足政策呢?当时,医院发生了一场不小的争论。"洮南市医院副院长庄丽明回忆说。

当年那场争论的结果是赚钱的观点占据了上风。经过一段时间的酝酿,新的收费标准出台了。当时不但收费标准提高了,而且引进了许多研究中心之类的机构。不管是什么,只要能赚到钱就行,庄丽明说。

改革举措在经济效益上短期内就见到了成效。在改革前,该医院最高收入是1994年的482万元,1999年改革的当年,医院的收入就激增至1000万元。医院收入增加了,职工的工资也提高了不少。但随着时间的推移,有些人开始对此表示担忧。原因是改革加重了病人的负担。

有一次,庄丽明领完工资准备下班,路过门诊大厅,见一位老大爷坐在椅子上抹眼泪,旁边一年轻人在轻声地劝他。见此状况,庄丽明就走上前去询问是怎么回事。小伙子告诉她,他们是乡下来的农民,父亲有个良性肿瘤需要切除。本来打算前一年做手术,但由于手头钱较紧就没有做,准备攒点钱再做手术。可再来医院,发现医院的收费比以前高了近两倍,准备好的钱远远不够。小伙子准备借钱给父亲做手术,但父亲说什么也不看病了,他不愿给儿孙们添太多的负担。这件事情对庄丽明触动很大,她和医院的其他领导开始对改革进行反思。

营利带来了农民医疗负担加重,公立医院不能光想着赚钱

2000年,洮南市医院开展了又一次大讨论,讨论的主题是"我们赚农民的血汗钱该不该",最终大家形成了统一意见,农民的血汗钱不能多拿,拿多了会心里不安。公立医院不能光想着赚钱。

随后,洮南市医院开始对收费标准进行第二次大规模的调整。首先降低的是服务收费标准。按照吉林省出台的医疗机构收费标准,急救车在市内的收费标准为10公里35元,医生出诊费25元,护士服务费15元,洮南市医院调整后,收费降低了近一半。同时,挂号费也进行了调整。收费标准规定特殊专家出诊费为80元,中级以下职称出诊费10元,洮南市医院专家出诊费按5元收取,普

医院总收入变化图

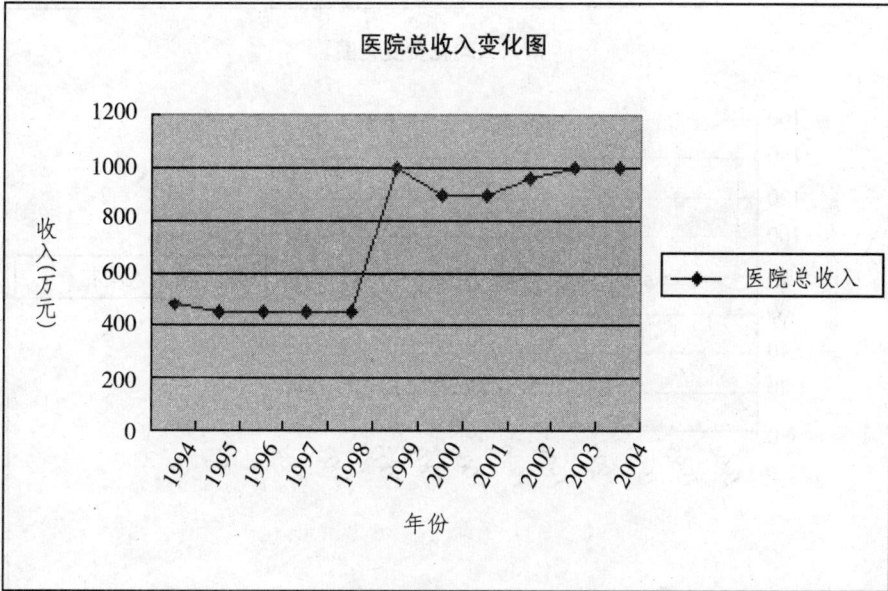

医院总收入

就诊人数变化表

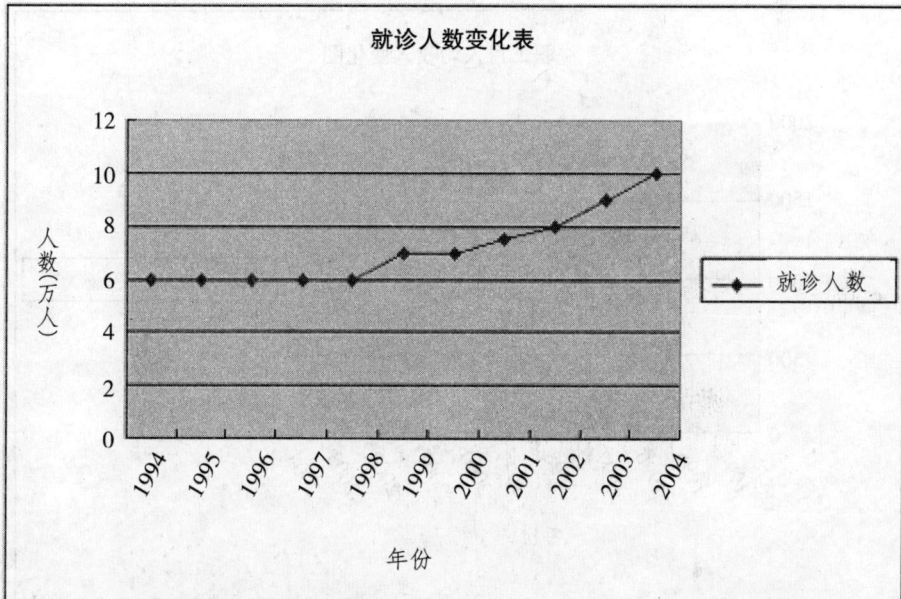

就诊人数

病人人均花费变化图

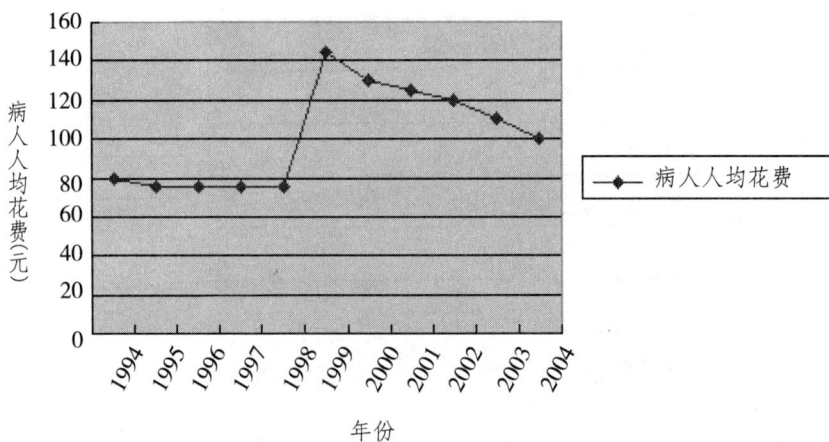

纵轴：病人人均花费（元），刻度 0、20、40、60、80、100、120、140、160
横轴：年份 1994、1995、1996、1997、1998、1999、2000、2001、2002、2003、2004
图例：病人人均花费

职工月人均收入变化图

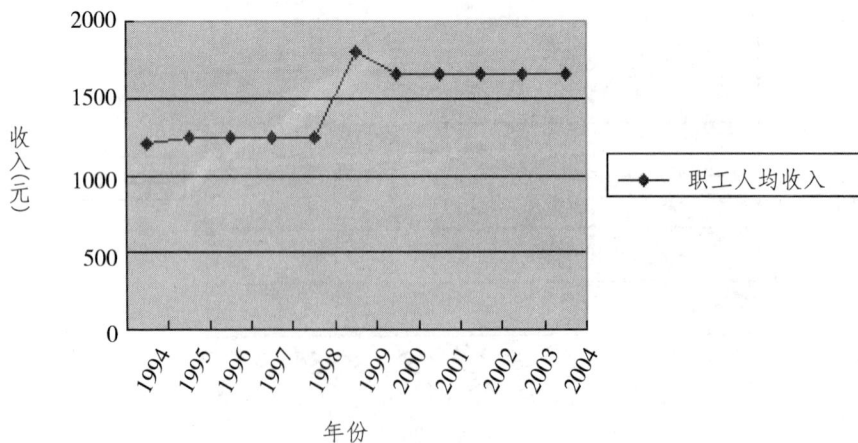

纵轴：收入（元），刻度 0、500、1000、1500、2000
横轴：年份 1994、1995、1996、1997、1998、1999、2000、2001、2002、2003、2004
图例：职工人均收入

通号1元一位。

在调整收费标准的同时，为关怀特困农民，洮南市医院设立了特困病房，进一步降低他们的负担。对住院的特困病人，医院免收每天2元的诊断费，免收空调费、消毒费，病床费和手术费都按最低标准收取，比正常标准要低30%左右。

讲究社会效益，降低收费标准，减轻农民负担

2005年，洮南市医院开始了进一步的改革，明确提出了"以病人为中心，把社会效益放在首位"的改革目标，创立了自律宣言：以人为本，信用至上，关怀他人，尊重病人，医术仁心，责任第一，为生命保驾，为健康护航。

庄丽明说："实践中我们感到，病人需要什么，医院就做什么，这才是'以病人为中心'的最佳解释。现在农民没有钱，医疗负担重，最需要的是低收费，因此我们要千方百计地降低收费标准，减少收费项目，减轻农民的负担。"

"前几年我们走了一段弯路，对经济效益强调得多了一些。只要有关部门给我们减压，不再给我们下达经济指标，我们的服务会更好，农民会得到更多的实惠。"庄丽明说。

各方评说

河北阜平县魏家峪村杨振梅：如今，医院追求的是经济利益，公益性越来越淡了。在我们心目中，医护人员已经不再是救死扶伤的"白衣天使"了。

中国社科院社会政策研究中心研究员唐钧：医院公益性的淡化，受害的并不只是患者一方。好像医院拼命创收，是为了提高医护人员的待遇，但实际上最终还是少数人占有了更多的资源。

农民就医有三盼

本报透视农民看病难系列报道发表后，在河北省定兴县和涿州市农民中引起了极大反响。他们在称赞本报报道的同时，也吐露了心中的三盼。

一盼：药费能否再降低

在定兴县内章村，村民们不约而同地表示，现在看病费用太高了。不少村民认为现在比10年前要高出几十倍。70多岁的张大爷说："村里大多数人和我一样，都靠家里那几亩地生活，辛辛苦苦一年也赚不了多少钱。年初我老伴儿得了

肠炎,去县医院看病不到两天就花了 1000 多元。这怎么看得起呀,现在只能买药回家吃。"最后老人叹了口气说:"我们这些农民啊,就盼着党和政府想法把药费再降些,以保证我们有病能看得起。"

二盼:村里医生能否增加点

内章村有个卫生室,大夫人好、医术好。不但头痛脑热的能治,而且一些大的病也看,附近两个村的人有病也到这里看。可村里卫生室就他一人,看病、拿药、打针什么都是一个人干。人一多,看病就得等很长时间。村民李大姐说:"就盼着村里卫生室能多几个大夫,让我们看病更容易些。"

三盼:政策宣传能否再多些

在涿州市东河村,问起新型农村合作医疗时,村民都表示不知道。一旁的村干部稍加提示,村民才恍然大悟,终于明白年初交的那 10 块钱就是新型农村合作医疗资金。他们说:"对国家政策方面的事,还是要多宣传,让村民知道得更多一些。"

(二)药房托管能改变"以药养医"的局面吗?

目前药品收入是医院主要经费来源,有些医院的药品收入占医院总收入的 60% 以上。为此,一些医院谋求高利润,开大处方,导致病人负担沉重。

将医院药房以托管的形式交给医药公司经营,所有药品都由医药公司来配送,收益按比例分配给医院

家住石家庄市的陈女士因患急性阑尾炎住进一家大医院,住院 12 天花费 1.5 万元,其中各种抗生素费用就达 8500 多元。后来当医生的儿子发现,陈女士住院期间使用了很多高档抗生素,而以当时陈女士的情况来看,完全没必要使用;即使在有某些症状的时候,也可以用普通抗生素,如果这样至少可以少花一半的费用。

"为什么会有这样事情发生呢?其根本原因就在于几乎所有的医院都是'以药养医'!"北京市某大医院的办公室负责人告诉记者,从全国情况来看,目前药品收入是医院主要经济来源,有些医院的药品收入比例高达医院总收入的

60%，"如果医院药卖少了，可能就无法生存，医生的收入肯定也会减少。就是在这样的情况下，一些医生疯狂开药，为自己和医院谋求高利润。"

为了遏止"以药养医"导致的医生开大处方的现象，南京市雨花台区所有医疗机构推行了药房托管制度，全面实现了药房所有权和经营权分离。"患者明显感到吃药便宜了。"雨花台区卫生局局长钱颐这样告诉记者，药房托管就是将医院药房以托管的形式交给医药公司经营，所有药品都由医药公司来配，收益后按照协议中的比例由医药公司分配给医院一定的利益。

今年4月底，雨花台区首家实行医药托管试点医院的是铁心桥卫生院，从该医院几个月的运行情况来看，医药分离后，由于卫生院只负责看病开处方，医药公司负责卖药，药房药品的价格平均降低了20%，处方平均值由150元降到了80元。钱颐告诉记者，这就意味着，在雨花台区所有区属医院全部实行药房托管后，患者在该区医院就诊至少能减少20%的药费支出。因此他认为，药房托管是解决医药不分、以药养医问题的有效探索。

药房托管只是所有权与经营权分离，暂时斩断了一个隐性存在的"医药链"，而为了生存，医生、医药代表还要创造新的"链条"

"药房托管是解决医药分家一个很有益的尝试。"针对南京市药房托管的这一做法，中国医学科学院一位不愿意透露姓名的专家指出，药房托管的确能够在短时间内遏止"以药养医"的现象，但是从长远来看还是不行的。他说药房托管只是所有权与经营权分离，药房的所有权仍属医院，只是经营权、管理权等交给了托管单位。"正是有这样一个前提，医院和医药公司就存在很密切的利益关系。"

首先，药房托管后医院与托管单位之间还是存在利益分配的问题，因为，托管单位需按照双方约定的比例，将一部分经营利润上交铁心桥卫生院。"只要存在利益关系，无论是所有者还是经营者，都希望利润越多越好。因为双方都有利益在里面。"

其次，药房托管后医院与药房虽然在形式上分离了，医药代表不再直接与医生发生关系了，但是因为存在上述利益关系，且托管单位承担经营权后同样要追求利益最大化，所以，药品经营的问题仍然存在，只不过是利益链的组成有所改变，从"医药代表——医院——医生"转为"医药代表——医药公司——医生"。

这位专家说，药房托管之所以目前发挥了很大的作用，关键是暂时斩断了一个隐性存在的"医药链"，而那些医生，医药代表为了生存还要创造新的"链条"，一旦这个"链条"形成，那么药房托管马上就要成为"明日黄花"。

实行医药"收支两条线"，让医院药房分离出来，成为独立的法人经营机构，彻底实行分业管理

"解决以药养医的前提是必须增大财政对医院的投入。"北京大学卫生政策与管理系张拓红副教授说，目前医院的经济收入渠道主要有3条：财政投入、医疗服务收入和药品差价收入。而从现在的情况看药品收入占大头。因此控制医院药品费用，首先要解决的就是加大财政对医院的投入。

"其次是提高医疗服务价格水平，使之充分体现医务人员的技术劳务价值。"他说，在增加政府投入保证医院基本发展的基础上，完成医院由"以药养医"机制向"以医养医"机制的转换，让医生根据自己的服务技术水平取得自己相应的劳务费。张拓红说："当然，提高医疗服务价格水平必须与改革'以药养医'机制同步，否则药品费用还没降下来，医疗费用又升上去，导致'两头翘'，群众不能接受。"

针对这一问题，全国人大代表、浙江省人民医院的王佩君也提出了自己的看法："护士给病人打一针可以按劳计酬，医生查房看病忙死忙活却没有增加收入，医生的收入还不如护士，这种分配体制，你说医生怎能认同？"她说，"以药养医"增加了患者的负担，走不通；而医院现行体制也严重制约了医疗卫生事业的健康发展。要实现这一目标，医疗卫生体制改革的核心是引入竞争机制，使不同性质的医疗机构在质量和效率上展开公平竞争，最终让群众受益。

对此，国务院研究室陈文玲指出：对于营利性医院与公益性医院，政府应尽快制订划分标准，对这些挑选出来的公益性医疗机构进行全额投入，使它们能够真正承担起人民群众基本医疗保健的职能，而不是以创收为目的。对具备市场化条件的医疗机构通过产权改革的多种形式，促使其商业化，开展特需等高端服务，适应多元化的就医需求。

陈文玲还建议，实施医药分离，要变医院药房为社会药房，医院仅仅留一些急救类药品。同时建议我国分三步推进这项工作：第一步实行医药分开核算、分别管理，"收支两条线"；第二步将医院药房分离出来，成为独立的法人经营机构,隶属关系仍由医院代管;第三步彻底实行医药分业管理。

相关链接

"以药养医"现象的形成

医院药品加价制度早已形成。按有关规定,医院最多可以在药厂提供的进货价上加价15%,作为医院的补偿收入。同时,医院还可以从药厂的进货价中提取5%的利润。医院曾较严格地遵守了这一规定。

但是,随着政府补贴越来越少,药品收入就成了医院经济来源的大头,再加上看病属于典型的信息不对称,所以就给某些不合理现象提供了生存空间,导致大处方、开贵药、乱开药的行为出现,形成了"以药养医"的现象。

目前,医疗行业内对医院的药品收入比例有一个说法:三级医院40%,二级医院60%,一级医院70%。越是小医院,越是要靠药补医。

药品收入成为医院主要收入

长期以来,我国医院的医疗技术服务收费始终过低,挂号费、住院费、医疗处置费、诊断费、手术费等均不能反映其成本。有专家估算,我国绝大部分医疗机构的业务收入中,药品收入占50%~60%,医疗仪器检验收费约占20%~30%,医生医疗技术服务收费约占10%~15%,国家补助只占很小的比例。

各方评说

北京某医院院长:政府在决策前,应该算一些账。其一,医院管理过程中还要不要确保医院国有资产的保值增值。医院从药品等方面获取的资金,要用来更新设备和维修房屋等。如果取消药品收入,这些钱从哪来?其二,政府要确定医务人员的收入维持在何种水平,因为只有有一支稳定优质的队伍才能提供优质的服务。其三,医院的科技发展和人才培养投入问题怎么解决?如果有缺口的话,怎么补偿医院?政府应该对这三方面进行详细的测算后,再进行政策调整。

卫生部政策法规司司长刘新明:"以药养医的弊端是显而易见的。"要么提高政府财政补贴,要么提高医生技术劳务所得,改变"以药养医"的局面,才能堵住"大处方",解决"看病贵"的现象。医疗卫生改革是世界性难题,包括发达国家在内也没有很好的解决模式,需要在实践中不断探索。医改大方向就是要坚持政府主导和引入市场机制相结合,找准公平与效率的平衡点。

典型事例剖析

小胡与哥哥同是安徽金寨县古碑镇中心学校初二学生。今年10月,成绩优异的兄弟俩分别被诊断为恶性骨瘤和白血病。面对穷困的家庭和无助的父母,兄弟俩以抓阄的方式决定家里借来的钱用在谁身上。抓阄时,弟弟写了两张"治疗"的纸条,让哥哥先抓。弟弟表示:"我这病治疗要花太多的钱,哥哥成绩比我好,让他先治疗。"

因贫寒看不起病而不得不以"抓阄定生死",是对政府医疗救助制度的呼唤。能从这些在贫病交加的绝望生命中和求生的呼喊中,建立起具有充分保障的重病救助体系,从而让那些处于弱势地位的生命,也同样能够获得积极的拯救。

据悉,国家已全面展开农村医疗救助工作。截至去年底,全国已有29个省(市、区)出台了医疗救助政策,1003个县开始实施农村医疗救助,全国共筹集医疗救助资金11.8亿元,救助农村困难群众548.9万人。

(三)农民偏爱的中医药何时再"火"起来

长期以来,中医药以"简、便、廉、验"的特点,深受广大农民偏爱。可现在不少中医院的业务十分冷清,个别基层医院还取消了中医科。

小孩一直脾胃不和,原想找个有经验的中医开点汤药。但记者带孩子到某中医院求医时,医生却说现在哪还有真正的中医呀?真正看得好的大夫差不多都退休了。随后记者带着孩子来到一所挂着中医名师的诊所。把脉、开方,可用的大都是西药,而且数量还不少,花了900多元,记者心里不禁在问:真正的中医到哪里去了?

中医院床位使用率不足30%,医生月工资也就500多元,每年都亏损。医生改行的改行,调走的调走

在河南省浚县中医院,一位姓蒋的副院长告诉记者,他们院是1985年在原来乡镇卫生院的基础上建立起来的，共有床位100张，但目前的使用率不到30%。全院本科生、大专生占80%，大都是中医学院毕业的学生。每年400万元的收入主要以检查费和药费为主，平均每年都要亏损10多万元。由于西药利润较高，目前主要靠开西药来维持收入，占整个收入的60%至70%。在职职工的月平均工资是500~600元，这个收入水平相对于鹤壁市的三所中医院来说还算是比较好的。但医生们都觉得收入低，前途渺茫，可学的是中医，调到别的医院创不了什么效益，也不受重视，很多医生都改行做了别的工作，他举了一个例子，今年有一个本科生，调离医院后到县公安局当了一名法医。

河南省鹤壁市中药饮片加工厂是全市唯一的一家中药片剂生产厂家，厂长李生昌告诉记者，他们的产品90%销售给中医院，余下的卖给一些药店，但目前中医院对中药需求逐年减少，产品销量日渐减少，现在每年亏损。他算了一笔账："每年支出20万元，而收入却不到14万元，5年已亏损近40万元。再这样下去，只能停产了。"

中药价格便宜，花钱不多，贵的十几元，便宜的只有一两元。农民和一些低收入家庭很偏爱

在采访中，记者了解到由于中药价格便宜，中医深受群众喜爱。特别是住在医院附近的农民和一些低收入家庭，有病还是愿意到中医院看。在浚县中医院住院部，记者见到今年58岁的刘玉明，他是一位乙肝患者，已经在这里住院15天了，一共才花了2000多元。他得这个病已经两年多了，以前住在县人民医院，20多天就花了4000~5000元，在一边陪床的老伴对记者说："我们来这里主要是考虑这里的药价比较便宜，人也少。"

在隔壁的病房，今年已经70岁的杜守英是浚县白寺乡郝营村的村民，她的老伴李帮兴得了腰椎间盘突出，在这里住院5天了，才花了近700元钱，他们当初去了县医院，医生要求做CT检查，他们就来这里住院了。"俺想过了，去大医院做CT能便宜吗？"因为他们看好这里的医生，这里来的人比较少，李帮兴比较喜欢安静，所以他们平常得了病也经常到这家医院来。据记者了解，这里医生对病人一次的治疗费十几元至几十元不等，一天的住院费是5块钱，在药房记者看到了一些病人的中草药处方，发现价钱贵的十几元，便宜的只有一两元。

全国中医人数 53 年没有增长,西医却增长了 17 倍;520 万医务人员中,中医不足 1/10。中医发展正面临重重困难

在记者走访了几家中医院后发现,与综合医院相比,中医院显得有些冷清。这家医院的负责人说,目前中医院发展正面临重重困难。

中医教育按西医方式培养,人才越来越少是中医日益衰退的原因之一。特别是中医院校学生普遍缺乏古汉语训练,许多学生不看、也看不懂中医古籍,中医传统理论严重缺失,望、闻、问、切等临床硬功夫训练不多。目前,解放前就从医的全国著名老中医已所剩无几;20 世纪 50 年代主要按传统方式培养的国内知名中医也已为数不多。据统计,全国中医医生 1949 年 27.6 万人,到 2002 年还是 27 万余人,53 年没有增长;同期西医医生为 8.7 万人和 157 万人,增长 17 倍;现全国共有医务工作人员 520 万人,中医药工作人员约 50 万人,不足 1/10。后继无人已成为中医发展的突出问题。

中医药发展的资金紧缺是其二,在浚县中医院,蒋副院长告诉记者,目前该院政府每年投入 10 万元左右,连离退休人员工资都不够,而在职职工的工资全部为自给自足,医院每年都在亏损。湖南省邵阳市中医院胡滨院长也提到由于政府财政拨款偏重于综合医院,他们医院面临严重的资金困难问题。

国家标准有时难以适用于中药是其三。中药主要是丸散膏丹,这些制法必须通过国家食品药品监督管理局批准,民间的一些偏方验方得不到认可。另外,以西医标准评判中医常常贬低甚至否认中医成果。在现行医疗理念与制度下,中医的诊病、治病与效果,中药新药的开发、评审与推广,基本都采用西医标准来判定。贬低甚至根本就不承认中医临床"实践标准",非要经西医认可的中医疗效和科研成果才能算数,这在中国医学界已经习以为常。

随意撤销综合医院中医科和中西医结合科;在县乡村卫生网络建设中"重西轻中",没有充分考虑到中医药的积极参与

当前,对中医药的不正确认识,导致在实际工作中"中西医并重"的方针没有得到认真贯彻,随意撤销县级综合医院中医科和中西医结合科的现象时有发生;在县乡村卫生网络建设中,没有充分考虑到中医药的积极参与,在县级医疗机构中,中医院发展明显滞后于综合医院;由于中医药收费过低,致使不少县乡村卫生机构"重西轻中",中医药人员看西医、开西药的现象比较普遍。

一名从医已有 36 年、具有高级职称的医生告诉记者,现在接诊一个病人治疗费也不过只有 3.5 元,一天就是马不停蹄地接诊,也不过百余号患者,提成也只有几十元,而一个普通西医医生做一个手术仅手术费可能就有几千元,提成少则几百多则上千。如此一算,中西医从业人员的收入差距,极为明显。国家提到中医院参与治疗率应该达到 75% 至 80%,而现在还不到 40%。

据湖南省邵阳市中医院院长胡滨介绍,目前政府对中医扶持重视力度与普通医院相比更显得不足,中医院的发展更是举步维艰,一方面中医讲究通过望闻问切来了解病情,没有现代的医疗器械直观,另一方面在费用上突出的特点是把脉不收费而检查是要收费的。面对这种情况,为了生存,许多传统的中医院也不得不把重点放在大量添购医疗器械上。"如果国家再不加大投入,这种优良传统就要失传了。"

谈到亏损原因,河南省浚县中医院的蒋院长提到一方面急救不具备优势,另一方面由于医院的起点较低与综合医院相比竞争优势有差距,新型合作医疗出台后对中医院有冲击,国家对中医院的补贴虽然有政策,但没得到彻底落实,有些政策不利于中医药发展。

"中医是我们的传统医学,应该发扬光大。"在采访过程中蒋院长一直强调着这句话,他提到,目前国家对中医与综合医院的投入不平衡,"如果再这样下去,中医确实有面临失传的可能,这些东西失传了是一种遗憾,没有了确实是一种损失。"他对中医的发展前途很不乐观。

记者采访的一些中医中药界人士普遍希望国家能在农村中医药方面,尤其县级中医院的发展上给予扶持性政策;在投入上,希望国家和地方政府给予重点扶持,做好基层中医院的建设完善、农村中医药人才培养、中医专科建设等工作;对民间单方、偏方、验方放宽标准;构建"中西医并重"的完善的农村医疗卫生体系,保证广大农民对中医药的需求。

读者反馈

进城务工青年评说农村看病难

看了经济日报农村版刊登的《医院卖了包袱甩了农民咋办》,在北京一家企业做行政助理的农村女孩杨闵很担忧。她认为,如果医院私有化,经营者肯定会以赚钱作为首要目的;会千方百计地提高挂号费、出诊费和医药费;会为节省开支而不聘用医术高明的医生。这种做法会直接导致农民看不起病、花了钱而得不到很好的治疗,最终受害者还是农民。

对这组系列报道,一些从农村来京的打工者都表示感同身受。有人开玩笑:"医院现在和过去完全不一样,以前是为人民服务,现在是为人民币服务。""我有次去看病,医生开口就问我,是公费还是自费。"在北京打工的湖南省祁东县过水坪镇大福村的江勇挺疑惑,不明白医生为何有此一问。

在北京打工的山东省新泰市官里镇宫西村满兆乾说:"如果是公费治疗就多开药、开好药、开贵药。如果是个人掏钱,开的药就会相对减少、便宜。"在医院干过三年的满兆乾对这些很清楚,"要想让一种药品在医院一路畅通,从药房至高层管理,整个体系的人员均须有利益可沾,尤其是新药,医药公司开出的回扣更多,药品价格也成倍增长。连城里人都负担不起,何况赚钱少得可怜的农民、农民工。""社会要效益! 医院要效益! 医生要效益! 可谁给农民效益呀?"在北京做业务员的河北省定州市明月店镇三回寨村的郭敬很愤慨。

看了《12 元的药 就这样卖到了 170 元》,对于药价虚高的问题杨闵也有自己独特的想法:"应该借鉴中关村电子城的做法,将药品价格透明化。中关村电子城每天都会把不同品牌、不同性能的各种电子产品的价格公布在网上,供购买者查阅。有关部门也可以根据药厂制药的成本为标准,统一各种药品价格,将其公布在网上。如果患者在治疗过程中发现有高出该价格的情况,可打电话到有关部门投诉。"而江勇则认为:"应该把医药销售公司、医药销售代表这些中间环节都'砍掉',让药厂和医院直接联系,这样可以省去许多流通费用。"

一些从农村来京打工青年还说,"国家应该多拨款扶助乡镇医院,更新医疗设备。巧妇难为无米之炊,设备跟不上,再好的医生也没辙。""应该提高村医的看病水平,让正规卫校毕业的人当村医。"

(四)集中招标咋"降伏"不了虚高的药价?

"看病贵、看病难"的问题中,药品价格居高不下是一个关键的因素。2000 年起,我国在药品流通领域推出一项重大改革——药品集中招标采购,旨在规范药品购销中的不正之风、减轻群众用药负担。然而,这一本意打造"阳光工程"的举措实施几年来却引发了诸多争议——

"药价天天说要降,就听见上面发政策,咱老百姓咋没感觉到呢?"河北省定兴县清凉寺办事处一位卢姓村民告诉记者,以前得个小病几毛钱就能治好,前几天自己的孙女感冒,打了 7 天点滴,花了五六百元也没有好转。据有关报告指出,20 多年来,我国人均收入提高了十几倍,而药品价格却上涨了 100 倍,有的甚至上涨了 200 倍。

近年来,为了遏制药品流通中的腐败,我国县以上医疗机构药品采购逐步实行了集中招标。而面对招标,经销商和医院也并非无计可施。

日前,福建寿宁县南阳镇出现了一件怪事:一支"硫酸软骨素注射液"在医院售价 28.92 元,相同药品在药品超市零售价仅为 0.45 元,医院售价高出药店 63 倍多,如此高价药品是如何通过招标采购进入医院的

按照药品招标的有关规定,药品招标由中介机构发布招标公告,网上竞争性报价,专家库里抽取专家评标。一位熟知此道的医药销售代表李女士告诉记者,要想中标,首先就得"攻克"招标中介机构。最基本的,中介机构能给你适时提供竞标对手的信息,如果公关到位,中介机构还可以想办法将竞品品种分流或排挤出局,使你的品种高价中标。除此之外,要中标也离不开医院的支持。开标后竞价品种符合竞标的数量及其他要求,需组织专家评标,这些专家来自医院,如果能与专家较多的医院有交往,可以使评标有比较好的结果。

"即便是中了标,也不能表示我们的工作完成了。"李女士介绍,药品招标是一种特别的招标形式,就是中标合同是由中介机构与供应商签订,只表明某个品种可以进医院,而并不表明医院一定要采购这种药品。

中标的药品有很多,这些药品怎样"走"进医院,就需要打通各个关节。首先就得跟临床科主任搞好关系,得到"申购单"。然后在药事委员会开会前,分头去打点进入药事委员会的医院院长、分管院长、药剂科主任以及临床科室主任,才能保证中标药品进医院。

药品集中招标采购并没有真正减轻病患者的负担,也没有解决医药购销活

动中的不正之风

中国医药商业协会秘书长王锦霞告诉记者,目前,我国医疗机构是药品零售的主要渠道,医院对买方、卖方都处于垄断地位,换句话说,用什么药,不用什么药,医院握有决定权。这就出现了一种怪现象,有些药品生产厂家中了标,药品反而比没有招标以前难卖了,这被医药销售代表称为"不招标还好,一中标就死"。因为利润空间的缩水,医院有意无意地抛弃了一些低价药。比如两种分属头孢类和喹诺酮类的常用抗生素,招标前为 50 元销量很好,但中标降至 28 元后,却遭到冷遇。

药品招标推行的过程中,也曾引起了部分医院的不满,他们以各种形式故意找配送企业的"茬",对配送企业送过来的药挑三拣四;故意拖欠配送企业货款。而在药品招标广泛推开后,由一家企业独立承担一个地区农村的药品配送,是否会形成新的行业垄断,又成了困扰人们的问题。例如,成都市实施的配送模式中,明确规定只能有唯一的一家药品经营企业从事配送工作,负责乡镇卫生院、村卫生室等配送点 100% 的药品配送。配送权成了独家经营的垄断产品,难免会出现新的问题。许多企业在投标时恶意低价竞标,在获得招标药品的专营权后又以价格低、利润薄为由抵制配送,从而导致医院部分临床用药短缺。

招标失灵的深层原因就在于医院的"以药养医"体制

北京市某医院的一位院长告诉记者:"现在 85% 的药是从医院卖出去的,医院的问题解决不好,药价也就降不下来。"他认为,要革除以药养医的弊端,实行医药分家是一种理想选择,但目前时机似乎尚不成熟,较为稳妥的选择是,推行医疗机构分类管理,各级政府努力增加对公立医院的投入;逐步提高技术和劳务性服务的价格水平,在此基础上,逐步实施医药分离,切断医院、医生和药品营销之间不合理的经济利益联系,缩小医院通过药品牟利的政策空间。

这位院长告诉记者,对药品流通企业进行规范整改,也是遏制药价虚高的重要途径。目前,我国有 1.3 万多家药品流通企业,无证挂靠的不计其数。药品流通企业的低水平重复建设,导致了企业间的恶性竞争。在对药品流通企业整顿的同时,对医药生产企业的整顿也势在必行。我国医药企业重复建设严重,而且缺乏自主创新,仿制药占 90% 以上。一个诺氟沙星有 120 多家企业生产,一个氟哌酸竟有 1000 多家企业在生产。这种情况下,行业的恶性竞争在所难免,竞争的结果是整个行业的利润缩水。

相关链接

应对降价,看我"七十二变"

药品降价,最终的板子打在了生产企业的身上。药企会心甘情愿地承担降价的损失吗? 一位资深业内人士透露了药企应对政府降价的"高招"。

招数之一:转移市场

一旦某种药品价格大幅下降,临床就很难再见到这种药品。取而代之的是其他高价药品,利润空间少的药品只好转移市场,上山下乡,主攻贫困落后地区。

招数之二:减产停产

某省一家药厂生产的左氧氟沙星价格降低后,在几家大医院的销售额迅速下降,从以前的200万元降至几乎为零。原因当然是商家不愿意卖。既然医院不进,药店不要,企业还能继续生产吗? 减产、停产成为必然选择。

招数之三:更换包装

一种常用的消炎药在国家限价之列,按规定每瓶50粒售价7元,但厂家更换一下包装,变更一下名称,改为精致的盒装,每盒20粒,售价一下子便提到了38元。

招数之四:申报新药

国家对新药的保护政策也给一些企业钻了空子。一些不愿轻易放弃抗生素市场的企业,纷纷打起了开发不在常见降价范围之内抗生素产品的主意,一种核心成分为青霉素的感冒药针剂,成本仅为0.6元,加入一点无关紧要的成分后,价格狂升到几十元甚至上百元。

招数之五:削减研发

面对降价,药企最直接的反应就是就是裁员和减少研发投入。河北某抗生素企业,在药价降低后将原来预算每年1000万元的研发费用减半。

各方评说

河南武陟县卫生局局长任国胜:药价虚高,表面上看是政府价格监管制度和手段不完善的结果,但其深层次的原因还在于医药卫生体制改革不到位,以及药品市场发展滞后等。为了解决这个问题,可以在医药卫生领域引入竞争机制,促进医疗机构间开展竞争;在生产流通领域通过整合资源,逐步解决重复建设问题;在医疗保险领域通过扩大覆盖范围,建立医疗费用约束机制。

江西省上栗县农民刘培龙:从我家到镇卫生院,步行不过 5 分钟的距离,我还是尽量选择在诊所看病,因为在药店买药要比医院便宜得多。我岁数大了,生怕自己得了病会给孩子造成负担。我听电视上说有些地方农民看病能报销,我们这里要是能有这个政策就好了,我一定参加。

读者反馈

透视农民看病难系列报道在江苏反响热烈

本报自去年 11 月份相继推出了"透视农民看病难"系列报道,该报道中关于江苏农民看病难的内容有 3 篇,在当地引起了强烈反响,记者日前对灌南县的几个乡镇进行了回访。

江苏省灌南县李集镇新杨村农民王增山:说实话,上个月,你们报社的两位记者来我们这里采访时,我们持怀疑态度:是否能讲真话呢? 心中没底。现在有极少数人当面一套背后一套,不顾农民的感受。我儿子得了尿毒症以后,本来家就穷。当时都不想给他治了,可是一想到他还年轻,就是再难也要给他治疗。没过多久我看到了你们报纸上《得了大病真是看不起》一文后,上面很详细地反映我的家庭情况。我很是感动,你们替我们农民说了真话。

江苏省灌南县李集镇新杨村农民杨建国:贵报刊登的《得了大病真是看不起》报纸到我们村里后,王增山奔走相告:"登出来了,登出来了。"我问:"什么登出来了?"他讲:"我们家儿子生病,记者采访以后把我家情况写进报纸了。"我看到一个醒目的标题——《得了大病真是看不起》,说的正是他家的事情。没想到你们真替我们这些弱势群体说话。

江苏省金湖县李成:"小病拖,大病挨,不行才往医院抬。"这是我们农村的顺口溜。为什么这么讲呢? 也是因为我们这里的农民穷呀! 我们这里有一户人家兄妹 3 人,家里就靠那几亩薄田,经济来源很少,家里人有些头疼感冒什么的都舍不得到药店买药吃。我们就不明白现在的药价为什么会这么高呢? 有一天,我看了你们报道的一篇《要干这一行就得把良心丢掉》的报道后,恍然大悟,原来里面有那么多环节有猫腻,把那些所谓的好处费都让我们承担。多亏你们这些讲真话的记者,让我们了解了这么些鲜为人知的东西。

(五)"议价手术"能否行得通

"议价手术"已经现身扬州,这在困扰农民看病难的今天,无疑是点燃了"冬天里的一把火"。

事件回放

2005年9月22日,江苏省扬州市邗江区民营金阳光中西医结合肿瘤医院推出了"议价手术"制。据农民金立华介绍,她在这家医院所做的胰腺肿瘤切除手术,经"讨价还价"后,仅用了8000元,而在一般的三甲医院,手术费最少要2万元。在医院做手术,居然也可以像在菜市场买菜一样"讨价还价"? 对此,各方看法如何?

物价局:医院没有违反规定

记者随后来到了邗江区物价局举报中心,该中心的副主任陶晓飞及另外一名工作人员接受了记者的采访。

陶晓飞介绍,中心确实收到区卫生局转过来的一封举报信,但调查结果与举报信中的出入较大。他告诉记者,"经过我们的调查,金阳光医院议价手术的做法,没有违反规定;反倒是比大医院要便宜得多,而且病人及其家属特别感激。"

陶晓飞的说法,记者在采访中得到了证实。一位在举报信中提及到的病人告诉记者:"医院的服务和价格,我们相当满意,手术也成功。我们感谢还来不及,怎么会去举报医院呢?"(注:应病人的要求,记者隐去了其姓名。)

卫生局不让记者复印的"金阳光中西医结合肿瘤医院举报调查报告",邗江区物价局举报中心却乐意地给记者提供了一份盖有公章的原件。

报告内容是:"2005年12月5日我中心接到邗江区卫生局转来举报一份,举报称扬州市金阳光中西医结合医院院长陈裕搞议价手术欺骗患者。我中心根据举报信息于12月13日对该医院的收费情况进行了检查。检查了解到,该院开业才两三个月,手术病人还很少,而举报中提到的胰头癌手术才做了一个,该手术病人住院期间全部费用接近举报人所说的9000元(住院发票上是8803

元）。检查人员查阅了该患者的病历，发现该患者在住院期间同时接受了胰头癌手术和肝硬化治疗，医院的收费是与患者家属协商议价的，双方均已签字认可。检查人员与已出院的患者家属取得联系，患者家属表示对该医院的收费无任何异议，并表示他们没有通过任何渠道举报该医院的收费行为。"落款日期2005 年 12 月 14 日。

记者在采访中了解到，2005 年 8 月，江苏省物价局会同江苏省卫生厅下发了一本厚厚的《江苏省医疗价格服务手册》，涉及到医院收费明细 3916 项。

"我们认真地查阅过手册中相关的标准，只有上限，没有下限。但是，作为物价部门来说，我们绝对反对恶意降价竞争；通过我们的调查，金阳光中西合肿瘤医院，目前还没有出现恶性降价竞争的情况。"陶晓飞说。

金阳光中西医结合肿瘤医院位于江苏省扬州市邗江区新城河路与兴城西路交汇的十字路口，医院自 2005 年 9 月 22 日开业至今，虽然每天的门诊量只有 20 人次左右，但在扬州城里已经小有名气。因为是该院在扬州市率先推出了"手术议价"。

据院长陈裕介绍，医院开业以来，已经有 20 多个病人通过议价的方式进行了手术，平均每人的议价额度在 2000 元左右。

陈裕说："我们之所以提出'议价'的经营理念，与目前医疗费用普遍偏高密切相关。病人在经过检查得出诊疗结果后，院方会告知患者一个初估价格，如果患者觉得价高，可以根据实际情况和心理价位与院方进行协商，确定双方都能接受的价格，再进行治疗。比如，做切除子宫肌瘤手术，在其他医院标价四五千元，而我们最低可以开出 2500 元的价格；胆结石大医院要 3900 元，我们医院做的第一例手术就是胆结石，才 2000 元。其实，医院也有心理价位，在进行成本核算后，大约会留有利润的 10% 作为和患者议价的余地。"

他告诉记者，医院主要是从三个方面降低价格：一是，不该做的检查就不做，在其他医院做的检查结果，只要有助于诊断，在本医院不再重复检查；二是，进药渠道规范，这样既可以保证质量，又可以减少中间环节的费用；三是能用价格低的药品解决问题的，绝不用价格高的药品和进口药品。

据护士小荣介绍，医院的床位也给病人节省了不少钱，带卫生间的房间，两个床位，每天只收 30 元钱。同类的病房，在大医院要 100 元左右。

卫生局：犹抱琵琶半遮面

2005 年 12 月 22 日下午,记者就金阳光中西医结合肿瘤医院推出'议价手术'的事想采访邗江区卫生局有关领导。

找到办公室朱主任,陈述采访意图后,他说:"你们要采访的事,不该我管,我不能接受你们的采访。"

记者说:"希望您能帮忙联系一下局长或者是分管这方面工作的副局长,我们想听听作为主管部门对'议价手术'这件事的看法……"

还没等记者把话说完,朱主任便打断记者的话说:"局长都有安排,没有时间接受你们的采访。"

记者又说:"那您能不能把局长或者是分管副局长的电话号码告诉我们一下,我们电话采访也行。"

朱主任说:"他们都很忙,不可以随便告诉他们的电话号码。"沉思了一下他又说:"那我就带你们去医政科吧,他们具体管这方面的事情。"

记者随朱主任来到医政科。屋里有两位同志,朱主任指着一位男同志说:"他就是医政科长,你们可以采访他。"

记者说明了采访事由后,那位男科长指派了一位女工作人员接受记者的采访。

记者问:"邗江区共有多少家医院,民营医院有多少?"

她答道:"22 家一级医疗机构。民办的就金阳光一家。"

之后,她不再回答记者的任何提问,反而追问记者究竟要采访什么?

记者又把采访意图说了一遍,那位男科长终于说了一句话:"哦,原来了解那个情况。"随手递给那位女工作人员一张材料后,起身走出了办公室。

记者看到,题目是:"金阳光中西医结合肿瘤医院举报调查报告。"

记者说:"我们可以复印一份吗?"

她说:"这得请示科长。"于是安排一位年轻的工作人员,拿着"报告"去找科长请示。

一会儿科长进来告诉记者:"那是个传真件,复印没有什么意义。"

记者又问:"对于金阳光中西医结合肿瘤医院实行的议价手术,你们怎么看呢?"

那位女工作人员说："只要提供的是质优价廉的服务就是好事。"

稍后,她不再正面回答记者提出的任何问题。

虽然卫生局不同意复印,记者已经看清落款——扬州市邗江区物价局举报中心,于是决定到该中心去采访。

农民:这样的医院越多越好

41岁的陈桂红,患胰腺炎和胆总管结石,需要手术治疗。2005年12月6日来该院以前,她的家人到一些大医院"打过探",听说手术费加医药费,怎么也要2万元。她家每月收入不足1000元,两个孩子读书,一下子哪能拿得出2万多元钱啊!后来,听人介绍,这里可以讲价,于是抱着试一试的心理来到医院,果然讲到了1万元。再有两天她就可以出院了。

金立华也是在这家医院进行手术治疗的一名农民。去年年初,她身体感觉不适,就去南京的几家大医院检查。"在南京,医生说我的肝和肾之间长了个瘤子,做手术至少需要3万多块。我们全家一年的收入只够做一次检查的。做手术就更别提了。"后来,金立华的亲戚告诉她,扬州新成立的这家医院可以做"议价手术",她回到了扬州。"医院开始的起价是1万多元,后来我跟医院讲了我的实际困难后,医院最后答应8000元为我做这个手术。"金立华说:"您看,我现在已经完全恢复健康了。"

扬州市汉河镇固庄村农民兰青萍急性化脓性阑尾炎加慢性盆腔炎,2005年12月22日上午11点钟来到医院,经检查,需要及时手术。医院得知她家里年收入只有几千元钱的情况后,主动提出来只收取她2500元钱。"像她这种情况在大医院至少要3000元。"陈裕说。

(六)怎样理顺新型农村合作医疗中的六对关系

新型农村合作医疗制度2003年开始在江苏省试点,2004年全面推开,2005年巩固发展,已取得了可喜成绩,受到政府、社会、农民群众的一致赞誉,实现了"三赢"。但新型农村合作医疗在实际工作中,新情况、新问题、新矛盾总是因各地不同的运行方法、不同的认识和管理水平而层出不穷。要使这项制度长期、有效地坚持下去,仍然需要我们不断地努力。

笔者就政府组织引导，以县为单位统筹管理，多方筹资，农民以户为单位自愿缴费参加，各级政府财政补助，以大病统筹为主兼顾门诊；在县域范围内实施农民看病"一卡通"，计算机管理，无审批程序，即诊即报，委托商业保险机构承办支付业务等方面出现的一些新矛盾、新问题进行分析，并提出相应对策。

关系1　一卡通与农民择医自由度

所谓"自由择医"，就是参合农民持有效的合作医疗证件，可在县域范围内自主选择新型农村合作医疗定点医疗服务机构，为其提供医疗服务（也称"一卡通"），不受逐级转诊制度的约束和限制。这样做方便了农民的就医和医疗需求，提高了农民参保积极性，也防范了一些因盲目截留病员而引发的医疗纠纷和医疗事故。"以县为单位"的"一卡通"试点，收到很好的效果，但也引发了一些新的问题。

农民择医自由度大了，"一卡通"方便了群众，到哪里都能看病。而医疗单位则失去了对医疗费用控制的自主性和自律性。传统合作医疗是以乡镇为单位的管理模式，资金是自筹自用，超支自补自贴。因此，乡镇医疗机构有主动控制费用增长的意识，层层审批，级级把关，否则，入不敷出，就要承担亏本的责任，经济上就有损失。这对经济不富裕或比较困难的乡镇卫生院来讲是一个不小的负担。但群众就医自主权受到极大限制，故传统合作医疗无生命力。而新型农村合作医疗实行"一卡通"的试点，合作医疗基金是以县为单位统筹管理。定点医疗机构不承担超支责任，因此，在"经济效益"观的支配下，促使短期内门诊病人、住院病人费用都有较大幅度提高。这里有合理业务增长，如新型农村合作医疗刺激医疗消费，但也有过度服务和过度消费等问题。过度服务是指定点机构受利益驱动，过度提供与病人病情不相称的医疗服务，如滥检查、滥用药、滥收费等。过度消费是指参合农民盲目选择大医院进行门诊或住院，接受一些不需要、不合理的医疗消费服务。这样不仅导致农民自付费用有所提高，引起参合农民新的不满，影响次年农民自愿参保的积极性，而且基金使用也呈明显上升趋势，长期下去，势必带来基金使用风险。

面对这样的新矛盾、新问题，要强化对定点医疗机构的管理。一是积极探索单病种费用控制制度。二是进行"三合理"教育和检查，在"合理用药、合理检查、合理治疗"的教育、规范和检查中提高医疗机构的自律性。三是实行门诊收

109

入和住院收入总量控制制度,根据物价、价格等消费指数,规定每年门诊费用和住院费用的增长幅度,住院费用和门诊费用增幅均控制在 10% 以下,以低于GDP 的平均增幅为度。对严重失控,屡教屡犯的定点机构应严格检查,必要时取消其定点机构的资格。

关系 2 基金大量"结余"与参保农民享受不足

新型农村合作医疗不同于传统合作医疗的筹资渠道,始终强调政府的主导作用,所筹资金的大部分也来自各级政府,这是强制性的。而对农民则强调自愿的方式。基金筹集上有保障,在支出使用上,按照各地制定的《管理办法》实行。但在制定这个办法时,从不同的指导思想和利益出发,以及测算水平,造成报销比例上有很大差别,仅从住院报销上说,有"0"起报,有"300 元""500 元"起报,各报销段比例亦有很大差别。在农民合理医疗消费上,有 1 万元报 5000 ~ 6000元的,而有的报 2500 ~ 3500 元;有 2 万元报 1 万 ~ 1.2 万元的,而有的报 7000 ~8000 元;有的报销封顶线控制在 2 万元,甚至更高,而有的仅报 8000 元,其余都自理。这样明显的差别,使基金出现大量结余的不合理现象,一般都在 25% ~35%,甚至更多。这样会产生几个后果,一是"基金结余"使农民的合法合理权益得不到保障,享受不到应得福利,农民不满意;二是基金大量结余,容易给地方领导错觉,以致误导,认为基金够用了,甚至用当年结余冲抵来年拨款的现象,减轻属地政府应承担的责任;三是基金大量结余,会给管理机构产生非分之想,想方设法将基金用于编造出来的什么"服务"上,偏离"保大病、防致贫"的方向,实质上是削弱基金的功能。更有甚者,公然将基金挪作他用,这将是不能容忍的错误。

这个问题一定要解决好,才能取信于民,才能保障参合农民的受益权。政府在继续加大基金封闭管理的同时,切实履行起政府的责任,按年度、按序时,足额拨付财政补助资金。决不能出现"先拨后抽""结余抵来年"的错误做法。

关系 3 保险机构承办与非商业保险

商业保险公司介入,参与合作医疗的管理和运行有其积极一面。打破了政府筹钱,卫生部门管钱又用钱的旧模式,形成了一种"政府筹资、卫生管理、保险兑付、群众监督"的新模式。这种模式在一定范围内被赞许和推广,也确实收到一定效果。如群众一般不再担心钱被卫生系统内部消化了,保险公司有资金兑付管理的经验,政府相应减少了管理的成本等等。但也出现了一些问题,如兑付不及时,服务态度不好,推销其他保险,也有群众认为商业保险是赚钱的机构,对基金使用产生新的疑虑。

在江苏省,有多家保险机构参与新型农村合作医疗运行管理。笔者认为主要问题还是资金使用透明度不高,甚至无透明度,和其他类保险混合运行,不能及时兑付,占用合作医疗基金在体外循环;账目处理不及时,月拖、年度账也拖,长时间不结账,使合作医疗经费使用的检查节点、使用情况(兑付、结余)始终没有一个准确数字,跨年度结账,更是给基金管理使用带来很大风险。

商业保险介入,意在抢占地盘,借势扩大影响,推销其他产品,而且在基金的使用上,运用合理,获取利润。这在商业保险活动中无可厚非,也符合市场经济对资本效益最大化的原则。但合作医疗则不行,新型农村合作医疗是政府主导的广大农民享受的一种福利,所筹集的全部基金(包括因此产生的银行利息)都应用于农民患者。

商业保险公司介入新型农村合作医疗,是一个战略选择,思路和方向是可取的,但必须遵守以下规则:一是新型农村合作医疗应与其他任何形式商业保险品种严格区别开来。二是新型农村合作医疗的兑付基金必须单独建账,也不能列入商业保险业绩。三是基金转入不能视同保费收入而产生有关税费,基金利息收入只能作为基金的增值部分,不能作为保险公司盈利,也不能用基金结余部分购买商业保险。四是在与保险公司的签约中还必须加上一条:新型农村合作医疗基金使用必须透明,账目月结月清,政府和相关职能部门有权随时查阅和审计账目,不得以任何借口(如商业机密)阻挠。五是商业保险公司必须遵守社会保险法则,按社会保险的原则和要求承办新型农村合作医疗基金支付业务,而不能按照商业保险的潜规则进行运作,这是我们必须始终坚守的"底线"。

从目前情况看,商业保险介入,处于探索阶段,还未形成一整套规范的制度。我们认为目前不宜大规模推广。

关系4 "自愿参加"与"筹资难"

以户为单位,自愿参加和保大病需要一定参保面才能托起来之间是一对矛盾。与此矛盾相关,还有"保大病原则"和广覆盖之间的矛盾;只报住院费和兼顾门诊小病之间的矛盾;只建统筹账户和也建家庭账户之间的矛盾。

每年筹资,为了达到参保率指标要求(年年提高,都在争取"率先"指标),逼急了往往出现虚假、分摊、垫资、贷款,各种名堂都有,上面的钱"套来"了,下面的人头还没落实。一年二年尚可,年年如此,干部群众意见都大,也深感疲惫,普遍存在厌战情绪,而且筹资的行政成本太高,往往被忽视,对政府决策产生错误的信息导向,这在全面取消农业税时期,很难取得一致意见,不是用"认识"高低所能解释的。

这个矛盾因区域经济水平不同,筹资数额不同,管理制度不同,群众习惯不同而有诸多争论,产生诸多各不相同的规定。新型农村合作医疗的本意是要解决广大农村群众"因病致贫、因病返贫"的问题,也就是要保大病,但实际参保农民中生大病住院的毕竟只有 3% ~ 5% ,而95% 以上的参保农民长期交费,而未住院就有吃亏感觉,我们不要不切实际地用一种高尚思想境界来要求农民都具备"互助共济"的理想。而应从现实的角度兼顾公平。"筹资难"已说明了问题,或者说在基础好、大众认知度高的地方,主要实行"保大病",而在认知度不高、基础较差的地区,就需要我们在制度设计上来一个"实事求是"。

新型农村合作医疗仍是一种互助共济模式,但作为社会保障制度的一种过渡形式,我们必须坚持"自愿参加"的要求,任何强制性行为都会造成新的社会矛盾,把好事办砸。但是自愿并不是放任自流,没有参保总量的盘子,大病补偿就不可能实现。这不能仅仅停留在宣传不够的说法上,可能也有制度设计上的问题。

家庭账户,以户为单位,户内统筹使用,用于小病门诊费用,提高受益覆盖面,调动农民参保积极性。设立家庭账户必须坚持一个原则:即只能将农民个人缴费的一部分纳入家庭账户,各级财政补助资金不能进账户。家庭账户资金节余可结转下年使用,但不能冲抵下年缴费。无病的情况下,是一个储蓄形式,增加健康投资的意识。这样做,尽管使大盘子统筹资金有所减少,但随着政府投入增加,保大病的要求也是肯定能做好的。

关系5 系统内运作与开放型社会

所谓"系统内运作",是指新型农村合作医疗定点服务机构基本上锁定在卫生部门下属的公办医疗机构。从乡镇到县到市以上基本上如此。甚至存在有意识地排他性政策,这样做既不符合社会主义市场经济对服务业开放的一般要求,也不符合公平、公正、公开竞争的市场规则。不给非公办机构为农民提供服务的机会,也就使公办机构失去了紧迫感和危机感,这对事业对社会都是极为不利的。

在新型农村合作医疗这个问题上,要允许民办医院成为定点医院,前提是民办医院必须严格遵守新型农村合作医疗的有关政策规定和有关制度要求。其次要健全制度。民办医院成为定点医院以后,我们要从健全外部制度和内部制度两个方面着手,建立健全一系列、一整套行之有效的管理制度,加强对民办医院的约束和管理。第三要加强教育。要对民办医院进行全员培训,加强卫生行风、医德医风和职业道德建设,加强正面宣传教育,积极引导民办医院参与服务和竞争,杜绝各种不规范、不公平的医疗服务行为。第四要严格处罚。要与民办医院签订服务合同,明确违约责任,加大查处力度,确保民办医院不偏离新型农村合作医疗正确的运行轨道。

关系6　用药目录与医院等级

制订《基本药物目录》是贯彻新型农村合作医疗"保障适度"原则的一项重要措施,是科学合理确定合作医疗支付范围,维护参保农民合法权益的重要手段。这个目录在一定意义上规范了二级以下医院的用药范围,为"合理用药"上了一个框,有利于"三合理"的实现,确保用药90%以上在目录范围。

但是对转诊到三级医院就诊的患者来说,因病种不同、病情轻重状况不同等多方面原因,可能会出现多数用药在目录范围外的状况。也就是说多数用药(尽管也是合理用药)都不能得到合理的报销。一般来说,转诊到三级医院有相当一部分是迫不得已,本身病又重,花钱要成倍增加,这时再不能报销医药费,或报的部分太少,比例太低,必然有雪上加霜之感,必然出现因病致贫现象,必然引起这部分患病群众强烈不满。

因此,制订适合三级医院的用药目录十分必要,也符合"保大病,防止因病致贫"的原则。一般来说,参合农民因病情需要转到三级以上医院接受门诊或住院治疗,其用药目录可以考虑扩大到城镇医保用药以内,不受新型农村合作医疗用药目录所限制。但是用药目录扩大以后,原则上不能再有群众自费方面的服务。

114

读者反馈

农村大学生话农民看病难

看了《透视农民看病难》系列报道后,安徽大学学生高应华给本报发来邮件。他说:"看了你们的报道感触很深,我家在偏远的农村,农民看病也很难。主要是交通不方便,看一次病要走几十里山路。如果交通方便了,农民看病就会减少许多麻烦。期待你们的报道能引起高层的重视,农民'看病难'的问题能得到很好解决。"

在北京科技经营管理学院上学的学生刘叶说:"她有一个患乙肝的叔叔,三个孩子都在上学,大的在上高中,最小的还在上小学。叔叔既要保持病情稳定,又要供三个孩子上学,生活非常拮据。叔叔和婶婶除了种好自家承包的地外,还要四处找活干。"刘叶感慨:"叔叔一年到头没休息过,他害怕自己有一天会倒下去,老婆和孩子没人管。所以许多农民为了省钱有病也不去治疗。"

"我们那儿,看病有两个问题:一是没钱;二是没医生。"湖北大学生李文说,"没医生,主要是没医术好的医生。好的医生都不会留在农村。生病了,村里人一般都到小诊所去看,要是得了大病,都坐几十公里的车去市医院。但是去市医院,最让人担心的就是药价了。医生大笔一挥,一场小感冒也得花近百元。要是需要住院、动手术什么的,没个万儿八千的根本回不了家。我伯父去年冬天动一次手术花了两万多元,把家里多年的积蓄都花光了。"

(七)农村医疗改革让获嘉农民看病不再难

获嘉县医改前后部分资料对比

	改制前	改制后
全县 14 个乡镇卫生院	2 所勉强生存 8 所难以为继 4 所已无法生存 农民看病难 现象突出	各乡镇医院旧貌换新颜,步入良性发展的轨道。农民在家门口就可看病,达到了小病不出村,一般病不出乡,大病不出县

	改制前	改制后
医疗设施增长情况	各乡镇卫生院设施陈陋,大多为危房,医疗设备老化。有1.58万平方米医疗用房,160台(件)医疗设备,350张床位,3辆救护车	引入资金2070万元,新建医疗用房1.87万平方米,增长119%。增置千元以上医疗设备100多台(件)。新增急救车9辆,较改制前增63%。63张床位,增长80%
全县医院年业务收入	465万元	1066万元,较改制前增长130%
农民参保情况	无人参保	全县去年参保农民25万人,占农业人口的75.4%
农民满意率	不太满意	97%
儿童免疫接种率	96%	99%
儿童系统管理率	80%	83%
计划内孕产妇系统管进率	78%	81%

获嘉是河南省的农业大县,两年前,获嘉也和全国不少农村一样面临着农村卫生资源匮乏问题,乡镇卫生院因投入不足,各种设施陈旧,生存困难。而许多村级卫生所由于管理等方面的因素,更是杂乱无序,给当地农民就医造成了困难,农民因病致贫、因医返贫现象较突出。看病难成了该县农民最头痛的事。大力推进农村医改,建立完善的新型农村合作医疗体系,重振乡镇卫生院,规范村级卫生所已成全县卫生事业的当务之急。

获嘉县针对每个乡镇卫生院的状况,以有利于保证当地农民群众就近获得医保,有利于农村卫生事业健康发展,有利于乡镇卫生人员工资发放为出发点,坚持乡镇卫生院所有制性质不变,功能任务不变,管理职能不变的原则,分别以委托管理、能人领办、举债发展三种方式,对乡镇卫生院进行了一系列改革。通过改革,全县形成了县级医院,乡镇医院,医生之间的竞争格局,打造了一些特色医院和特色门诊。

经过两年多的有力改革,获嘉县绝大多数乡镇卫生院和村级卫生所焕发了勃勃生机。近3年间,全县乡镇卫生院通过多种渠道,共引进社会资金2000多万元,濒临倒闭的黄堤镇、位庄乡、大辛庄乡卫生院注入资金后,一座座现代化的门诊大楼在废墟中拔地而起,还投巨资引进了200MAX光机、三导自动分析心电图机、彩超、C 臂 X 光机、CT 机等先进的诊疗设备。去年全县乡镇卫生院门诊量达 20 多万人次,年住院 1 万多人次,极大地方便了当地农民就医,同时医院取得良好的发展,年业务收入较改制前增长了 108%,得到了国家、省、市领导及当地农民的称赞。

2003 年获嘉县被河南省确定为全省 25 个新型合作医疗试点县之一。截至 2005 年上半年,全县共有 24 万人次享受了新型合作医疗补助,补助资金 1061.3 万元,有效地缓解了农民因病致贫、返贫状况,增强了农民抵御重大疾病风险能力。

(八)新型农村合作医疗:怎样才能让农民积极参加

今年 61 岁的湖南省隆回县桃红镇铜盆村八组村民刘凤香,是新型农村合作医疗的受益者。去年 1 月 21 日,她突然得了脑溢血,在县人民医院住院一周共花了 5907 元的医药费。出院后,家里人去新型农村合作医疗点报销住院和医药费,本想着就交了 10 块钱,肯定报不了多少,结果给报销了 1531 元。村里人得知情况后纷纷加入了新型农村合作医疗。

记者在河南省首批县(市)级新型农村合作医疗试点县(市)巩义市了解到,截至去年 6 月底,全市农民参合率已达到 81%。农民对新型农村合作医疗满意率已达 92%。然而,记者在河南、湖南等地农村采访时发现,这一好政策要让农民真正满意,还有很多工作要做。

政策宣传一定要到位

农民不积极参加新型农村合作医疗,原因就在于一些基层干部对相关政策把握不准,入户宣传和动员工作做得不实,使得不少农民对新型农村合作医疗的筹资、服务、报销等程序不清楚,一些农民思想上对新型农村合作医疗存在疑虑。

在河南省鹤壁市郊区,村民对新型农村合作医疗大多数表示不太清楚。在姬家山乡李家顶村,提到新型农村合作医疗,村民李改地一脸的茫然,"俺们乡还没跟俺们提到过这个政策。"当记者告诉她后,她说:"俺们在山区种地,本来就没多少地可种,一年收下来的粮食还不够全家人吃,哪有钱交啊。""那你们生病了怎么办呀?"记者提出了疑问。"我们这些贫困山区的农民,生病了有钱就看,没钱就不看了。"她这样回答了记者的问题,接着她讲了一个两年前发生在她们乡的故事:"离我们家五里地以外的龙港村,有一个名叫胡明的人,当时也不知道是吃什么坏东西了,闹肚子了,他们村在深山里头也没有村卫生所。听说当时他们家里没有钱,他家里人想着是小病,也没带他去乡医院看病,没想到过了几天人就不行了,后来死在家里,如今他老婆也改嫁了,这一家人算是完了。"

在随后对该村的调查中,记者了解到村民中没有一个人知道新型农村合作医疗政策,只有少部分从外面打工回来的年轻人告诉记者,在他们打工的地方,他们看到当地的农民参加了这种新型农村合作医疗制度,但至于这项制度是什么内容,加入后有什么好处,他们也都表示不太清楚。

考虑到在上世纪80年代以来几次重建农村合作医疗尝试的失败,在农民心里留下了阴影,部分农民担心新型农村合作医疗基金被挪用,担心医疗费用升高,得不到实惠等等,影响了农民参加新型农村合作医疗的积极性。

湖南省隆回县桃洪镇新型农村合作医疗办主任肖琦告诉记者,针对这种情况,他们采取了找人带头加入的办法,就是先到村干部家里做工作,向他们讲明国家的这项新型农村合作医疗的好处后,让他们带头加入。"我们在做好这个工作的同时,通过村干部组织,我们讲解的方式让村民都渐渐明白这项政策的好处后,村民才开始不躲我们了。后来许多人还主动找上门来咨询。"肖琦告诉记者"那时的工作是真难做啊,我们几乎天天在村里,回家一般都是深夜了"。

(九)扬中市农民"参合"率咋会是108%

江苏省扬中市农民新型农村合作医疗"参合"率达到108%,市长陈晨对这个数据表示怀疑,在一次会议后,特意把市医疗保险管理中心主任陈立金叫到一旁,"你们的那个数据,到底实不实? 涉及到农民看病的大事,不能有半点虚假。"陈立金肯定地说:"数据完全真实。"

按说,即便每个农民都参加,最多也只是100%,怎么会是108%呢? 陈立金形象地给记者列了一道算式:总"参合"人数17.52(万人)÷应"参合"人数16.28(万人)≈108%。可是,记者还是不明白,多余的1.24万人又是从那里来的呢? 陈立金解释说:"全市应该参加新型农村合作医疗的农村人口是16.28万人,实际达到了17.52万人,超出的1.24万人是外来务工农民。"

陈立金介绍,近 10 年来,扬中市坚持贯彻基本医疗从城市逐步走向农村,城乡统筹人人参加新型农村合作医疗,构筑起一套完整的全民医疗体系。

2003 年,该市医疗保险管理中心通过调查发现,虽说全市已初步构建起了社会医疗保险体系,但是,大多数农民仍然游离于社会保障之外,因病致贫、因病返贫依然是农村突出的问题。2004 年,该市农村开展了新型农村合作医疗制度,农民个人每年按照有关规定缴纳一定费用,政府财政每人补助 20 元,因病住院给予 40% ~60% 的补偿。

"我们觉得还是不够。"陈立金告诉记者:"通过两年时间的努力,全市农民的'参合'率达到了 100%,但是还有空白。如,有相当一批城市非农业户口的事实农民;外来打工农民等。他们不参加新型农村合作医疗,全市的公共卫生事业就不算成功。"于是,扬中市 2004 年 8 月又出台了《扬中市新型农村合作医疗制度管理办法补充规定》,将学生、外来务工农民等统一纳入到新型农村合作医疗的范畴,实行城乡统筹,人人"参合"。去年,全市的 3.38 万名在校学生参加了新型农村合作医疗;1.24 万外来农民工及其居住在城镇的"事实"农民也参加了新型农村合作医疗,"参合"率达到 108% 。

读者点题

记者深入北京一些建筑工地了解农民工就医情况时,发现——

有病大都不会去医院　实在不行就喝"二锅头"

"一个偶然的机会,我看到了你们刊登的透视农民看病难报道。说实在的,在农村,农民看病难,在城里,打工农民工看病就更难了。不信,你们来看看。"2005 年 12 月 25 日,从河南来北京打工的农民王顺永在电话中这样说。为此,本报记者深入北京一些建筑工地了解了农民工的就医情况。

"女儿欠学校的 53 元学费都交不起,哪有钱看病"

当记者正在北京市海淀区肖家河一民工小学了解农民工孩子就医情况时,碰见来找校长的王国强。原来他交不起女儿拖欠的 53 元的学费,来找校长说情。校长十分无奈地对他说学校也有困难,如果实在交不上,就只能退学了。随后记者跟随他回到他的住处,看到不到 5 平方米的屋子里,只摆放着两张床和做饭的锅碗,一进门就能闻到一股中药味。他告诉记者,他是四川人,妻子很早就去世了,他一个人带着女儿在北京打工,靠打小工赚点钱,日子本来就过得紧巴巴。前些日子在工地干活时腹部很痛,去医院检查才知道患上了急性肠炎,到现在已经有20多天了。也就是因为这病,他干不了活,现在连女儿上学需要的53元都拿不出来,哪还有钱看病,便到附近的小诊所开了点药,没想吃了几天不但不管用,还延误了病情,一直没有痊愈。

"一般有病都不会去医院,实在不行就喝二锅头"

呼家楼中天建筑工地的多名工人向记者反映,一般自己得点病都不会去医院,因为看病、买药都很贵,顶多就是去工地生活区的医务室随便看看。四川籍一名李姓工人说,很多工人都在宿舍里存着一些必备的药品,或用一些自己的"土方子"。上月一个工友患上了重感冒,为省钱没去医院,就吃一点自己备的药品,并喝"二锅头"治,感冒了8天就喝了两瓶。

在北京火车站,有一位来自河北霸州的王士清大爷,3个月前,左边腋下长了一个疮,前后去过两家医院,医生说是火疖子,也开了药,但100多元的药费他拿不出,就只能拿老伴从附近药房里买来的"风油精和黑药膏"来涂,现在火疖子越来越疼。而同在这里,一位汪大爷告诉记者,他们中一个叫"二傻子"的人得了一种怪病,由于没钱医,病越来越重,最后吃什么吐什么,死在了北京站的候车室里,像这样没钱看病而耽误病情的事在这里并不少见。

"俺们需要工地医院,可他们是地下行医,肯定不合法"

北京市东四十条附近的一家建筑工地里,有一家简陋的"工地医院"。两张单人床,一只柜子,一张长条桌就是这个医院的全部家当。医院的主人刘万金就在这间不足10平方米,既充当办公室,又充当医务室的小屋里为农民工看病。来自河南新蔡县的刘万金自2003年就成了这个100多名河南籍建筑工人的"专职医生"。每天都有人来找他看病,其中不但有本工地的工人,还不乏附近其他工地的民工。

记者到一处农民工居住聚集区,几经打听才发现了这样一家小诊所。这家诊所玻璃窗户上只贴着一个"红十字"标记,诊所主人是一位残疾人,来找他看病的都叫他"杜医生"。杜医生白天却不看病,只有晚上才在诊所,白天他和其他农民工一样在工地打零工。杜医生来自四川一个偏远的乡村,曾经在四川南充医学院进修。他诊所里只有一些简单的医疗器械,农民工有病也只是让他给开点药,很省钱。据他说,一盒感康进价9块多,他按3天的剂量买,只能赚两块多钱。采访过程中,杜医生始终没有放松警惕,他一再地强调自己只是替老乡看病,并没有大规模的行医,行医很大一部分原因也是看着周围的老乡在北京看病实在太难,才开了一个这样简陋的诊所。他也知道自己的行为不合法,时常担心小诊所哪天会被卫生局或城管局查封。对此,杜医生眼中充满了忧虑和茫然!

在不少大城市的医院门口,大多游荡着一些"医托"。许多农民患者被骗得只剩下回家的路费,有的甚至被骗了还不知道。"医托"就像苍蝇一样,挥之不去,驱之不散,医院拿他们也没办法——

(十)一个"医托"自曝坑人内幕

我姓刘,老家在湖南衡阳。2005 年 4 月来宁波后,就跟朋友每天从大医院去把病人介绍到小医院,每拉到一个病人可得 15 元介绍费。刚开始,我只要站在边上,他和病人谈话时我附和几句,就像相声里头的捧哏一样,还有就是怎样套取病人情况,如何搭讪。我跟了他 3 天就算"出师"了。我拉的病人去那个门诊部是由几个人承包的,里面有一个医生,一个抓药的,外加一个既是负责人又兼管收钱的人。在该门诊部和我一样每天在大医院为他们拉活的有十多个人。我们都是拉些慢性病人。门诊部说这些病人医好医坏一下反映不出来,好糊弄,没有大危险。一般不拉急重病人,因为这种病人有危险;有医保卡的不拉,因为不好报销;本地人和年轻人不拉,因为他们一般不会轻信外地人的介绍。门诊部一般给病人都开中草药,因为中草药在价格上容易做手脚。收费多少,要看病人口袋里有多少钞票,多的一两千元,少的几百元,疗程可长可短。

就你这病,上大医院几下子就把钱整光了,走,我带你去一家价钱低、见效快的医院

领到工钱,买好车票,在北京打工的四川省绵阳市柴庙沟镇农民谭卫朝就要回家过年了。可不知咋搞的,这几天胃总是隐隐约约地疼。他到附近诊所看了看,吃药不管用,便想到市里大医院瞧一瞧,赶在回家前把病治好。

2005 年 12 月 23 日一大早,谭卫朝坐车来到了北京某医院。刚走到门口,一名中年妇女笑眯眯地拉着他的胳膊:

"哎呀老乡,咋在这里碰到你了。"

谭卫朝一愣,觉得不认识这个人。可听着那妇女一口的四川话,便不由自主地停下了脚步:"今天碰到我算你走运喽。就你这病,上医院几下子就把钱整光了。走,我带你去个地方,也是这家医院一个名医开的,价钱低、见效快。"

旁边一个拿着 CT 袋的陌生女子也附和:"就是就是,我弟弟也是在那里治好的。"

没等谭卫朝反应过来,这名"好心女子"就把他七拐八拐带到一家诊所。在那里,一个自称"孔教授"的人给他开了 680 元的胃药,谭卫朝回去吃了两天,没想到胃反倒疼得更厉害。他赶紧拿着药到另一家正规医院让医生看了看,结果被告知受骗了。老乡让他去找那家医院,可他既无处方,又没发票,只好自认倒霉。

像这样的"医托"骗人事件,某医院有关部门负责同志告诉记者,每个月都要发生好几起。一些农民患者被骗得只剩下回家的路费,有的甚至被骗了还不知道。

目标是进城后人生地不熟的农民患者,药品提成在 50%以上,巨额回报诱惑力大

据医院有关部门负责同志介绍,游荡在这家医院门口的"医托"大多来自湖北、河南农村。他们分散在医院周围,有的拿着 CT 袋,有的抱着小孩,还有的拿着医药广告等等。他们把目标紧盯住那些进城后人生地不熟的农民患者,一旦拉上关系,就趁热打铁,领着患者去所谓关系好的"教授"处看病。

据了解,在北京好多大医院门前,大多游荡着一些"医托"。这些"医托"每天早上 6 点钟准时到医院门口"上班",天天风雨无阻。据悉,像北京、重庆、成都等地,"医托"团伙成员多的有 50 多人,且分工明确,规矩严格,还有打手专门监督维护"行规"。

雇用"医托"的诊所和一些医疗机构,有的根本就没有营业执照,所谓的医生也大部分没有行医资格。为了争夺病人,他们给"医托"的提成在 50%以上,甚至更高。有个"医托""忽悠"了一个农村妇女买下 5000 多元的药,提成就拿到 3500 元。而所开的药全是中草药,"治不好病,也吃不死人",20 多元的成本要卖到上千元。

按照治安管理条例,对"医托"的处理也不过是让其退还所骗钱财,行政拘留 15 天,或者罚款 200 元,惩罚措施缺乏威慑力

在与"医托"较量的两年多时间里,公安部门曾与医院联手对"医托"打击了数十次,这些人也不知被抓了多少回,可患者上当受骗来报案的少之又少。某医院保卫部门负责同志说,医院定期向公安部门汇报情况,组织专项打击"医托"活动,每天还派一名保安人员在医院门口巡视,驱赶"医托"。但这些措施往往是治标不治本。公安机关对"医托"的处理也不过是让其退还所骗钱财,行政拘留 15 天,或者罚款 200 元,这些惩罚对"医托"来说根本没有什么威慑力。而医院张贴的一些提醒或警示标志,有时也很难发挥作用。有时看到"医托"在医院门口行骗,医院保安人员能做的就是告诫患者不要上当。

曝光典型案例,揭露骗术骗局,并对雇用"医托"的医疗机构或个人予以严惩

某医院保卫部门负责同志告诉记者,大部分被骗的农民患者都是因为文化水平低,片面相信一些所谓祖传秘方和立竿见影的疗法,有贪小便宜的心理。而工商、质检和卫生主管部门综合治理力度也不够。他建议有关部门经常向社会曝光典型案例,揭露骗术骗局,公示查获雇用"医托"的医疗机构,提高群众辨别和防范"医托"的能力;还应出台相应法规,对"医托"以及雇用"医托"的医疗机构或个人予以严惩,从而彻底消除"医托"现象。

一些业内人士认为,"医托"的存在,部分医院也难辞其咎。一些大医院的医疗费用居高不下,医护人员服务态度不好,就医程序烦琐,甚至出现医德医风不好等现象。在这种情况下,一些文化程度低,对医疗安全、科学就医要求不高的农村患者,极易被"医托"拉到其他医疗机构去就医,致使患者延误治疗良机,酿成不良后果。他们认为,要根除"医托",首先要引导患者科学就医、安全就医;其次是各大医院要本着为患者负责的态度,适度控制医疗费用,设置不同病区,让患者在不同的医疗费用下得到优质服务;三是各大医院要简化就医手续,让患者得到优质高效的服务;四是要建立健全新型农村合作医疗制度,增加县乡医院的投入,解决农民看病难。

相关链接

"我险些被医托害死"

去年国庆节时,家住福建同安汀溪镇褒美村的李金治口腔突然出现一团团的血泡,便到市医院就诊。候诊时,3个人过来与他搭讪。"你看的是血液方面的病啊,怎么不到海沧大桥桥头的XX门诊去看?""我姐得的也是血液病,在医院花了1.7万元都没看好,去XX门诊那里开了中药,吃吃就好了。""赶快去XX门诊看,不然有生命危险"。到了XX门诊,一名"王医生"为李金治把完脉后开了15服中药,总共花去446元。可是接下来的两天,李金治口腔右侧的血泡更大了。12月初,还在"服药"的李金治突然口腔血流不止,陷入昏迷状态。后经过市医院两次血浆置换治疗,李金治才有所好转。

"连送终钱都掏尽了"

60岁的海南乐东黎族自治县农民张朝20年前患上了糖尿病,患病之初,他到县里的正规医院治疗,医生告诉他,糖尿病只能长期服药,不能彻底根治。有一天,张大爷看完病后被一个"医托"的话给迷惑了:"您的病能根除,大医院的医生骗你,我给您介绍一家医院吧。"张大爷轻信了"医托"的话,在"医托"介绍的私立医院治疗了一年多。前两个月,张大爷病情还算稳定。可就在第3个月,张大爷的病情一反常态地突然恶化,血糖急剧升高,全身多个器官出了毛病。在这一年多里,张大爷辛辛苦苦积攒的3万块送终钱也被全部花光。

读者来信

"医托"之害

山东滨州市滨城区读者王麦菊:农民看病本已很难,如遇"医托",则更是雪上加霜。我一亲戚在干活时,不慎让机器碰到头部,虽无明显外伤,却落下不时头晕的后遗症,严重时不省人事,多方求医不见效果,为治病现在已是倾家荡产,还欠下近万元的外债。全家人为此苦不堪言。但有病总不能不治,他便来到省城看病,不想一出车站,还没问清医院在哪里,就被一个"能人"截住,该"能人"自称认识专治疑难病症的专家,可以代为引见。我这亲戚以为是碰上了好人,却不承想落入了"医托"的圈套,花了3000元,病情不见好转。我的亲戚又来到省城,可笑又可悲的是,他通过手机,主动找到那个"医托",还是到上一次那家门诊,2000多元钱又搭了进去。我们不理解:"你怎么还找那人?他是个骗子。"他说:"我有啥办法,到大医院咱没有熟人,也见不到好医生。再说,当天排不上号,我吃住都成问题。"现在,我这亲戚病不但没好,还因上当受骗,精神受刺激,病情更加严重。一家人整天除了打听偏方就是求神拜佛,根本无心生产。"医托"盛行,一方面是病笃乱投医,另一方面也说明正规医院与患者信息不对称。各医疗机构要合理组织医疗资源,安排好专家门诊,简化就医流程;医院要在醒目位置设置警示牌、标语等,或通过广播和门诊大厅电子显示屏进行宣传;雇佣"医托"的医疗机构,有关部门要追究责任。

最近一段时间,各地平价医院陆续开张。对此,有人称道,有人质疑。作为我国医疗体制改革的尝试,更多人关心的是——

(十一)平价医院能解决看病贵问题吗?

治疗普通的肺炎或者扁桃体炎,每针只花 0.7 元。产妇分娩也只花费 500 多元,价格比普通医院低了五六倍。平价医院看病真不贵

2005 年 12 月 19 日,由北京市海淀区政府出资 1000 万元兴建的上地医院试诊,医疗费用低廉是这家医院最大的特色。据了解,该院首批备存的 525 种药物里,超过 100 元的只有 6 种,65% 以上的都是小包装、每份不超过 20 元的常用药。

上地医院院长王玲告诉记者:"在上地医院,普通挂号费 0.5 元,主任号 5元,一次 B 超检查只需要 38 元,药品价格比普通医院药品价格低,诊疗费用也低于北京市物价局所规定的水平。比如,抗菌消炎常用的注射用青霉素钠,一般医院药房最小规格为 400 万单位,需要 1.98 元;但根据成年人轻度疾病的治疗需要,上地医院药房向患者的起售量降低到 80 万单位,每支 0.71 元。也就是说,如果是普通的肺炎或扁桃体炎,在上地医院每针只花 7 毛 1 分钱。"

随丈夫来到北京做小生意的河南人——35 岁的方女士,于去年 12 月 28 日住进了上地医院,当日下午生下了孩子,29 日出院时只花了 500 多元。

据悉，一般医院的妇产科是"打包服务"，产妇一进医院，就须要购买被褥、尿不湿、婴儿盆和一次性拖鞋等等一系列附加服务用品。即使是顺产，一次分娩的价格最少也要 2000 元至 3000 元；剖腹产则高达 6000 元至 7000 元以上。但上地医院鼓励孕妇从家里带齐这些东西，因此，分娩的费用可以降到最低。

上地医院除了低成本运行维持普遍低价外，还针对贫困人群提出了"八优惠和六减免"措施。其中包括：对所有患者药品零售价全部下调 10%；对"三无人员"医疗费用全免；对低保人员挂号费、诊疗费、血尿便三大常规检查费用全免；失业人员挂号费、诊疗费全免等。

一天的开销将近 3 万元，收入则不足 1 万元，每天亏损约 2 万元。平价医院的日子不好过

据了解，上地医院共有 221 个编制，8000 平方米的营业面积，158 张病床，最高日门诊量为 374 人。"可我们现在日门诊量只有 200 人左右，而且主要是服务于来京务工的农民工和城市低收入人员，每天的收入不足万元。"该院综合办主任杜剑峰说。

杜剑峰还告诉记者："医院主要靠大幅度降低药价来实现'惠民'，国家规定医院药费可以上浮 15%，我们只上浮 5%，诊疗费比其他医院也低 10%。我们只提供'必需的医疗服务'给患者，比如，抗菌素，我们就是开青霉素之类的药，不会给患者开先锋 4 号之类的，除非青霉素过敏或不管用时，才用别的药。"

"另一方面，医院大楼的租金是一年 260 万元，每天的水、电、暖气费、物业、保洁费加起来就有 2 万元。这样一算，医院一天的基本开销就将近 3 万元，这意味着医院每天将倒贴 2 万余元。平价医院的日子很不好过。"

平价医院要想不走经济适用房和平价药店的覆辙，必须有源源不断的资金注入，坚持收支两条线，接受政府严格的监管

北京市海淀区公共服务委员会（以下简称公共委）是上地医院的上级主管部门。公共委副主任于小千告诉记者："为使惠民医院能够正常运转，海淀区政府给予了一系列支持政策：该院实行收支两条线管理，整个医院的运营纳入区政府的财政预算，在医院每年收入的基础上，政府完全承担不足的费用，每年向该院拨款大约四五千万元，解决医院人力成本和设施建设等费用。""同时，政府控制医院的运营行为,包括实行单病种收费制和控制营利性项目。每一个单项病种,收费完全按照规定进行;医院只设立提供最基本最常规服务的项目,特需服务完全禁止。"

王玲也表示:"平价医院收费的低价位,绝不意味着服务的低质量。为了树立平价医院在老百姓心目中的良好形象,上地医院将进行精确的成本核算,尽可能节约各种费用,降低运行成本;合理检查、合理用药。"

"事实上,平价医院的成效,最终并不是卫生部门说了算,而取决于各级政府的重视和努力。"卫生部新闻发言人毛群安在近日举行的新闻发布会上强调。

北京大学教授夏学銮认为,像上地医院这样的非营利性医院要长久办下去,必须有源源不断的资金注入,另外收支两条线必须坚持下去,医院的管理和医德建设也显得更为重要,其次还必须依靠制度化的手段,形成一套完善的社会福利制度。

相关链接

印度:公立医院不收费

印度有2亿多贫困人口,约占其人口总数的21%,其中绝大部分生活在农村,为保证贫困人口享受医疗服务,印度政府规定每10万名农村居民配备一个社区卫生中心,中心一般有30张病床和4名医生,并配有较完善的检查设备等。此外,每个地区还通常有2到3个地区医院,社区卫生中心无法治疗的患者都被送到这里,减轻了农村家庭的经济负担。

泰国:30泰铢就可看病

为保障穷人看病,泰国政府推出了"30泰铢(约合人民币6元)"看病计划,并于2002年将这个计划扩展到全国。根据该计划,每个参保人每次看病只交30泰铢挂号费,就可以利用医院提供的一切诊疗服务,包括医药、住院甚至手术费用。这一计划大约覆盖了近一半泰国人口。

乌克兰:公立医院是首选

在乌克兰,公立医院价格便宜并提供部分免费治疗,可以完全保证广大百姓的医疗需求,成为老百姓的首选。在公立医院看病无需花钱挂号,只要在不同的科室排队等候便可,但患者需拿着医生开的药方到药房自费买药。重病患者如需住院,普通病房一般是免费或只收少量费用。通常情况下,医院会为住院病人开列一个免费用药单,其他的药则需自费。

英国:有病先去社区医务所

英国国民医疗保健体制的核心原则之一是:不论收入多少,人人都可享受同样的医疗服务。凡有收入的英国公民都必须参加社会保险并按统一标准缴费,目的就是使全体公民没有生病的后顾之忧,即使失业或没有工作能力的人,也不必为个人或家人生病发愁。

俄罗斯:医疗不搞私有化

俄罗斯总体上继承了苏联的免费医疗制度,百姓到医院治病既不需花钱挂号,也不要支付任何费用。俄罗斯的国家医疗系统由国家拨款,保险医疗系统是建立在公民、企业、雇主缴纳强制性医疗保险费用的基础上,这两种医疗系统对公民来讲都是免费的。

新闻回放

公立医院将来都要改成平价医院

卫生部新闻发言人毛群安日前表示,平价医院将可能成为我国首批真正意义上的公立医院。

目前全国大多数地方都已经开展类似的平价医院、惠民医院、济困医院等工作。它与现在我国这些公立医院的区别就是运行机制不同,医院运行的资金来源主要靠当地政府投入,服务对象主要是低收入人群。

毛群安说:"加大政府投入是平价医院的主要经济支撑,将实行收支两条线,对平价医院实行预算式全额管理,收入上缴,支出由政府核拨。同时要保证低价位但医疗质量不低。并对医疗机构的分配问题进行规范,给平价医院医务人员合理的待遇,使他们能够安心为广大群众提供医疗服务。"

读者热评

◆2006年刚刚过了几天,一则"建立平价医院或平价病房"的媒体新闻,着实让人感到了冬天里的一把火。

◆缓解看病难看病贵要抓紧抓实,不说一般家庭难以承受,就是条件好一些的也对奇高的看病费用头痛呀。卫生部为人民群众办了一件大好事。希望平民医院早日良性运行,不要成了"希望"工程。

◆在现有的大医院建平价病房,这是扶贫式的医疗,这种体制的明显缺陷是:我们无法将平价病房从医院分离出来,医院管理的混乱就难以解决;享受平价医疗的人群区分也将是一个大难题,搞不好会产生新的社会不公平;还可能成为新的腐败源地;我们也不可能在农村建大医院,大量农业人口的医疗问题仍得不到很好解决。因此从建设医疗体系的长期效果来看,建设全民普惠式的医疗体系应作为首选。

◆我们不敢对平价医院抱太高期待。毕竟,平价医院主要面向的是中低收入人群,其他数量庞大的求医者依然会将那些非平价医院挤得门庭若市。但我们相信,平价医院的出现将会给其他医疗机构带来一定冲击和震动。比如,同样的病症、同样的药品、同样的治疗,平价医院是一个价,其他医院是另一个价,人们就有理由追问:非平价医院的收费依据何在?其中有多少不合理的成分?我们期待,平价与非平价的对比,至少会对某些医疗机构形成一种压力,进而有望推动医疗体制改革加快脚步。

◆医改的同时,药改也要配套。因为即使平价医院一百个愿意平价,但药品的价格虚高不下的话,光指望政府的"核拨"来维持总不是个办法。逼急了,平价医院就会成为"只看小病,不看大病",其功效发挥将十分有限。

　　要解决农民看病贵、看病难的问题,让群众满意、社会满意、医院满意、管理部门满意,很重要的一点是——

(十二)卫生行政部门不能既当运动员又当裁判员

应对卫生行政部门的"双重身份"问题进行研究

上周,我在医学院读书时的同学从南方来北京出差,晚上我到宾馆去看他,顺便将本报刊登"透视农民看病难"系列报道的十几期报纸和将在1月26日刊登的调查报告(草稿)拿给他看,请他提些意见。

第二天一早我就接到这位同学的电话,说他当晚一口气将"透视农民看病难"系列报道全部看完,心情难以平静,希望晚上再和我聊聊。

忙完公务,我赶到宾馆时,同学也是刚从会场匆匆回来,我们就在房间里聊了起来。同学将报纸和调查报告一张张在床上摊开,从2005年11月14日的第一次报道,一直点评到2006年1月19日系列报道第20期。他说,"透视农民看病难"系列报道搞得非常好,从不同的角度将农民看病贵和看病难展现了出来,"现象篇"触目惊心,"原因篇"入情入理,"探讨篇"有理有据;调查报告也写得很不错,结构科学严谨,内容图文并茂,数据令人震撼,读后也有很多感想。但遗憾的是对卫生行政部门既是运动员又是裁判员的问题没有专门的讨论,对目前一些地方搞医院管办分离的探索没有深入的报道。

既是运动员又是裁判员双重身份 卫生行政部门成矛盾"吸尘器"

我这位同学毕业后分配到医院搞临床工作,技术职务一步一步从医师晋升到主治医师、副主任医师和主任医师(破格),行政职务一个台阶一个台阶从科室主任提拔为院长助理、副院长,前年调到一个地级市卫生局当医政处长。用他的话说,医疗界的事他很清楚,什么酸甜苦辣都"尝"过。

医政处是卫生局专门管理医院的职能部门,按理说全市大小几百家医院都要听他的号令,处长位高权重,令人羡慕。可这位同学却一肚子苦水。

同学说,群众无钱治病、有病只能硬挺,大多数情况媒体已经报道了,但也有没报道过的,比如医疗器械方面就有许多黑幕,一个3000多元的心脏支架患者要掏1.6万元;一个5万元左右的心脏介入手术,经销商就净赚2万元,真正的成本就可想而知了。患者用借遍亲戚朋友筹措来的钱看病,看着让人揪心,想着使人掉泪。当初定下了"2000年人人享有初级卫生保健"的目标,现在离这个目标还远得很。

大家指责卫生行政部门这完全可以理解,谁让卫生行政部门既是运动员又是裁判员双重身份呢,无论哪一种身份,责任都不可推卸。但是就因为这种特殊身份,才使得卫生局成为社会矛盾的"吸尘器"和群众抱怨的焦点。

被医院指责"胳膊肘往外拐" 被病人说是和医院官官相护

同学继续说,现在工商、质监、药监等在省以下都是垂直管理,他们的监督工作不受地方保护的干扰,和监督对象没有什么利益瓜葛,即使被监督对象出了什么大纰漏,只要处理果断,一般不会受到多少指责。举一个不一定恰当的例子,现在全国矿难层出不穷,大家矛头指向的都是官煤勾结,有几个指责安全监督管理部门的?

卫生行政部门上下级之间仅仅是指导关系,机关的人、财、物都是由当地党委和政府管理。换句话说,如果下一级卫生局对上一级卫生局的指示不执行,上级卫生局是没有多少硬办法的,采取组织措施更是天方夜谭。

从市卫生局来说,县及县以下医院是由县卫生局管理的,市卫生局一般不好直接插手。市卫生局直接管理的是市属人民医院、中医院、传染病医院、精神病医院、妇幼保健院等十多家医院,这些医院院长都是处级和副处级,并不把科级干部放在眼里(本来是叫医政科,为了对外方便才改为医政处,实际上处长就是科长)。特别是市人民医院,院长同时兼市卫生局副局长,资格比局里分管医政处的副局长还老,我们每次去市人民医院检查工作感到左右为难。名曰检查,看上去是向院长汇报工作,赔着笑脸,毕竟乌纱帽是捏在人家手里。发现大处方、滥检查,也只能和医院中层干部说说,他们有没有汇报不得而知,反正是继续我行我素。

最难办的是医疗纠纷。病人对医院不满意找到卫生局医政处,我们也是无可奈何。病人的不满有的是服务态度不好,有的是多收费,有的是延误病情,还有的是治疗失误造成病人残废或者死亡。病人的投诉绝大部分是有道理的,我们也常常是拍案而起,想对医院严肃处理,还病人一个公道,但大多数情况是医院并不买我们的账,最后是不了了之。我们一方面被医院指责为吃里爬外,胳膊肘往外拐;一方面被病人说成是官官相护。现在群众对医院的不满都得我们来扛。

只要监管责任到位　完全可以创造良好的就医环境

老同学已经回南方了,但是他的牢骚却让我琢磨了好几天,大学毕业后我也在卫生局干过几年,虽然也有类似困惑和无奈,但并没有他现在这样强烈。卫生行政部门集运动员与裁判员双重身份于一身,既要做好整个医药卫生行业的规划、总量控制和质量监督等工作,又要作为所有医院的“总院长”,处处维护医疗机构的利益,比如代表医院招标采购等。这种双重角色,难免使得他们抓工作一手硬一手软,对自己的下属医院护着、惯着,可是偏偏这些医院又不争气,不断地出卫生行政部门的洋相,引起群众和政府的不满。最近发生的哈尔滨和深圳“天价医药费事件"以及安徽宿州"眼球事件",从表面看是一些医院"见利忘义",深层次的原因是卫生行政部门双重身份导致监督缺失的必然。据《中国青年报》2005年12月31日报道,宿州市立医院的院长就兼着宿州市卫生局的副局长,"眼球事件"发生后虽然医院院长的职务被免了,可卫生局副局长的职务毫发无损,更荒唐的是这位责任人后来竟然以卫生局副局长的身份出现在事故处理现场,这既是官场的一则新的闹剧,更是运动员和裁判员身份不分的典型案例。

实行管办分离不仅在国外早已是惯例,在国内许多行业也已经这样做了,效果大家有目共睹。国有企业脱离各行业主管部门,统一由国有资产管理委员会管理就是一个很好的例子;如果说这个对象是企业还不足为凭,管理企业的模式管理事业单位不能完全照搬照抄,那么将出版社从新闻出版局(总署)分离出来,成立出版集团,就是事业单位管理体制变革的成功案例;如果有人还说医疗行业比图书出版管理更复杂,那么恰恰医疗行业本身这方面也有了不少探索,北京和上海不约而同地先行了一步,前者的海淀区将医院、图书馆、文化馆、博物馆等29个公共服务事业单位从卫生局和文化委两个政府部门中脱离出来,划归公共委管理,后者将20多家市级公立医院划归医院管理中心,两者形式虽然不尽相同,但在解决管办分离的问题上是完全一致的。

我们在策划"透视农民看病难"系列报道时,是将如何解决卫生行政部门既是运动员又是裁判员的问题列入选题计划的,可是记者的采访非常不顺利,方方面面的知情者都不肯谈。管办不分,地方的卫生局不肯接受采访多少还可以理解,毕竟是捅到了人家的痛处;医院闪烁其词也是情有可原,毕竟卫生局现在还是医院的婆婆。最奇怪的是在实行管办分离的地方,大家似乎也达成了只做不说的默契,一个个犹抱琵琶半遮面,这就耐人寻味了。有人分析可能是管办分离中各方面利益博弈还在进行,新的格局还不稳定,现在就谈成功,担心还为时过早。

其实,只要看准了的事,只要符合"三个有利于"的原则,只要能将卫生行政部门的监管责任真正落实到位,只要能给患者一个放心就医的医疗秩序和环境,完全可以大胆地试、大胆地闯,不必羞羞答答。

相关链接

上海申康医院发展中心正式挂牌

2005年9月9日,上海申康医院发展中心正式挂牌成立,标志着上海市市级公立医疗机构管办分离改革工作正式启动。申康医院发展中心受市国资委委托,承担投资建设市级公立医疗机构的职能,对市级公立医疗机构的国有资产实施监督管理,履行出资人职责,承担国有资产保值增效责任;同时,作为市政府的办医主体,申康医院发展中心将根据市政府的要求,坚持正确的办医方向,办好市级公立医疗机构,进一步提高市级医疗机构的整体水平,为患者提供质优价廉的医疗服务。

江苏省无锡市医院实现"管办分离"

2005年9月29日,无锡市医院管理中心挂牌成立。此次挂牌,标志着以政事分开、管办分离为主要内容的无锡卫生事业发展新格局初步形成。医院管理中心按照"政事分开,管办分离"的要求,代表市政府履行国有资产出资人职责,借鉴现代管理制度和法人治理结构,对所属的由政府出资办的医院进行管理,推行国有医院委托管理法人代表任期目标责任制。

医管中心和市卫生局是市政府领导下平行的建制,医管中心实行主任负责制,依法承担对全市医疗机构的行业监督职能,重点发展农村卫生和社区卫生服务,履行公共卫生管理,直接管理疾病控制、卫生监督、急救中心及中心血站等公共卫生机构的职能。

北京市海淀区医疗机构纳入公共服务委员会管理

2005年7月18日,北京市海淀区公共服务委员会成立,之后,北京市海淀区卫生局下属22家医疗机构的人、财、物,划归新成立的海淀区公共服务委员会管理。据介绍,新成立的公共委是区政府的特设机构,与其他政府职能部门是平行关系,但没有公共行政权力。

公共委将采取合同外包、招投标、民办公助等形式,与医院等事业单位建立契约式管理模式,逐步实现多元社会主体参与提供公共服务,加强对公共事业资源的整合,实现公共服务资源由部门内配置向全社会配置转变。

滑县县委书记黄道功 评说"透视农民看病难"系列报道

本报推出的"透视农民看病难"系列报道,在国家级扶贫开发工作重点县河南省滑县引起了强烈反响,县委书记黄道功对此发表自己的看法。他说:"这组报道,组织得相当及时,我每期必看,并把'透视农民看病难'系列报道的文章都收集了起来,供大家研究,打算对照报道中提出的问题,改进我们的工作。"

黄道功还告诉记者,为解决农民看病难,县委、县人民政府成立了新型农村合作医疗管理委员会和监督委员会,利用广播电视、宣传单、标语等形式,让农民群众明白相关政策。同时,开展农村药品市场专项整治行动,对新农合基金专户储存、专款专用,定期公布收支账目,确保基金公正、公开、有效地用在农民防病、治病上。民政部门还拨出救助资金,代缴农村五保户、军烈属和贫困家庭参合费用。

(十三)公立医院必须维持公益性质
——访时任卫生部部长高强

作为主管国家卫生工作的政府部门,如何解决农民"看病难""看病贵"问题,记者日前采访了卫生部部长高强。

高强说,造成农民"看病难""看病贵",主要原因有两个:一是农村和社区卫生发展严重滞后,设备条件较差,服务水平不高,难以满足群众的医疗服务需求;二是群众对基层医院缺乏信任,患一般病也到大医院就诊,优质医疗资源供不应求。

目前,公立医院占医院总数的96%。公立医院必须维持公益性质,必须注重维护群众利益,不得以营利为目的。公立医院靠医疗服务"创收"的机制应逐步改变。主要措施是:要加大政府投入,规范医疗机构收支管理,最理想的办法是实行收支两条线。支出由政府有关部门核定,财政预算安排;收入上缴政府有关部门,切断医疗服务收费与医务人员收入的联系。

但改变"创收"机制不是要恢复吃"大锅饭",而是要规范管理。医务人员的全部精力应用于救死扶伤,治病救人,而不能搞"创收"。政府有关部门应按照较高标准确定医院工作人员的工资总额,实行总额控制,由医院内部制定科学规范的激励机制,调动医护人员积极性。引入市场机制的前提是坚持以政府为主导。部分公立医院引入社会资金进行改制改造,但不是甩包袱。政府应集中财力,加大投入,转变公立医院的运行机制,使之成为忠实为群众服务的公益性事业单位。

公立医院对危重病人和需要紧急救助的病人,应坚持"先救治后结算"的原则,不允许见死不救。实行医疗救治并不是免费治疗,病人中属于救助对象的,

133

医疗费用应通过民政部门救助经费解决;不属于救助对象的,通过农村合作医疗资金、城镇职工医疗保险基金、医疗救助资金或社会捐助资金解决。地方财政应给予必要的资金支持,医疗机构也要发扬人道主义精神,实施积极救助。

公立医院开办特需医疗服务的目的是满足群众的不同医疗服务需求,但不能太多。对此,要清理和规范。用于特需医疗服务的病床不得超过医院床位总数的10%,不能影响基本医疗服务供给,所得收入除弥补医疗服务成本外,应建立医疗救助基金,用于帮助解决部分特困人群的困难。

(十四)确保农民用药安全有效
——访时任国家食品药品监督管理局局长邵明立

在我国部分农村和贫困地区,近年来假劣药品问题突出,一些制假窝点销售渠道向城乡接合部和农村地区转移。一些偏远农村药品经营单位和医疗机构进药渠道仍然混乱,质量难以保证,这对农民的健康构成了严重威胁。

党中央、国务院历来高度重视农村药品的安全问题。截至2005年年底,全国80%以上的行政村建立了药品监督网,并实现了药品连锁配送。各地坚持两网建设与新型农村合作医疗试点工作相结合,因地制宜,积极探索。有的地方依托农村三级医疗服务和计生网络构建农村药品供应网络;有的地方引导药品连锁经营向农村发展和延伸。农村药品市场秩序有所好转,农民用药安全状况有所改善。

我国地域辽阔,各地农村情况相差很大,在没有额外专项资金支持的情况下,"两网"建设工作难度非常大。但是,通过"两网"建设,可以减少流通环节,保证药品质量,降低药品价格,保证农民用药安全有效、价格合理、购药方便,让农民真正得到实惠。今后要注重发挥现有农村医疗卫生资源作用,实现"两网"建设与新型农村合作医疗试点工作的有机结合,探索保障农民用药安全的有效途径。重点开展两网示范县建设,其标准是:把"两网"建设工作纳入政府工作目标,建立相应的保障机制;药品监管网组织构架完善,管理制度健全;药品供应渠道和医疗机构药房管理规范;实现"两网"建设基本覆盖辖区内行政村、无重大假劣药品案件的目标,确保农民用药安全有效、方便及时。今年则要强化基层监管部门责任和监督检查工作制度,逐步建立依法监督、执法到位、运转良好的药品监管网络；坚持政府引导、市场运作，促进农村药品供应渠道的规范发展，实现以监督带动渠道规范，以规范渠道促进农民用药安全。

"十一五"期间，要大力改善不发达地区尤其是农村的执法条件，突出抓好农村监管能力建设，特别是要围绕新型农村合作医疗制度改革，不断加强农村药品供应网络和监督网络建设，保障农民用药安全有效、价格合理、方便及时。

（十五）充分发挥中医药在合作医疗中的作用

——访国家中医药管理局医政司司长许志仁

中医药是我国医药卫生工作的重要组成部分，具有简、便、效、廉的特点，在农村有着广泛的群众基础。充分发挥中医药在新型农村合作医疗中的作用，有利于更好地保障农民健康和减轻农民医疗负担，有利于更好地促进新型农村合作医疗制度的建设和健康持续发展，有利于更好地满足参加新型农村合作医疗的农民对中医药服务的需求。

截至目前，全国设有县级中医医院的试点县均将中医医院纳入了新型农村合作医疗定点医疗机构；所有的试点县均将适宜的中医药诊疗项目纳入新型农村合作医疗报销范围；各地制定的新型农村合作医疗药品目录均将中药纳入其中。

试点的实践证明，一方面，中医药在新型农村合作医疗试点工作中发挥了积极的作用，而且具有较大的潜力；另一方面，试点工作也为农村中医药工作的开展提供了良好的机遇，有力地促进了农村中医药事业的发展，从而更加坚定了在新型农村合作医疗中发挥中医药作用的信心。当前，一是将符合条件的县级中医医院列为新型农村合作医疗定点医疗服务机构；将适宜的中医药服务项目纳入补偿范围；将必需的中成药和中草药纳入《新型农村合作医疗基本用药目录》。二是研究制定新型农村合作医疗中中医药服务的补偿政策，引导农民选择运用中医药诊疗疾病，特别是中医药在费用和疗效上具有明显优势的常见病、多发病和慢性病。有条件的地方可以探索适当提高运用中医药诊疗疾病的补偿标准，充分发挥中医药诊疗成本相对低廉的优势。三是与有关部门协调，积极探索将乡村医生自采、自种、自用的中草药纳入新型农村合作医疗补偿范围，并合理确定纳入的品种、价格以及补偿标准。四是在中医专项资金中，要考虑设立中

135

医药参与试点工作资金,用于政策措施制定、工作方案实施以及经验总结推广。向农村中医药工作投入的资金,也要考虑向新型农村合作医疗试点地区倾斜。五是提高农村中医药服务能力。要鼓励各级医疗机构之间开展中医药技术服务纵向合作,使城市中医医疗机构的中医药技术服务向农村延伸;加大农村中医药适宜技术推广力度,采取多种形式,有计划地对乡村医生中医药知识与技能开展培训。通过不断提高农村中医药服务能力,充分发挥中医药的作用,为农民提供合理、有效、质优、价廉的中医药服务。

(十六)"共建型"医改"增量"包围"存量"

——访国家发展和改革委员会宏观经济研究院研究员常修泽

本报策划的关注农民"看病难""看病贵"的系列报道,在社会上产生了强烈反响。日前,记者就这个问题采访了国家发展和改革委员会宏观经济研究院研究员常修泽。

记者:关于医疗卫生体系改革,您有什么好的建议?

常修泽:前不久,国家有关研究机构提出"医疗改革基本不成功"的结论。为深入研究这个问题,我先后到全国医疗卫生改革的先行城市——江苏省无锡市和广东省珠海市以及北京市的部分城区作了调查,还与卫生部门的领导和专家多次直接交流,大家普遍认为医改的基本思路应该是:政府管基本保障,市场管超值服务,社会管广济善助,简称"共建型"医疗卫生体制改革思路。

记者:"共建型"医疗卫生体制怎样才能建立起来呢?您有何具体想法?

常修泽:我的想法是,三线增量,以增量变革促存量变革。所谓三线增量,一是按照"政府管基本保障,市场管超值服务,社会管广济善助"的思路,推进三线增量投资;二是鼓励和引导民营资本和社会资本向医疗卫生部门投资,这应该是增量变革的新亮点。我对此充满期望。一是增加政府向医疗卫生事业的投资;二是鼓励和引导民营资本和境外资本向医疗卫生部门投资,这应该是增量变革的新亮点;三是鼓励和引导社会各方,特别是非政府组织(NGO)对医疗卫生事业支持,包括投资。

在以上增量变革的基础上,逐步形成"增量"对"存量"的包围之势。这就是说,启动点放在增量上,但当增量变革形成一定的支撑力之后,要及时对公立医院的存量格局进行调整和变革。比如在公立医院中,建立包括产权界定、产权配置、产权流转和产权保护的一整套现代产权制度,公立医院也可实行所有权与经营权相分离,由高效率、高质量的管理机构来营运。此外医院要建立科学的管理机构和相应的运作机制等等。总之,通过增量和存量的双线变革,推动医疗机构纳入新的体制轨道,从而实现卫生医疗事业更好地为人民健康服务的根本宗旨。

记者:解决农民"看病难""看病贵"问题,有什么好办法?

常修泽:我认为应该做到基本医疗保障平等化,加大政府对卫生事业的投入力度,进一步完善城乡公共卫生和基本医疗服务体系,尤其要加强农村公共卫生和基本医疗服务体系建设,建立完善新型农村合作医疗制度。在这方面,政府责无旁贷。

调 查 篇

关于农民看病难的调查报告(摘要)

2005年10月,本报记者在河北、河南、江苏、江西、湖南等地农村,就农民看病难问题调查了213个农民家庭。实际收回有效问卷205份,其中男性占65%,女性占35%。

一、基本情况

1. 被调查农民2004年的家庭平均年收入7139.15元

有187人回答这个问题。收入最多的8万元,收入最少的3000多元,平均年收入7139.15元。

2. 被访者的家庭成员平均为5人

在回答问题的203人中,家庭人口数从1到9人不等,平均是4.82人,即被访者的家庭成员平均为5人。

3. 2004年全年家人治病费用占全家年收入的30.15%

在回答问题的189人中,花费最高的是3万~4万元,是一个年收入为3000~5000元的4口之家的10倍左右。189个家庭在医疗方面平均年花费为2152.25元。

综合来说,现在农村一个5口之家,年收入7139.15元,用于医疗上的支出是2152.25元,占年收入的30.15%,也就是将近1/3。

二、对待疾病的态度

1. 一般疾病大多数农民不会去医院

有203人作出选择。其中,选择去医院的49人,占203人的24.14%;选择一般不去,只有严重了才去的145人,占71.43%;选择从来不去的9人,占4.43%。结果显示,近八成人在患一般性疾病后,通常都不会去医院诊治,大多数都是等到病情严重才去。

2. 不去医院主要原因是认为自己买药也能解决问题和去医院花费太多

在回答的188人中,按照选项的多少排序,依次为自己买药也能解决问题、去医院花费太多、小病扛一下就过去了和医院太远耗费时间。

自己买药也能解决问题	94人
去医院花费太多	73人
小病扛一下就过去了	40人
医院太远耗费时间	16人
未作回答	17人

3. 患重病后绝大部分人会去医院,但后顾之忧是"花很多钱"

在作出选择的202人中,按照选项的被选择多少排序,依次为去医院看病,回家吃药,住院太贵;去最好的医院,不惜一切代价治病;自己买药吃,如果严重了再去医院;反正目前没有生命危险,家里经济紧张先"扛着"。

去医院看病,回家吃药,住院太贵	90人
去最好的医院,不惜一切代价治病	53人
自己买药吃,如果严重了再去医院	43人
反正目前没有生命危险,家里经济紧张先扛着	18人
未作回答	4人

4. 如果得了类似癌症等大病,近80%的人选择消极等待

在作出选择的196人中,选择反正也治不好,在家养着算了,有39人,占19.90%;选择去医院看病,觉得没希望就回来的有52人,占26.53%;选择经济压力太大,治疗一段时间,没钱治的有72人,占36.73%;选择去医院看病,尽最大努力治疗的有33人,占16.84%。除了16.84%的人选择了积极治疗以外,近80%的人选择了消极等待。

反正也治不好,在家养着算了	39人	19.90%
去医院看病,觉得没希望就回来	52人	26.53%
经济压力太大,治疗一段时间,没钱治了	72人	36.73%
去医院看病,尽最大努力治疗。经济上没问题	33人	16.84%

无论是得了小病还是大病,甚至是得了绝症,对农民来说,更担心由于自己的原因使家人陷入贫穷的境地。反正"不是受穷就是病死",农民总是陷入这样两难的选择之中。

三、对医疗现状的满意度

1. 90%的农民对当前农村的医疗状况不太满意

在回答问题的204人中,选择"非常满意"的有18人,占8.82%;选择"一般"的有118人,占57.84%;选择"不满意"的有52人,占25.49%;选择"非常不满意"的有16人,占7.84%。90%的农民都认为当前农村的医疗状况不能满足农民的需要。

2. 不满意的原因主要是医生水平不高和费用太高

在回答问题的156人中,选择医疗设施太落后的有74人次;选择医生治疗水平不高的有92人次;选择医院条件太差的有49人次;选择离家远的有18人次;选择费用太高的有74人次。

医疗设施太落后	74人
医生水平不高	92人
医院条件太差	49人
离家远	18人

医疗设施太落后	74 人
费用太高	74 人

将题目的 5 个选项排列组合后得出,原因在前三位的依次是医生治疗水平不高、费用太高、医疗设施太落后且医生治疗水平不高。看来医生治疗水平不高是当前农村医疗应当解决的最主要的问题。

3. 近八成的农民认为目前农村的医疗条件一般或较差

在作出选择的 203 人中,选择条件很差的有 34 人,占 16.75%;选择比较差的有 52 人,占 25.62%;选择一般的有 80 人,占 39.41%;选择比较好的有 34 人,占 16.75%;选择很好的只有 3 人,占 1.48%。

条件很差	34 人
比较差	52 人
一般	80 人
比较好	34 人
很好	3 人

近 80% 的农民认为目前农村的医疗条件一般或较差。

4. 农民认为目前的医疗费与 10 年前相比涨了 7.58 倍

在回答问题的 181 人中,1 人答:无数倍;6 人答:不知道;1 人答:不觉得上涨;还有 1 人答:小问题涨 2 倍,大的十几倍。在明确说出上涨倍数的 172 人中,最高的说上涨了 100 倍以上,最低的说上涨了 0.5 倍,将总体数字平均后,结果是上涨了 7.58 倍。

综合来看,大家普遍认为农村目前的医疗条件一般,对医疗状况也不是很满意,其主要原因是医生治疗水平不高和看病的费用太高。

四、具体就医情况

1. 县级医院做一次分娩手术费用大约在 2000 元

能全部回答这个问题的被调查者很少,其中省(市)医院有 48 人回答,最高的是 3 万元,最少的 800 元,平均价格是 3595.83 元。"县医院"有 134 人回答,最高的是 5000 元,最低的是 400 元,平均价格是 1657.91 元。"乡镇医院"有 73 人回答,最高的是 5000 元,最低的是 100 元,平均价格是 1342.47 元。另外还有 3 位被调查者未直接作出选择,而是分别表达了以下意见,在家生几十元、私人医院 200 元左右,乡镇医院——没人敢去。

医院级别	选择人数	费用(最低——最高)	平均费用
省(市)医院	48 人	800 元——30000 元	3596 元
县医院	134 人	400 元——5000 元	1656 元
乡镇医院	73 人	100 元——5000 元	1343 元

很明显,在县医院做分娩手术价格的回答人数是最多的,占被调查者的 65.37%。可见目前在我国农村,妇女生孩子,通常还是选择县级医院。费用大约在 2000 元。

2. 根据医院档次的递减,看病的时间(包括路途时间)也呈递减趋势

在省(市)级医院中,有 66 人回答,其中时间最长的要 7 天左右,最少的只要 10 分钟,平均每人要 823.56 分钟,即将近 14 个小时;在县医院中,有 110 人回答,其中时间最长的要 2 天,最短的只需 18 分钟,平均每人要 279.2 分钟,约 4 个半小时;在乡镇医院中,有 98 人回答,其中时间最长的要 20 个小时,最短的只要 10 分钟,平均要 85.10 分钟,即将近 1 个半小时;在村卫生所中,有 88 人明确回答,其中最长的要 3 小时 20 分钟,最短的只要 2 分钟,平均 57.6 分钟,即不到 1 小时的时间。值得注意的是有 11 人均回答"没准,等半天"。

看病就医需要时间表

医院级别	最长时间	最短时间	平均时间	备注
省(市)级医院	7 天左右	10 分钟	近 14 个小时	
县医院	2 天	18 分钟	约 4 个半小时	2 人回答"没去过"
乡镇医院	20 个小时	10 分钟	近 1 个半小时	1 人答"不去"
村卫生所	3 小时 20 分钟	2 分钟	不到 1 小时	11 人回答"没准,等半天"

基本上,根据医院档次的递减,看病的时间也呈递减趋势,其中,有大医院的检查项目比较多、花费的时间相应较长。有人认为在村卫生所看病的时间是不

稳定的,时多时少,这也从侧面说明我国目前村卫生所的医疗水平参差不齐。

3. 农民家距最近的医疗点平均需要 15.59 分钟

有 187 人回答该问题,平均每人花费 15.59 分钟,有 173 人选择了自己去看病的交通方式,按照选择同一种交通方式的人数排列,依次是步行(101 人)、自行车(47 人)、公交车类的汽车(15 人)、摩托车(3 人)、三轮车(2 人)、出租车(2 人)、开车(1 人)、拖拉机(1 人)。

平均每人花费 15.59 分钟到达最近的医疗点,时间不算长,这是我国长期以来致力于农村医疗建设的反映,但是综合以上调查结果,农民对这些医疗点的治疗结果并不十分满意。

五、对新型农村合作医疗制度的认知度

1. 一半以上的被调查者都不知道新型农村合作医疗的情况

在回答问题的 204 人中,选择知道的 37 人,占 18.14%;选择不知道的 110 人,占 53.92%;选择知道的很少的 57 人,占 27.94%。近 80% 的被调查者尚不了解新型农村合作医疗的相关情况,一半以上不知道新型农村合作医疗是怎么回事。

2. 大部分人都选择会参加,但持观望态度的人也不少

有 193 人回答了问题,选择会参加的有 89 人,占 46.11%;选择不会参加的有 26 人,占 13.47%;选择看情况,如果收费高就不参加的有 78 人,占 40.41%。

会参加	89 人	46.11%
不会参加	26 人	13.47%
看情况,如果收费高就不参加	78 人	40.41%

说明大部分人都会参加或持观望态度,并不是完全否定合作医疗的。

3. 50% 的参加者对合作医疗表示满意

有 88 人回答了该问题,其中,有 2 人回答:不知道;有 1 人回答:实行以后再说;有 47 人回答:满意;有 38 人回答:不满意。在参加的人中,回答满意的人数近一半。但是,在被调查的 205 人中,只有约 80 人参加了合作医疗。

4. 不满意的原因主要是"自费掏钱太多""报销比例太低"

自费掏钱太多	21 人	28%
报销比例太低	18 人	24%
报销手续复杂	11 人	14.67%
其他原因	25 人	33.33%

有75人回答了这个问题,其中,21人认为自费掏钱太多,占28%;18人认为报销比例太低,占24%;11人认为报销手续复杂,占14.67%;25人认为是其他原因,占33.33%。

感　言　篇

编者按

　　"救护车一响,一头猪白养""脱贫三五年,一病回从前"。目前,农民看病难、看病贵已经成为社会关注的热点问题。本报为此精心策划,深入采访,从2005年11月至2006年2月推出了"透视农民看病难"系列报道,在社会上引起了很大反响。其中《12元的药　就这样卖到了170元》《去医院　没病也得累出病》《宁愿在城市医院打工　也不愿意到乡镇医院当院长》等文章被中央电视台、中央人民广播电台连续摘播,新华网、人民网等网站首页转载。江苏、山东、河南等地的农民也来信、来电评说报道。在系列报道即将结束之时,全国政协副主席李蒙专门为本报撰写了文章,并对本报推出的系列报道给予了充分肯定。我们将其作为结束语献给读者。

（一）发展农村医疗　保障农民健康

　　医疗卫生保障是整个社会保障体系中的最基本问题。这些年来,随着我国经济持续增长,医疗水平也有了很大的提高。然而在广大农村,农民看病难、看病贵的问题却依然存在,成为政府关心、农民烦心的一大社会热点。
　　加强农村公共卫生和基本医疗服务体系建设,基本建立新型农村合作医疗制度,是缓解农民看病难的重要途径,也是缩小城乡差距、建设社会主义新农村的重要内容之一。因此,稳步做好新型农村合作医疗试点工作,意义十分重大。农工民主党作为以医药卫生界知识分子为主的参政党,集中农工党和社会各方面的智慧,为民解难、为党分忧、为国出力,是我们义不容辞的责任。为此,去年6月农工党中央专门组团赴江西省进行了"构建和谐社会,发展新型农村合作医疗"的考察调研;同时,农工党浙江、江苏、湖南、青海等省级组织也开展了同步调研。10月,农工党中央还在京召开了"国家医药卫生体制改革研讨会",深入研讨发展新型农村合作医疗等问题。在今年3月即将召开的十届全国人大四次会议和全国政协十届四次会议上,我们还将围绕这一问题积极建言献策。

调研中我们了解到,目前各地新型农村合作医疗试点工作运行比较平稳,进展比较顺利,国务院和各省政府也相应增加了对新型农村合作医疗的补助。参合农民普遍认为,这是一件为民、便民、利民的大好事,取得了"政府得民心、百姓得实惠、卫生得发展"的阶段性成果。今后的试点工作,应当加强领导、完善试点,因地制宜,循序渐进,改善服务,造福农民。尤其要重视以下几个方面。

第一,统筹农村医疗保障相关制度的衔接

建立新型农村合作医疗制度,制度建设是关键。政府应依法建立与现阶段我国经济社会发展水平相适应的农村保障制度,统筹各项相关政策,使患大病的贫困农民真正得到实惠。

当前,特别要进一步统筹"新型农村合作医疗制度"与"医疗救助制度""最低生活保障制度"等相关制度的衔接。"医疗救助制度"和"最低生活保障制度",是政府为贫困人口设立的补充保障制度,必须建立在基本医疗保障制度基础之上。目前这些相关的制度,是由卫生部、民政部等不同部门、不同系统分头组织实施,各自都显得势单力薄。只有实现制度衔接,才会产生叠加效应。因此,国家应该统筹与农村医疗保障建设相关的制度,制定配套的协调措施和管理办法,加强制度间的衔接配合,互为补充。

第二,同步加强乡村医疗机构和医务人员队伍建设

长期以来,困扰乡镇卫生院的设备简陋、人才流失、生存艰难等难题,并没有从根本上得到解决。新型农村合作医疗制度的实施,为乡镇卫生院提供了一次难得的发展机遇。而乡镇卫生院的发展,又是新型农村合作医疗健康发展的有力保障。乡镇卫生院如果条件好,可将农民的大部分医疗需求在基层得以解决,

这样既方便了农民看病,减轻了农民负担,同时,还可以减少新型农村合作医疗的基金风险。最近,卫生部为乡镇卫生院的规范化建设制定了一系列措施。推行乡镇卫生院规范化建设要有明确的阶段性目标,特别是在硬件设施建设方面,要限期取得实质性进展。

在改善硬件设施的同时,吸引并留住适用人才是乡镇卫生院提高医疗质量,焕发生机与活力的关键。因此,对从事公共卫生服务的乡村医生应当建立补助机制,中央财政对西部全额补助,对财力较好的中部地区由中央补助一半,东部地区可根据实际情况自行确定补助标准。还可设立农村卫生技术人员岗位培训专项资金,由中央和省级财政通过转移支付予以支持。培训可以采取多种方式,例如,城、乡医生定期双向交流;为乡镇卫生院的医生和村医免费提供系列化的、超小型的适用技术"案头书"和教学光盘,等等。此外,为激励我国医学院校毕业生到农村服务,国家应制定符合现阶段特点的、待遇更加优厚的政策,实施医疗人才的流向干预,吸引医学院校毕业生到农村去。

第三,深化农村医疗卫生体制的配套改革

包括新型农村合作医疗在内的整个农村医疗保障体系的建立和发展,必须以政府为主导,同时推进其他配套改革——主要应包括药品流通体制改革和医疗机构改革。特别是药品价格控制和药品质量控制,如果药品价格和药品质量不能控制、医疗机构行为不受约束,国家投入的医疗保障资金就不能真正用到农民身上,医疗保障制度运作的成本将会越来越高。

鉴于自身利益的考虑,医疗机构不会去主动控制医疗费用。甚至有些地区出现农民"参合"后,医疗费用随即增加,"参合"农民获得的补偿数额还没有增加的医疗费用多,"参合"农民不但没有受益,反而增加了负担。长此下去,新型农村合作医疗就会失去对农民的吸引力。所以,对医疗费用的有效控制和对医疗机构的有效约束,不但涉及到新型农村合作医疗基金的安全,涉及到新型农村合作医疗在农民心中的地位,还涉及到新型农村合作医疗的可持续发展。

针对这些问题,一些试点地区的做法是:确定新型农村合作医疗的定点医疗机构,制定基本用药目录和基本检查目录,医疗机构与财务部门共同签署支出等。定点医疗机构一经确定,应与其签订有关协议。定点医疗机构应遵守新型农村合作医疗的有关规定,如医疗费用的后付制,基本用药目录、基本检查目录、特殊检查要求等。一旦医院违背有关规定,经办机构有权拒付有关费用,以此来

145

控制医疗机构为了自身利益而出现"过度检查"和"过度用药",或对农民的不合理收费。另外,对县级以上医院转诊,应从严控制,通过专家小组的形式,定期审批。从而为"参合"农民提供安全、廉价、有效的医疗服务。

建立新型农村合作医疗制度是一项长期、艰巨、复杂的系统工程,目前的试点工作虽然取得了一定成绩,但还有很多工作要做。中共中央已经决定,2006年还将加大对新型农村合作医疗制度试点工作的推进力度,较大幅度提高中央和地方财政对参加新型农村合作医疗农民的补助标准,扩大新型农村合作医疗试点县范围,争取到2008年在全国农村基本普及。

经济日报农村版推出的"透视农民看病难"系列报道,通过一系列不同角度的生动案例,将这一社会热点问题深入浅出地报道出来,意义深远,反响巨大,效果很好。希望社会各界进一步关心这个问题,多尽心、多献计。我们相信,只要严格按照中共中央、国务院关于新型农村合作医疗制度建设的方针、目标和原则,精心组织,积极探索,扎实工作,狠抓落实,一切从维护农民群众实际利益出发,就一定能把新型农村合作医疗这项惠及九亿农民健康的好事办好,实事做实,逐步解决农民看病难的问题。

(二)办法总会比困难多

贫困人群的看病难问题,我已经关注了很长时间,几次要做这个选题,总是因为这个或那个原因没有付诸行动。去年上半年我率队到江苏、河北搞读者调查,看到了许多农民因病致贫、因病返贫案例后,再也按捺不住,于是决心来做这方面的报道。

"透视农民看病难"系列报道整个篇幅达到24个整版,历时3个多月,跨越了2005和2006两个年度,这不仅在本报是从来没有过的,在其他媒体也是非常罕见的,但作为该系列报道的策划者,我却始终高兴不起来,心情一直很沉重。这种沉重感不仅仅来源于我是一个新闻人,同时因为我也是一个农民的儿子,我从小生长在农村,对农民看病难有切身体会。同时,我还有医学学士学位,当过临床医生,是白求恩的"追星族"。另外,我还做过几年的卫生行政官员,搞过药品监督,抓过医院管理,体会过既是裁判员又是运动员的尴尬与无奈。

人到中年,头痛脑热的毛病少不了。因为对医疗行业有所了解,知道不少医院医生的收入是与开了多少药、下了几张检查单直接挂钩的，为降低去医院瞧病挨宰的风险，我也琢磨了一套对付大处方和滥检查的"绝招"：一是有意无意将自己也曾经当过大夫的信息"透露"给医生，一般情况下医生遇到同行会有所顾忌（没有学过医的人千万不要效仿，否则您和医生稍微聊聊就会露馅）；二是在第一种方案不灵时，拿着处方自己到药店配药，在同类药品中选择疗效差不多但价格低些的，每次买的很少，绝不浪费，这样比直接在医院取药能节省60%开销；三是对医生不写具体药品名称，或者虽然写了名称，但字像天书一般无法识别的，要请医生重新书写清楚。

失之毫厘，差之千里。医疗服务关系到患者生命健康，不仅检查治疗需要高度专业，而且用药也是非常讲究的，每一种药品在适应证方面各不相同，即便同一种药品，剂量、配伍、每天用药次数和疗程长短也是随着病情不同而会有相当大的差别的。只有对症，才有可能药到病除；用之不当，后果不堪设想。我想谁也不敢拿自己的生命开玩笑，患者不仅不敢和医生在检查、诊断、治疗方面讨价还价，而且也不敢像我一样自己更换药品名称和数量，更不用说去货比三家了。

在和医院的"斗智斗勇"中，病人永远处于弱势地位。在解决看病贵、看病难的问题上，病人的力量是非常有限的。但单纯依靠医院来解决问题也是不现实的，只有政府采取果断措施才能根本解决。

近年来，在这个问题上，各级政府出台了不少措施，例如，加大城市居民医疗保险力度，积极推广新型农村合作医疗，大幅度降低药品价格等。社会各界也出了不少好点子，例如，平价药店、药房托管、限价门诊、议价手术等，这些点子不能说不好，声势也不能说不大，可就是没多少实际效果，农民看病贵、看病难的状况依然如故，有人说这是饮鸩止渴，也有人说是扬汤止沸，总之褒少贬多。最近卫生部又将建立平价医院作为解决看病贵、看病难的杀手锏，引起了社会广泛争议，有人担心政府财政能否兜得起平价医院的亏损，有的担心吃财政饭的医院服务质量能否保证。其实，平价医院到底是否可行，能不能解决贫困人群的看病难问题，现在下结论还为时过早，但有一点是可以肯定的，平价医院不会是解决看病贵、看病难的唯一模式，只要各级政府把人民的健康放在首位，真正下决心解决贫困人群的看病难问题，相信办法总会比困难多。

147

148

（三）农民期盼　小病不出村大病不出乡

在江苏采访农民看病难的那些日子里，记者每天心里都是沉甸甸的。有人说，病魔是压在农民头上的一座大山，这话一点不假。采访中，记者接触到一些农民，家中亲人患有不治之症，他们为了给亲人治病，把家里能卖的东西全卖光了，能借到的钱也都借遍了，欠下的巨额债务，恐怕是他们一辈子都还不清的。

没有农民的健康，就没有农村的小康。搬不掉压在农民头上的这座大山，农民是无法去奔小康的。无锡市一位政府官员说得好，保障农民健康，必须建立和健全新型农村合作医疗制度，让农民不再因病致贫、因病返贫。可现实是农民对合作医疗有顾虑，因为在贫困地方，农民每人每年要交10元钱，对一个贫困家庭来说，这就是一笔大投入，更何况报销比例、制度保障能否兑现，很多农民心里没底。所以，一些上了年纪的老人总是很怀念他们那个年代的"赤脚医生"。那时，每个村里都有"赤脚医生"，每人每年交几角钱到大队，看病不挂号，吃药不交钱。城里医院送医送药到农村，一些城市医生甚至把家安在了农村，不少大学毕业生也都愿意在农村工作，很多手术在家门口医院就可以完成，真正做到了"小病不出村，大病不出乡，危重病人才往县里送"。可人民公社解体后，"赤脚医生"没有了，城里来的医生都"飞"了，有点本事的乡村医生也都各奔前程去了。

"赤脚医生"已经淡出农民生活几十年来了。改革开放的今天，也没有任何理由让广大农民继续接受"赤脚医生"那种"一根银针治百病"的医疗水平。但在目前医疗卫生投入总量增长，高端医疗水平不断提升的情况下，那些占我国人口绝大多数的农民反而失去了曾经拥有的基本医疗保障，这种对"赤脚医生"的怀念不正是农民渴望建立完善的医疗保障体系的体现吗？难道不值得我们深思吗？

（四）总想起一个词：平等

转眼间，"透视农民看病难"系列报道已接近尾声了，在过去的三个月时间里，一个词始终在记者的脑海里萦绕，那就是"平等"二字。

因为有"不平等"，所以记者渴望"平等"。

第一个"不平等"是城乡经济状况的不平等。在记者采访的一些农民家庭，他们有的只是土里刨食，每年收入一两千元；有的是在外打工，用微薄的工资养活一家人；还有更困难的，一分钱要掰成两半花……在这种情况下，"小病不看，大病等死"的情形就在农村相当普遍了。然而，城乡经济差别的根源是城乡差别所致，这种差别不是农民造成的，而是历史原因和社会原因导致的，农民只是受害者。

第二，医疗条件的不平等。城市有众多好医院，这些医院有着国际先进的医疗仪器设备，有着医术精湛的医师，然而农村很多地方的卫生所，却只有简单的仪器仪表，医生有很多没有经过正规的医学教育，甚至还有一些医生是由兽医改行的。记者在陕西省延安市一些农村采访时看到，一些村庄由于没有卫生所，农民看病需要跑十几里甚至几十里路，无形之中增加了看病的成本。

第三，是人际关系的不平等。记者采访过一个叫王红芬的人，她带着母亲来北京看病，结果在一家大医院等了十多天，都没能挂上号。用她自己的话说，在北京没有认识的人，挂不上号就只能等待。而想想我们这些城里人，如果需要看病，可以通过这样或那样的社会关系，优先挂到号，看上病。

正是有了这些的不平等，农民看病是难上加难。但是我们欣喜地看到，这几年农民看病难、看病贵的问题已经引起了党中央、国务院的高度重视，而且国家正在采取一系列的措施改变这种状况。相信在不久的将来，这些不平等将逐步消失，平等公正的待遇会离农民越来越近。

（五）解决看病贵　得从检查费药费入手

近年来，农民看病难、看病贵已成社会关注的焦点，在记者对北京、河南、湖南等地农村进行采访时，深切地感受到大多数农民反映的看病难，主要难在了找专家看病，特别是那些有着院长、主任等头衔的名医。

"在大城市，大医院人满为患，小医院门可罗雀，大医院往往因为疗效和声誉而使患者趋之若鹜。"北京市海淀区永丰乡卫生院的果院长认为，之所以出现这种局面，是患者对小医院缺乏足够的信任。

"如今看病上医院是我们最害怕的事，不怕别的就怕贵呀。"这是记者在采访中听到农民说得最多的一句话。记者在对一些医院的采访过程中,留意了农民就医的费用单据,费用主要包括挂号费、检查费及药费等内容。

挂号费:普通医生的挂号费一般都是 3 元左右,"主任医师"的挂号费也不过 15 元,看病之"贵"不在这个环节。

检查费:如今 B 超、心电图是各家医院中普遍都有的检查项目,做一个 B 超要花 30 元左右,心电图 20 元,而做一项 CT 则需要 300 元左右。

药费:这是记者在采访过程中,农民反映"看病贵"的主要体现。同样一个小感冒,记者却看到过两种不同的处方,一个上面开的药只要数元,而另一个却超过了 100 元。

很显然,农民们所反映的"看病贵"主要体现在检查费和药费中。在记者的采访过程中,湖南邵阳市中医院的院长胡滨说出了自己的体会,"一方面为了满足病人的要求,另一方面也为了增加收入,院方不得不购置大型医疗检查设备。"同时他也坦言,各家医院购置医疗仪器设备的费用过高,存在着医院本身过度服务甚至是故意误导、重复检查、指标缺乏统一认证等问题,解决这些问题正是破题"看病贵"复杂而漫长的过程。

(六)当务之急是提高农民信任度

说到农民看病难,就不得不提到新型农村合作医疗制度。合作医疗,本身就有一种扶危济困的意味,但现实的情形却是经济越发达的地区,报销额度越高,农民参保积极性也越高;而经济落后地区,尽管农民更需要合作医疗保障,但因为地方经济困难,很难保证资金充足到位,使得农民很难享受到这一政策带来的实惠。

记者在江苏省采访时,从苏南走到苏北,农村经济条件越来越差,合作医疗筹资标准也越来越低,相应的,医疗报销标准也越来越低。在经济发达的无锡市惠山区,筹资标准为每人 130 元,而在经济相对落后的阜宁县,每人的筹资标准只有 30 元,两地竟相差 100 元。

再说筹资方式,记者了解到主要有以下几种类型:强制企业赞助型,以企业用工多为由,要求企业为新型农村合作医疗提供一定的资金。滚动筹资型,个人门诊账户的 10 元钱自动沉积为下一年的个人出资。目标责任制型,参合比例与基层干部绩效挂钩。

　　一位基层合作医疗管理委员会办公室的负责人告诉记者，虽然这些做法与合作医疗的自愿原则有些出入，但是每年筹资政府要花费大量的人力物力，如果没有切实可行的办法，只能这样将就下去。

　　虽然"合作"本身强调的是农民的自愿互助，在新型农村合作医疗推行过程中，农民却是相当被动的。一方面，农民无法对合作医疗补偿结算、监督管理等主要环节主动介入，一些不法分子乘虚而入，利用职权之便虚开发票，冒领合作医疗补助。另一方面，因为报销程序繁杂，透明度差。虽然每年各地都要发放相关宣传资料，但农民还是很难搞清楚什么药品可以报销，什么药品不可以报销，什么样的医院就诊可以报销，报销比例是多少等一系列问题。

　　不论哪种情况，结果都造成了农民对新型农村合作医疗制度的不信任。长此以往，新型农村合作医疗的良性运行机制很难形成。

151

第五章　农村党员干部现代远程
教育试点调查

（2005 年 10 月）

编者按：

　　农村党员干部现代远程教育试点，是中央着眼解决"三农"问题，加强农村基层组织建设的一项重要举措，是新时期探索"让干部经常受教育、使农民长期得实惠"新路子的重要实践，是利用现代技术手段提高农村党员干部带领群众致富本领的现实选择。试点工作正式启动以来，试点地区数千万党员干部和群众受到了教育，得到了实惠。为此，中央决定，进一步扩大试点工作。为了全面反映实施这一伟业工程的基本情况和取得的重大成果，在全国农村党员干部现代远程教育试点工作领导协调小组办公室的指导和支持下，本报记者深入有关部门和试点地区采访，写出以下一组报道。

一项惠及亿万农民的创新工程

党的十六大提出,要探索党员干部经常受教育,使农民长期得实惠的有效途径。如何探索出一条"让干部经常受教育、使农民长期得实惠"的新路子,不断提高农村党员干部队伍的素质,努力促使农民群众增收致富,一直是各级党组织致力破解的课题。

2003年5月,农村党员干部现代远程教育试点工作正式启动。截至2005年8月底,参加先期试点的山东、湖南、贵州3省和安徽省金寨县,已建成乡镇和行政村站点140110个。试点地区的数千万农村党员、基层干部和农民受到了教育培训,得到了实惠。农民说:"农民小康路上走,远程教育是帮手。"

自从2003年5月农村党员干部现代远程教育试点工作启动,2004年1月1日全国农村党员干部现代远程教育卫星数字专用频道开通以来,先期试点地区的85.8万农村党员和19.7万农村基层干部,通过教育培训,思想政治素质有了新的提高,工作中转变了作风,密切了党群干群关系。

那么农村党员干部现代远程教育试点这项惠民工程,是在怎样的背景下出台的呢?

党中央始终高度重视农村基层组织建设

怎样"让干部经常受教育、使农民长期得实惠"?

农村发展的实践证明,"农村富不富,关键在支部,支部强不强,主要看干部。只要把支部班子配强了,干部选好了,党员队伍素质提高了,发展农村经济就有了组织者和带头人。"

而现实的情况是:在一些地方农村党员队伍年龄偏大、素质偏低的问题依然存在,与新形势新任务的要求不相适应。在许多农村日常工作中,少数农村基层党组织和农村干部,自身对有关法律和政策理解得不是很透彻,没有依法办事,无意中站在群众的对立面。面对群众时,在理论上讲不过群众;面对上级领导时,无法圆满完成交办的各项任务。在领导群众发展农村经济过程中,不能给农民群众以有效的帮助和支持。在农村,虽然对党员干部开展了大量的教育培训,但培训的内容不够丰富,教育手段比较单一,优秀师资力量不足,教学水平不够高,因而效果不尽如人意。

面对新时期出现的新情况、新问题,探索一条"让干部经常受教育、使农民长期得实惠"的新路子,迫在眉睫。

1995 年开始到 2000 年,按照中央的部署,全国对农村基层组织进行持续整顿和建设,"有人管事""有章理事"问题基本解决。

2000 年 12 月到 2002 年 6 月,中央决定在全国农村开展"三个代表"重要思想学习教育活动,取得了明显成效,基本达到了中央关于"让干部受教育、使农民得实惠"的要求。

2002 年 6 月,中央在杭州召开的农村"三个代表"学教活动总结表彰会上,胡锦涛同志充分肯定了学习教育活动取得的成效。他同时指出,无论是农村基层干部转变作风、提高素质的问题,还是农村存在的其他突出问题,都不可能通过一次集中学习教育活动全部得到解决。他要求,要适应新形势、新任务的要求,切实加强对农村基层干部的教育培训。

2002 年 11 月,探索一条"让干部经常受教育、使农民长期得实惠"的有效途径,被写进党的十六大报告。十六大报告提出:"要坚持围绕中心、服务大局,拓宽领域、强化功能,扩大党的工作的覆盖面,不断提高党的基层组织的凝聚力和战斗力。加强以村党组织为核心的村级组织配套建设,探索让干部经常受教育、使农民长期得实惠的有效途径。"

构建"天地网合一"的教学平台
开展农村党员干部现代远程教育试点

2003 年初,有关部门的专家向中央领导同志提出了关于开展农村党员干部现代远程教育的建议。

近年来,现代远程教育已经成为许多国家普遍采用的教育形式,并成为他们构建全民学习和终身学习体系的一种重要手段。

我们党是一个拥有 6900 多万名党员的大党,其中农牧渔民党员 2000 多万名,农村基层干部 600 多万名,他们是党在农村工作的骨干和中坚。运用现代远程教育手段对农村党员干部进行教育和培训,是顺应信息化时代要求,是培养具有带领农民共同致富本领的党员干部队伍的重要战略举措。

目前我国现代远程教育的传输网络系统已基本形成,公用通信网已覆盖全国,通达世界;有线电视网已覆盖到全国大部分地区的乡镇和部分村。远程教育发送和接收系统的主要相关产品,我国绝大部分都能批量生产。党校、教育、文化、广播电视等许多部门和行业近年来在现代远程教育应用方面已经取得了很大进展。可以说,开展农村党员干部现代远程教育,在硬件技术上是完全有保证的,在软件上也有了一定的基础。

农村党员干部现代远程教育,主要依托中国教育卫星宽带传输网(辅以中央党校卫星远程教育网),开通农村党员干部现代远程教育卫星数字专用频道,并依托互联网和有线电视网,构建农村党员干部现代远程教育辅助教学网络,人称"天地网合一"的教学平台。

有关部门和专家的建议得到中央领导的高度重视。胡锦涛、温家宝、曾庆红等中央领导同志都作出过重要指示。曾庆红同志于2003年4月,先后到贵州省的遵义、黔东南、黔南和贵阳等地考察,并重点就农村基层党组织建设和农村党员干部现代远程教育问题深入进行调研。

2003年4月底,中央批准在山东、湖南、贵州三省开展农村党员干部现代远程教育试点工作,摸索在东、中、西部不同地区开展这项工作的经验。

2003年5月,曾庆红同志又到湖南、山东进行专题调研,并在山东威海召开了座谈会,发表了重要讲话。他深刻阐述了开展农村党员干部现代远程教育工作的重大意义,明确提出了开展这项工作总的目标任务和基本原则。他在讲话中强调,开展农村党员干部现代远程教育工作,是全面贯彻落实"三个代表"重要思想和党的十六大精神的实际行动,是用先进文化武装农村党员干部、促进生产力发展并造福亿万农民群众的一件大事。其重要意义体现在三个方面:第一,是推动农村党员干部教育和培训从手段到内容全面体现时代性、把握规律性、富于创造性的一项战略举措;第二,是建立"让干部经常受教育,使农民长期得实惠"机制的一个有效载体;第三,是用信息化带动农业产业化和农村现代化的一条重要途径。

成立领导机构　16个部委共同推进这项工作

2003年6月,中央批准成立了全国农村党员干部现代远程教育试点工作领导协调小组。

领导协调小组由中央组织部牵头,成员单位有:中央纪律检查委员会、中央宣传部、中央农村工作领导小组办公室、中央党校、团中央、国家发展和改革委员会、教育部、科学技术部、民政部、财政部、信息产业部、农业部、文化部、国家广电总局、中国科协。领导协调小组组长由中央政治局委员、书记处书记、中央组织部部长贺国强同志担任。

领导协调小组的主要职责是:组织协调中央有关部门和试点省的力量,使其各司其职,形成合力,共同抓好农村党员干部现代远程教育试点工作;总结试点工作经验,对在全国范围内开展这项工作提出意见和建议。领导协调小组下设办公室,负责日常工作。承担试点任务的省、市(州)党委,成立相应的领导协调小组和工作机构,负责本地区试点工作的组织领导和具体实施。

试点工作从 2003 年 5 月到 2004 年底,用一年半的时间完成"五个一"的建设任务。建立一个农村党员干部现代远程教育"天地网合一"的教学平台;建立一批乡镇、村党员干部现代远程教育终端接收站点;建立一个农村党员干部现代远程教育多种媒体教学资源开发与应用系统;建立一支农村党员干部现代远程教育教学、管理和技术服务队伍;建立一个农村党员干部现代远程教育工作机制。

现代远程教育试点工作不断扩大
农民说:这是我们了解中央政策的"直通车"

2004 年 11 月中央决定,从 2005 年初开始到 2006 年底,在前期试点的基础上,选择部分省区进行扩大试点。

2004 年 11 月 26 日,全国农村党员干部现代远程教育试点工作领导协调小组第四次会议在北京召开。中央政治局委员、中央书记处书记、中央组织部部长、全国农村党员干部现代远程教育试点工作领导协调小组组长贺国强同志主持会议并作重要讲话。贺国强同志强调,开展农村党员干部现代远程教育,涉及面广、工作量和经费投入比较大,政治性、专业性、技术性都很强,前期试点所取得的经验还只是初步的,我国东、中、西部地区的自然条件和经济基础差异比较大,有必要扩大试点,进一步探索积累经验。扩大试点结束后,根据情况再考虑在全国推开。

扩大试点工作的目标是:从2005年初开始,到2006年底,用两年时间,在全国12个省(区)扩大试点。一是先期试点的山东、湖南、贵州三个省,在全省推开。二是辽宁、吉林、黑龙江三省开展试点。三是在东、中、西部各选两个省进行试点。东部选择江苏和浙江省;中部选择河南和山西省;西部选择四川省和新疆维吾尔自治区。据了解,目前扩大试点工作正在分步骤紧张有序地进行。截至2005年8月底,山东、湖南、贵州3省和安徽省金寨县,已建成乡镇和行政村站点140110个。

新开展试点工作的9省(区),试点工作正在稳步推进。

农村党员干部现代远程教育是怎样开展的

农村党员干部现代远程教育试点工作开展整整两年了。在中央的领导下,试点地区各级党委高度重视、精心组织,中央有关部门扎实工作、密切协作,农村广大党员干部和群众积极拥护、热情参与,前期试点工作进展顺利;扩大试点工作正在分步骤紧张有序地进行。试点工作开展以来,试点地区和中央有关部门结合实际,积极探索开展试点工作的有效途径,积累了一些成功的经验和做法,受到农村党员干部和群众的欢迎。

党委重视,强化责任意识,加强领导和指导

开展农村党员干部现代远程教育,是全面贯彻落实"三个代表"重要思想和十六大精神的实际行动,是用先进文化武装农村党员干部、促进农村生产力发展并造福亿万农民群众的一件大事。为此,各试点省和中央有关部门多次召开常委会、党组会等会议,认真学习中央领导同志的重要讲话和重要指示精神,统一思想,提高认识,研究部署试点工作。中央有关部门有的成立了试点工作领导协调小组,有的明确有关司局承担试点工作任务,有的多次召开本系统本部门会议,对支持和参与试点工作作出安排。试点的省、市、县都成立了试点工作领导小组,设立了相应的办事机构。不少试点市、县还把试点工作作为党建工作目标考核的一项重要内容,通过建立领导联系点、实行部门包村、调研督察等形式,不断加大工作指导的力度。

158

坚持从实际出发，因地制宜，分类指导

开展农村党员干部现代远程教育，既是惠及亿万农民的民心工程，又是一项需要一定人财物投入的基础工程，坚持科学规划，量力而行，是非常必要的。在前期试点期间，全国农村党员干部现代远程教育试点工作领导协调小组成立了专家组，基础设施建设各项技术方案和教学大纲等，都经过专家组的充分论证评审，为领导协调小组提供决策依据。到目前，全国远程办共召开专家论证评审、工作咨询和工作研讨等各种会议100多次。各试点地区组织力量深入基层，对现有基础设施、经济状况、基层班子等情况进行调查摸底，组织专家进行科学论证，根据不同地区的自然条件和经济基础，精心制定实施方案。在工作指导上，各地坚持因地制宜，实行分类指导。山东省采取了"试点先行、分步实施、点面结合、整体推进"的办法，截至5月底，全省100%的乡镇、村均已建立终端接收站点；湖南省采取了"先校后村、先易后难、先点后面、先近后远"的办法，80%的村建设站点；贵州省在站点建设的配置上，既有扩展型，又有基本型，也建了一些教学播放点，待条件成熟时再进行设备升级。

在站点建设上，山东省主要依托村党员活动室建设站点；贵州省主要依托农村中小学建设站点；湖南省除依托农村中小学和村党员活动室建站点外，还探索村村联建、村企联建、与种养大户联建等多种模式。

充分利用各种现有资源，做到少花钱、多办事、办好事

实践证明，整合资源是一条花钱少、建设快、效益好的建设途径。从中央层面上，前端播出平台、中心资源库和辅助教学中心网站的建成，整合了中国教育电视台、中央党校的现有基础设施资源，并进行扩充、升级和改造；整合了中央有关部门的教学资源，保证了卫星数字专用频道播出需要。各试点地区，在建站场所的选择上，主要整合农村中小学教室、村党员活动室、文化室及学校布局调整后空闲的校舍等资源。在建设资金的筹措上，主要以政府投入为主，党费适当补充，同时争取部门和社会支持。到2005年初，山东省政府财政投入资金3亿元，党费投入4000万元；湖南省试点地区政府投入资金1.2亿元，党费投入500多万元，社会捐助1300多万元；贵州省政府投入资金近1.1亿元，党费投入350多万元，社会捐助300多万元；安徽省为金寨县多方筹措资金近900万元。在教学

资源建设上,整合党校、教育、农业、卫生、计生、科协等部门的资源,征集现有教学资源,开发制作新的教学资源。在骨干队伍建设上,整合农村基层干部、农村中小学教师等人力资源,建立了一支专兼职结合的骨干队伍。目前,12个试点省区已选配骨干人员194889名。去年全国远程办和团中央为先期试点乡镇选派1062名大学生志愿者,今年又为扩大试点乡镇选派2004名大学生志愿者。

坚持统筹"建、管、学、用",
突出工作重点,注重培训实效

开展农村党员干部现代远程教育,"建"是基础,"管"是关键,"学、用"是目的。各地通过建立各种规章制度,探索开展现代远程教育的长效机制。在基础设施建设上,严把设备招标、采购、安装、验收等关口,对基础设施建设的全过程进行有效的管理和监控,保证了建设的质量;在站点的管理上,普遍建立了管理人员职责、设备管理维护、教学组织管理、信息收集反馈和工作检查等制度,实行目标管理,有的还签订了工作责任状。在骨干队伍管理上,多数地方建立了骨干人员档案和资料信息库,制定了补贴标准和考核奖惩措施。在"学、用"的组织上,建立学习登记和考核等制度,根据现代远程教育特点,把集体学习与个性化学习相结合。有的探索了"四学"工作法,即党员教育集中学、公共知识全员学、致富技能分类学、群众点播随时学;有的把党员按照从业种类划分为果品种植、苗木花卉种植、养殖、农产品加工等专业党小组,以党小组组织群众按照行业特点选择合适的学习内容;有的从农村中小学挑选电脑学得好的学生,与家长、党员干部结成学习对子,帮助学习电脑知识,被形象地称为"小手牵大手";有的发挥典型示范作用,用身边的典型教育身边的人。各试点地区还组织科技人员和专家下乡开展教学辅导,帮助农村党员干部和群众解决学习中遇到的问题,增强了"学、用"效果。许多农村党员干部把现代远程教育称为"明目丸""醒脑汁""送到家门口的免费大学",学习态度由开始的怀疑、观望,转变为相信、爱学。

坚持调动一切积极因素,
加强协调配合,做到齐抓共管

开展农村党员干部现代远程教育,是一项覆盖面广、教育对象多、需要多方

共同参与的系统工程,单靠哪一个单位都难以完成,必须协调各方,合力推进。在试点期间,不仅试点地区党委积极抓,而且中央有关部门努力配合抓,形成了齐抓共管的工作格局。教育部优先安排在试点地区农村中小学建设站点,在中国教育电视台提供了卫星数字专用频道;中央党校承担了中心资源库和辅助教学中心网站的建设任务;信息产业部组织研发了信息管理系统,并支援试点地区建设了50个终端接收站点;财政部、国家发改委及时安排了教学资源建设、设备运行维护和基础设施建设经费;团中央招募了大学生志愿者到试点地区进行服务;农业部、科技部、文化部、卫生部、计生委、中国科协、国家广电总局等十几个部门,无偿提供了980多个小时的教学资源,并积极开发制作新的教学资源;其他有关部门也都较好地完成了所承担的任务。全国远程办组织协调有关部门和单位,起草了总体技术方案和各分项技术方案以及教学大纲等文件,加强与试点地区和中央有关部门的联系,加大工作指导和督促检查的力度,较好地发挥了参谋助手作用。

以创新的精神推动试点工作, 既对下解决问题,又对上回答问题

农村党员干部现代远程教育是一项创新工程,没有现成的模式可以借用,没有现存的经验可以借鉴,只有以创新的精神研究新情况,解决新问题,才能把工作不断推向前进。在试点期间,各地坚持把"规定动作"与"自选动作"相结合,在高质量完成"规定动作"的前提下,对一些重点难点问题,积极探索解决的新方法、新途径。如在站点"村校共用"方面,贵州省采取的办法是,农村中小学校长是党员的,任乡镇党委委员或村党支部副书记、委员,不是党员的任乡镇长或村委会主任助理,从组织上保证建在农村中小学的站点实现村校共用。在终端接收站点运行与维护经费的筹措方面,山东省滨州市与海尔集团联合,成立了现代远程教育综合服务工作站,终端接收站点管理员同时作为工作站的服务人员,担负为企业代理售后服务等任务,在服务中创收,逐步探索以站养站、自我积累、自我发展的路子。湖南、贵州省采取四种模式解决站点运行维护经费,即自给型,经济条件较好的村,由村里自行负担运行经费;互惠型,让企业或协会利用站点开展培训,并负担站点的运行费用;补贴型,由地方政府对站点运行经费予以补贴;经营型,利用站点的设备、技术、场地等优势,播放一些电影、电视剧等节

目,适当收取一些费用,实现"以站养站"。

两年多的实践证明,中央关于开展农村党员干部现代远程教育的决策是完全正确的。这一决策得到广大农村党员干部群众的真心欢迎。

远程教育给农村带来了什么

通过远程教育这个平台,农村党员干部学到了什么?给农村群众带来了多少实惠?村里又发生了哪些变化?

在山东滨州,记者遇到了正在基层检查远教工作落实情况的山东省农村党员干部现代远程教育中心副主任马俊孝。马俊孝说:"前后的变化显而易见。"他告诉记者,"到今年5月,山东省8万多个村庄已全部建起接收站点,农村党员干部和群众已有2500万人次收看了远程教育节目,并从中受益。"

9月1日,当我国"超高产杂交水稻之父"袁隆平院士得知湖南省用两年的时间建立了3万多个农村远程教育终端接收站点,高兴地肯定说:"农民不出户,轻点鼠标,就可以学到最新的科技知识和实用技术,还可以获得最新的市场信息,远程教育的确是一件惠及农村和农民的大好事。"

改变了学习方法,创新了农村党员干部教育培训方式

山东省坚持制度化学习与个性化学习相结合,一方面把学习收看政治理论和政策法规节目作为党课必学内容,每月集中收看3次。另一方面要求站点管理员根据农村党员干部和群众的不同需求,下载保存节目,分门别类制作节目单,供党员干部和群众选择收看。无棣县将学习收看总结为"四看":即每月5日的民主议政日"必须看",按需点播"自愿看",文化人"领着看",实验田里"干着看"。

广饶县石村镇张庄村是个运输专业村,退休干部老党员张其仁80多岁了,他听说2005年5月1日就要实施新的《道路交通安全法》,就逐户招呼村民到村里的远程教育接收站点看节目。张其仁告诉记者,以前党员学习,都是念念报纸,读读文件,资料少,手法单一,更重要的是党中央的重要政策、指示,省里传达到县里,县里传达到乡里,乡里再开村干部会传达……传达很不及时。现在,打

开远程教育课件,不仅有政策理论,还有讲解、事例,有的我们就可以照着做了。

贵州省黔东南州结合现代远程教育,在农村党员干部中开展了"方针政策讲一讲、致富经验传一传、科学技术带一带、邻里纠纷劝一劝、贫困农户帮一帮、天灾病寒访一访、计划生育抓一抓、治安迷信管一管"的"八个一"帮扶活动,不仅农村基层干部有事干,而且无职党员也有岗有责。

党员干部思想政治素质提高了,工作作风转变了

64岁的林元桂,是山东省东营市河口区新户乡老鸹村党支部书记,干村支书20年了。他感慨地告诉记者,现在群众的要求越来越高了,我们工作的压力也大了。以前村干部是向群众"要钱要物,下任务",现在是群众向你提要求。"我感觉,我干了这么多年村党支部书记,现在的工作最不好干。总感到老办法不能用了,新办法还不会用,软办法又不管用,硬办法也不敢用。""你问我怎么干? 就是改变工作思路和作风,'以人为本'管理村级事务。"

林元桂说,农村党员干部现代远程教育开展以来,作为村党支部书记,他更热衷党的路线方针政策和村级事务管理的学习。在收看了远程教育专用频道《以人为本》的节目后,思想上受到了很大启发。自己是从计划经济时期过来的干部,习惯于行政手段管理,而新形势下的农村工作,应"以人为本",尊重党员干部和群众的知情权、参与权、监督权,用示范的方式、引导的方式带领群众干、干给群众看。

"以人为本",表现在村级事务的管理上,就是顺民心,得民意,更透明,更公开。老鸹村由于村大人多,牵扯群众利益的事情也多。以前,村务大事经过全体村民代表通过后,全部张贴在文化大院里的公开栏内,供群众查阅、监督。部分群众看不懂,就只好跑到干部家里去问。这既耽误时间,又造成了一些误解,引起群众的不满。为此,林元桂转变工作作风,进一步增强工作透明度,将全村每个时期开展的各项工作打印成"明白册",逐户传阅。"明白册"印发到群众手中,群众全面了解了村里的财务支出、救济救灾款物的发放、宅基地的划分、计划生育情况、土地承包情况等一些热点问题。群众可以针对某项工作提出自己的疑问,提出一些合理化建议和意见,扩大了群众的监督权和参与权。

有些建议成为村"两委"工作的"妙计良策",提高了村干部的工作水平和为群众服务的能力,促进了村级工作规范化。通过"以人为本"的管理方式,林元

桂在群众中的威信更高了,这次村"两委"换届选举,他又以高票当选村党支部书记和村委会主任。

农村基层党组织的凝聚力和战斗力增强了

湖南省常德市李家铺乡土桥村是个落后村,林果业是土桥村的主导产业。但一直以来,林果种植的品种单一,果树老化,土桥村摆脱不掉"贫困"二字。2003年,村里开通了远程教育课堂,村党支部坚持每月至少组织党员群众开展两次学用活动。他们还通过远程教育网络,与湖南农业大学、中南林学院等高校建立了联系,先后邀请4位林果教授专家到村里来讲课,现场传授柑橘、脐橙、梨枣的育苗、嫁接、培管、治虫等栽培技术,全村有500多人参加了现场培训。2004年,村党支部还组织村组干部、党员、经济大户到石门县三圣乡学习柑橘、脐橙的栽培技术,更新了观念,发展经济的热情空前高涨。目前,土桥村已发展优质脐橙基地1000亩,优质梨枣基地300亩,每年创收百万元以上。

据记者了解,在湖南省常德市有15万名农村党员干部联系帮带了40万个农户,有2500多个党员户被确定为县以上级科技示范户。土桥村就是一例。两年来,村党支部以远程教育为后盾,以林果为产业,积极开展"联富帮带""共产党员实践岗"活动,30多位党员干部利用远程教育这个平台,扎实学本领,积极为本村经济发展、群众致富出点子、找路子。干群关系越来越融洽,村里各项工作得到了协调发展,土桥村一跃成为全乡的先进。村民们自豪地说:"咱们土桥已经脱贫致富变先进了!"

山东省沾化县冯家镇王尔庄村是全国最大的海蜇专业批发市场,王尔庄人做海蜇生意,做得很大,已遍及世界各地。村民王树新自豪地告诉记者:"哪里有蜇汛,哪里就有王尔庄人。"这是一群富裕的有见识的农民。去年9月,王尔庄村"两委"成员在收看了山东远教台播出的《富民三十六计》第一计《强攻计》节目后,深受启发,村支书田明军告诉记者:"要想把海蜇生意做大做强,使王尔庄海蜇市场发展壮大,必须转变观念,走整合资源、盘活资金的联合之路。"为此,他们又组织全体党员和村民代表,集中对《强攻计》进行了收看,并在"民主议政日"中提出了成立股份公司的设想,得到了全体代表的一致同意。11月,王尔庄海产品有限公司正式挂牌成立,流动资金达1亿元。公司的成立,使王尔庄群众告别了单打独斗的历史。他们联起手来造艘大船闯市场,增强了抵御市场风险的能力。村党支部书记田明军告诉记者,他们以股份制公司的身份接下的一个大订单就是和越南志宏集团的进口合同——1000万美元。田明军说:"1000万美元的大订单,靠一家一户是干不了的。"

在领记者参观王尔庄海蜇批发市场时,田明军和记者说出了心里话:"现在我们的公司管理还不太规范,不太成熟。希望远程教育介绍一些现代企业管理模式的典型例子,好借鉴。我还想引进大学生,现在光有干劲不行啊,跟不上呀,还要有新办法。"

远程教育使农民开阔了眼界,增长了见识,得到了实惠

许多学会了在互联网上查找信息的党员干部和群众说,远程教育不仅教育了党员干部,也使农民开阔了眼界,增长了见识,得到了实惠。农村人看到了外面的人们在干什么,怎么干,以前感觉高不可攀的事情,看着课件就能照着做了。

山东省博兴县纯化镇党委组织委员刘学刚是本镇常家村人。他介绍,全村1100亩地,90%种的是棉花。2004年,籽棉价格大起大落波动挺大。9月收棉时,籽棉每公斤才3.3元,后突涨到每公斤5.3元,没过多久又跌到每公斤4元。老百姓不敢卖了,这毕竟是一年的收入呀。有人建议管理员:"你不是有市场行情信息吗?上网查一下吧!"管理员查的结果是:我国当年的棉花市场求大于供。果然,春节前价格每公斤又涨到5元。全村近20万公斤籽棉全部卖出,一共多挣了10万元。"600口人的小村,这可不是小数目呀!去年的收入没吃亏,多亏及时掌握了信息。"刘学刚很感慨。

今年,听说全国的棉花种植面积减少,我们镇没受影响,种植面积与往年持平。有的人家还扩种了。我老妈老爸去年种了7亩,今年种了9亩。对今年的价格走势,比较看好。

"而当初,组织党员干部开展远程教育学习时,大家并没放在心上。有人说,放着电视不看,这玩意儿有啥意思?通过这件事,就开始信了。其实,标语口号再多,老百姓并不买账。而一件实事,就让他们心服口服。刚开始时,我们要求村里每月组织党员干部集中学习不少于3次。现在,不管什么时间,只要遇到问题,就直接去找管理员,上网查查。"

贵州省黔东南州麻江县下司镇沙飘村妇代会主任王仁仙,从事野鸭养殖,由于自家养殖的野鸭成活率总是很低,一年辛苦下来赚不了几个钱。自从在接收

站点学到野鸭的科学饲养和管理技术后,不仅扩大了养殖规模,饲养的野鸭近万只,还受"农家乐"内容的启发,办起了农家乐饭店。以前她家的野鸭一只仅卖12元,现在在自家的农家乐餐桌上一只变成了36元,月收入达到6000元。在她的带动下,沙飘村的野鸭养殖得到发展,农家乐服务从原来的3家发展到17家。

湖南省临澧县九里乡兴隆村党员村民许世珍,每当谈到今天的成就时,他都要说:"这要感谢党和政府给我们送来了远程教育!"

2004年6月25日,远程教育站点落户兴隆村。村支部第一次组织党员干部学习,许世珍就被神奇的互联网深深吸引。他通过反复收看《养猪技术》课件,全面掌握了养猪技术,大规模养猪的念头越来越强烈,去年他筹资5000元开办了养猪场。他运用学到的知识坚持科学养殖,实行"猪、沼、果"立体混合养殖,在猪舍后建起了沼气池,用沼气做饭、照明,用沼渣肥果树,收到了良好的综合效应。他还经常在网上搜索市场行情,在网上发布供求信息,养殖效益比别人要高出许多。

许世珍自己尝到甜头后,没有忘记村里的乡亲们,只要有人向他请教,他总是不厌其烦地讲解,村里人给了他一个绰号——"许教授"。有村民提议他在讲台上给大家讲课,得到了村党支部的支持,安排他在学用活动中为大家主讲。从此,许世珍开始走上讲台,把自己在远程教育学习中学到的知识毫无保留地传授给了大家。现在,兴隆村广大党员群众都喜欢上了远程教育,兴隆村也成了临澧县远程教育学用示范村。

第六章 农业电视节目现状扫描

（2005年11月）

宣传中央三农政策 开启农民信息窗口

农民接触最多、最喜欢的媒体是电视，农业电视节目特别是作为"国家队"的中央电视台第七套农业节目，10年来，已成为农民生产生活的一部分。

正值秋收，天津宝坻区林亭口镇账房鄟村的辣椒、棉花和大葱长势喜人。忙了一上午的农民李田，回家匆匆吃了中饭，就端坐在电视机前等着收看中央电视台第七套农业节目（以下简称CCTV—7农业节目）。

"秋收最忙，还有心思看电视？"面对记者的疑问，李田说："现在市场变化快，今年种这个品种赚钱，明年可能就赔了，所以我们得不断调品种，不少信息和思路都是从这里学来的,中央对我们的好政策,也是从这里了解的。所以就是再忙再累,我都要坚持看!"

此时此刻,很难统计到底有多少农民和李田一样,"坚守"在电视机前。这是 CCTV—7 农业节目深入民心的一个缩影,也反映了全国亿万农民的心声。作为农村宣传工作的重要组成部分,以 CCTV—7 农业电视节目为"龙头"的全国农业电视节目,大力宣传党的农村政策;记录着农村的变化和亿万农民的创造;展示着农村经济社会发展的变化;推出具有时代特色的中国农村新闻人物;深刻影响着农民群体的观念,为促进农业发展、农村繁荣、农民富裕,加快农村全面小康建设做出了重要贡献。

作为农业节目的"国家队":宗旨最明确
内容数量最多 最系统 最全面 最权威

提起我国农业电视节目的发展,首先得提起 CCTV—7 农业节目;提起 CCTV—7 农业节目,又不能不提到中国农业电影电视中心所起的(简称"农影中心")举足轻重的作用。多年来,正是中国农业电影电视中心,承担和制作了我国最大份额、最具权威的农业节目——CCTV—7 农业节目。

CCTV—7 农业节目,是目前唯一的国家级农业电视节目群。它于 1995 年年底试播,1996 年元月 1 日正式播出,目前每天播出 8 小时,已经成为全国电视媒体中为"三农"服务宗旨和对象最明确、内容数量最多、最为系统、最为全面,并具有相当权威性的国家级农业电视宣传专业媒体。

在承办 CCTV—7 农业节目近 10 年中,农影中心创作了一大批优秀的农业电视节目。电视节目《绿色长城》获得第十六届西柏林国际农业电影节农业和环境类金穗奖、第七届捷克斯洛伐克尼特拉国际农业电影节主席奖;《平湖高产王浆蜜蜂的繁育》获第三十三届国际养蜂大会银奖;《井与盐渍土》获得 1997 法国比亚雷兹电影节荣誉奖;《稻田养鱼新技术》获得捷克和斯洛伐克第十四届国际农业电影节 B 类一等奖;《珠算在中国农村》获得 1999 年捷克"第三十七届国际科学技术与艺术电影节赫拉得茨—克拉洛佛布高等教育学院院长奖"。此外,像《稀土农用》《山碑》《庚官屯的启示》等大批节目获国家政府奖。这些优秀节目的播出,受到广大农民、农村基层干部、农业科技工作者的热烈欢迎,在我国农村有着广泛影响。

167

168

除了创作有大量优秀节目,CCTV—7农业节目更在节目创作、管理的体制上下功夫,通过节目改版和加强管理,推出了大量具有广泛社会影响力的栏目,形成了较为完整的栏目群。尤其是在2003年11月全新改版后,CCTV—7农业节目以完整的节目体系方式为服务"三农"进行宣传,取得了具有规模效应的宣传效果。

改版后的CCTV—7农业节目,重点突出了农村观众渴求的政策法规、经济信息、科学技术等内容,并兼顾城乡观众其他收视需求。新栏目群包括《聚焦三农》《科技苑》《每日农经》《致富经》《乡约》《基层瞭望》《法制编辑部》《搜寻天下》《生活567》《乡村大世界》《农广天地》共11个栏目,涉及了政策、科技、信息、经验、人物、组织、法制、资源、生活、综艺、教学等十一大领域。栏目群不仅突出了实用性、服务性和贴近性,更构架起了一个基本的、系统的、完整的、充满时代精神的农业节目体系。

新版的农业节目在重大时刻,发挥了其不可替代的作用。仅2004年,CCTV—7农业节目先后参与了"防治高致病性禽流感""中央农村工作会议和全国农业工作会议""3·15""中央一号文件""农产品安全宣传周""农交会""农运会"等规模大、分量重的宣传报道工作。目前,CCTV—7农业节目正在紧密围绕"提高农业综合生产能力""测土配方施肥秋季行动""一号文件落实""节约型社会和社会主义新农村建设"等"三农"重点工作进行深入报道,营造全社会关心"三农"、重视"三农"的舆论氛围,形成了高潮迭起的宣传态势。

2004年,农业节目的收视份额占CCTV—7的2/3强;2005年伊始,CCTV—7在全国的收视份额就节节上升,到6月下旬已经突破1%(去年同期为0.74%);2005年第三季度CCTV—7栏目客观排名前10位中包括了农业节目9个栏目。不仅如此,2003和2004年度,CCTV—7的频道满意度已经连续两年位居全国卫星频道满意度排名的第七位,领先所有省级卫视;《中央电视台全国农村及中小城市满意度调查报告》中则显示,全国农业类节目频道竞争力排名中,CCTV—7农业节目在全国上星台中名列第一位。可以说,农影中心目前已经发展成为全国农业电视节目的"国家队"和"领头羊",农业节目在央视节目体系中的位置得到进一步加强,构建全国农业电视节目体系的整体效应已经初见端倪。

CCTV—7 农业节目在不长的时间内，取得如此进展，靠的是什么呢？

农影中心优势独具：历史悠久　定位专业
经验丰富　队伍过硬

如果说，中国农业电影电视中心见证了我国农村改革发展的历程，那一点也不过分。改革开放以来，为了适应广大农民日益增长的物质和精神文化生活的需要，1987 年农影中心就制作了《农业教育与科技》节目并在 CCTV—2 播出。特别是从 1996 年元月 1 日 CCTV—7 农业节目正式播出至今，农影中心已经积累了丰富的涉农历史资料，这个优势绝无仅有。

"只要我们提供的科技信息与实用技术农民感兴趣、看得懂、学得会、有效益，就是我们最大的效益。"《科技苑》制片人张颖颖的话，道出了农业节目不同于一般节目的公益使命。

农业节目属于农业专业化频道，它的服务对象主要是广大农民，是社会消费水平最低的一个群体，它决定了农业节目作为专业化节目的社会公益性质。目前不少专业电视节目以"娱乐化"求更高的收视率，而 CCTV—7 农业节目作为国家级的农业电视节群，面对低俗化、都市化的潮流，坚持社会效益放在首位的价值取向，进一步满足"三农"宣传报道的专业性和特殊性要求，坚持无论在节目设置还是节目内容方面，始终把农业科技、信息、政策、法律等方面的宣传和服务作为宣传的主旋律。

"每次坐到设备前的时候，你真的会感到无数期盼、欲求与热情凝聚成巨大压迫感——那就是激励我们始终不会倦怠的动力。"这是农影中心一位普通编导的心声。

经过多年的一线采访，许多农业节目制作人员，对"三农"问题有着较其他媒体从业人员更为深刻的理解，对农民感情深厚，有的与许多农民兄弟成了朋友。这支能吃苦打硬仗、热爱"三农"事业的优秀团队，成为做好节目的人力资源基础。

同时，在农业部的大力支持下，中国农业电影电视中心技术设备改造也取得了很大进展，前期摄、录与后期制作设备已经实现数字化。这些宣传工作上的硬件，保证了"三农"宣传工作顺畅有力地进行。

做好节目的基石：成功的合作模式　独有的人脉资源

十年磨一剑。作为CCTV—7农业节目的承办单位，中国农业电影电视中心积极与政府农业主管部门和其他各种机构进行交流互动，建立了成功的合作模式，积累起丰富的人脉资源优势。

近10年的实践证明，农业部和中央电视台的合办，使农影中心在制作农业节目上具有"先天"的优势。这种合作方式是成功的，既发挥了中央电视台这一专业电视机构的指导和管理优势，又充分发挥了中国农业电影电视中心依托农业行政和科研系统的优势。

专业电视机构的介入使农业节目在表现形式上生动活泼，以其贴近性深为广大农民朋友所喜闻乐见，而农业部的背景又增强了节目的权威性和导向性，确保农业节目为切实服务于"三农"问题的解决，密切配合"统筹城乡经济社会发展"的新思路，充分满足服务对象了解掌握农业、农村政策法规、经济信息、科学技术等方面的知识和技能的特殊收视需求。

与此同时，中国农业电影电视中心与各级农业主管部门、科研推广机构也建立了紧密的协作关系，建立了由CCTV—7农业节目地方工作站、中国农业电影电视协会会员单位、部分地方电视台等参加的协作网，及时沟通信息、资源共享，开发与整合农业系统现有信息采集渠道，建立各有关部门涉农信息支持协作机制，开辟稳定的信息交流通道，通过农业节目的传播平台更好地服务于农村、农业、农民的切实需要。长期积累下来的丰富人脉资源优势，也为专业电视节目增值服务时代开发多元盈利模式提供了可能。

有专业队伍、有播出平台、有独特优势、有合作模式——但这些电视节目，农民满意吗？

农业节目给农民带来了什么

电视给我们的生活带来多大影响？这个问题很少有人留意，也很难做出准确的评判。但有个判断可能大家都同意，那就是这个影响被大大低估了。

我国有着9亿的农村人口，电视成为他们获取外界信息的主要来源。在"三农"问题被高度重视的今天，随着电视节目的多样化，农民可以看到日渐增多的翔实的政策解读、实用的科技知识、致富的信息门路、多彩的文化风尚……尤其那些为农民量身定做的各类农业节目更是吸引着他们的眼球。对于普通农民、农技人员、农村基层干部、农业合作组织及其地方农村经济发展来说，纷纷涌现的农业节目将给他们带来什么？

　　如今农民靠什么来安排生产生活？——信息。农民的信息来自何处呢？据安徽省农委有关负责人介绍，根据有关抽样调查，电视为64%，广播为12%，报纸为8%，其他是靠会议、黑板报及邻里口口相传等渠道获得的。国务院发展研究中心赵树凯也认为："与城市人口比较，农村人口对于电视有更高的依赖程度。不论从娱乐休闲的角度看，还是从学习宣传的角度看，电视节目在农村的作用都很大。"由此不难看出，电视是农民接受信息最重要、最快的途径。

　　农民在娱乐、休闲方面的一般需求，大多数电视节目都可以满足。但是农民急切需要的技术、市场、信息等等，就只能通过收看农业电视节目来获得了。

　　那么以CCTV—7农业节目为"龙头"的农业电视节目起到了怎样的作用呢？

　　国务院西部开发办公室副主任段应碧表示："CCTV—7农业节目把党的政策、农民需要的信息、技术等通过电视这种声像俱全的方式传播出去，这是一种很好的形式。这些节目在党和国家政策的宣传、推动农业发展、促进农村繁荣、增加农民收入、提高农民素质等方面做出了成就，发挥了应有的作用。"

信息"雪中送炭"　农民增产增收的助推器

　　安徽省芜湖县湾沚镇丰和村养殖示范户肖国庆最近新买了一台29寸大彩电。这一买不要紧，每天中午都有十几号人聚在他家，等着收看CCTV—7的农业电视节目。此前，肖国庆家的小彩电只能收看到模糊的人影，声音时有时无。即便这样，电视机前还是经常聚集着左邻右舍，倾听着偶然透出的声音。因为这里传达的信息最有效。肖国庆告诉记者，以前听别人说，有一种彩色长毛兔，虽然投资大，买一只种兔要花1万元，但一旦养殖成功，就会发大财。正在村里人都想筹钱买种兔时,他从 CCTV—7 农业节目上了解到,彩色长毛兔是不成熟的项目。于是,大伙立马"刹车",才避免了血汗钱打水漂。肖国庆说,CCTV—7 农业节目的这一条消息,使数以万计的养兔人受了益。

现在的信息往往鱼龙混杂,真假难辨,让人摸不着头脑。到哪里去获得农业方面最可靠、最权威的信息呢?

"CCTV—7 农业节目!他们的信息可靠、权威!"谁真正从农民的角度出发、为农民服务,他们就信任谁。

对此,中国农业大学经济管理学院博导何秀荣教授评价:"中央电视台第七套农业节目,目前在向农民传递新闻信息、市场价格信息方面做得不错,在农业实用技术推广方面也相当不错。"

目前,CCTV—7 农业节目《致富经》栏目全年共接到热线咨询 65800 个,全年共收到观众来信 12738 封。《每日农经》栏目每月收到短信几十万条,收到短信最多的一天达 19700 条。《科技苑》栏目自 1995 年开播至今 10 年来,共播出涉及农业水产、畜牧、种植、养殖等方面的科技推广节目 3700 多期。在国家高度重视"三农"问题的大背景下,在农民增收问题受到全社会关注的情况下,CCTV—7 农业节目尽可能多、尽可能详细生动地向广大农民及时提供各种经济信息、劳务信息、消费信息、国家经济发展状况、法制法规,进一步提高农民自身综合素质,促进他们增产增收。全国从农业节目中受益的农民朋友,数以亿计。

推广新技术、新理念　做好农村工作的好帮手

说起农业电视在农技推广过程中的功劳,安徽省庐江县农委主任范自力向记者算了这样的一笔账:靠传统农技推广手段推广一项新技术,需要 1000 名农技人员 1000 个工作日;而采用电视手段推广,只一两个小时就可推广到全县每个乡村。

除了加快农技传播的速度外,安徽繁昌县三山镇联群村农技员任芳还把农业电视节目作为自己不断"充电"的好老师。她说:"随着农户整体素质的提高,对农业科技的要求也不断上升,作为农技人员,只有不断充实自己的知识结构,才能满足农户的需求。为此,我们经常通过收看农业电视节目尤其是 CCTV—7 的农业节目来获取最新的农业技术。"

农业经济合作组织目前已经成为引领农村结构调整、帮助农民致富的重要

力量。过去调整农业种植结构，推广新技术、新品种需要引导，但不管怎么引导，一些人还是将信将疑。现在好了，电视一打开，活灵活现摆在那里，让电视领着走。

河北省卢龙县刘台庄镇蔬菜协会多年来一直推广大棚蔬菜种植技术。但是该镇农民朱景增，对建大棚不接受。看了CCTV—7农业节目之后他动心了，决定投资建温室大棚，去年初他和本村村民刘宗力一起投资10万元兴建了温室大棚，种植了经济价值较高的姬菇，当年投资当年受益。今年他又投资13万元，扩建了大棚8个。在他的带动下，周边村的农民也开始接受大棚蔬菜种植的方式。

很多农业工作者发出这样的感叹："我们不但能经常从CCTV—7农业节目上学两手，还能依靠这些节目来引导农民接受新品种、新技术和新观念。"

提供发展思路　繁荣地方经济的指路灯

"是农业电视使我和我们的村子富了起来!"现年54岁安徽省祁门县溶口乡大环村党支部书记汪友林道出了农业电视节目对拓宽农村基层干部思路、指导农村工作实践和对农村农业结构调整的帮助。

大环村人均耕地1.2亩，山场12亩，是典型的产粮区。近年来，依靠单一、传统的一稻一油生产模式基本已经无利可图，村民的返贫现象日益严重。如何找到新的经济增长点，成为汪友林担任党支部书记以后最为迫切解决的问题。

为广泛了解市场信息，拓宽致富渠道，汪友林经常收看农业节目，尤其是CCTV—7农业节目，试图从节目中找到些启发。一条安徽亳州中药材市场交易十分红火的信息给了他启发：既然本地野生中药材资源十分丰富，何不在本地大力发展中药材生产？于是，在实地考察后，他率先种植了2.5亩玄胡、5亩丹参。目前，在汪友林的带领下，大环村的中药材种植已初具规模。

一期普通的农业节目，竟然能带动全村农业结构调整。汪友林深深认识到了农业节目的重要作用。今年年初，在他的引导下，全村73户拥有卫星天线的农户全部接收CCTV—7农业节目。

而农业节目带给贵州省印江土家族自治县的，还远不止这些。今年5月，CCTV—7农业节目《乡村大世界》来到这个西部县城，成功制作了"《乡村大世界》——印江印象"节目，让更多的人了解了印江。节目播出后，许多游客慕名而来。今年"十一黄金周"期间，印江各旅游景点共接待游客3.1万人次，比去年同期增长 48%;实现旅游总收入 868 万元,比去年同期增长 60%。

农业电视节目播出,不仅给农民送去了党和国家的政策、科技致富的信息及市场动态,让普通农民了解到了政策、拓宽了思路、提高了收入。同时,推动了农村基层干部进行农村产业结构调整的步伐,促进了地方产业链的形成,带动了地方经济的发展。

"服务三农 沟通城乡" 营造全面建设小康社会氛围

业余生活的贫乏一直在农村表现得非常明显。赌博、封建迷信、酗酒斗殴一度成了一些地区农民业余生活的主要内容。

但随着农业电视节目的繁荣发展,这一状况在一定程度上得到了缓解。据中央电视台对观众调查显示,78.9% 的农民在农闲时节主要依靠看电视来消遣农闲时间。中国人民大学农业与农村发展学院院长温铁军说:"目前的节目越来越贴近现实,越来越多的节目反映农民关注的问题,电视节目对于农民的影响很大。"

那么农业电视节目怎么影响着他们的生活和观念呢?

山西省介休市义堂镇的农民王永福对记者讲起了农业节目给当地农村带来的变化:过去,村里很多小青年一闲下来,就聚在一起打牌;现在,很多人受到《致富经》的启发,都忙着学技术、学知识,有的把自家的庄稼种得有模有样,有的学了本事进城打工了。过去,闹了纠纷,村里人动不动就打架,受骗上当了,农民也就自认倒霉;现在,很多农民都喜欢看 CCTV—7 农业节目《法制编辑部》和我们山西省台的《黄土地》。里面经常放违法占地、排污、贷款等问题。过去这样的事我们摊上,大伙都不知道咋办。现在大家至少知道哪些事该找哪些部门,用哪些法律条款去应对了。

CCTV—7 农业节目,通过电视艺术的手法将现代意识注入农村,逐步改变着农民落后的生活方式、思维方式,乃至审美情趣,努力让农业电视节目更好地满足农民不断增长的物质和精神文明需求,为全面建设小康社会做出了应有的贡献。

在"三农"问题成为全党全国工作的重中之重的今天,作为农村宣传工作重要组成部分,为农民量身定做的农业电视节目已经深深影响着农民的生产生活,党的路线、方针、政策在农村地区的传达、改善农村生产力水平和先进文化在农村地区的传播、农村经济的发展、农民增收和全面建设小康社会等方面发挥着重要的意义。

今天,"三农"问题成为全党宣传工作的重点,农业电视节目又面临哪些差距和挑战呢?

农业节目的挑战和机遇

农业电视节目对农村的发展、农民的生产和生活起到了巨大的推动作用。目前我国正从城乡分割向城乡统筹发展转变,在这个转型期,农民对中央的方针政策、对新的经营观念和变化多端的市场信息需求越来越多,对相应的农业节目需求更强烈。

尽管以 CCTV—7 农业节目为"龙头"的农业电视节目受到了农村干部、农技推广人员和农民广泛欢迎,但随着市场经济的深入,广大农民对物质和精神文化的要求逐渐提高,在新时期、新任务和新要求下,全国农业电视节目的播出时间总量与日益增长的"三农"工作需求来说,供求缺口有加大的趋势。

"三农"问题作为全党工作重中之重:
农业节目迫切需要做大做强

2005 年 3 月,十届全国人大三次会议期间,有记者向温家宝总理提问:"如何才能根本解决'三农'问题?"温家宝总理回答说:"我不是经济学家,但我深知农业、农民和农村问题在中国的极端重要性。没有农村的小康,就不会有全国的小康。没有农村的现代化,就不会有全国的现代化。"

我国是农业大国,也是农业人口大国。

目前,以 CCTV—7 农业节目为"领头羊"的农业电视节目已经承担起了这一重要的宣传使命。这些面向全国农民的农业电视节目向农村地区传达党的路线、方针、政策;为农民群众提供科技信息、致富信息,让他们走上科学致富的道路,改善了农村的生产力状况;向农村地区传播了先进的文化,丰富了农民群众的文化生活。

但是,我国农村经济形势发展迅速,"三农"问题被提到了前所未有的高度,在这种情况下,现在的农业节目在播出时间总量上还无法满足这一需求,迫切需要农业节目播出量的增加,农民呼吁开设"我们农民自己的频道",也就可以理解了。

增加农业电视的节目播出时间量,开设专门的农业频道,能够对农村地区的和谐发展发挥积极的推动作用。专家认为,农民问题如何解决,直接关系着社会结构的合理与否和社会生态的平衡程度。当前我国社会正处在社会发展的转型期,构建和谐社会就必须解决农民问题,缩小社会的贫富差距、城乡差距、地区差距。

中央提出"五个统筹",其中最具挑战性的就是"统筹城乡发展"。因为当前我国城市与农村之间"地缘"分割、"人缘"分化、经济分裂、社会分治的问题比较严重,城乡矛盾已经成为制约经济社会发展的重要因素。21世纪前半期中国社会转型期内,农民、城市流动人口成为一个亟待关注的社会群体。

在当前中国社会飞速发展的大背景之下,增加农业电视节目的播出量,甚至开设专门的农业频道,更集中、更全面地关注社会转型期的农村热点问题,关注农民生活,关注农业发展,关注农村社会服务、农业产业化、农村市场体系等问题,是我国农村经济快速发展的需要,既体现了"三个代表"重要思想,又体现了构建和谐社会的新的时代要求。

9亿农民需求日趋加大且多元:农业节目供求缺口加剧

"CCTV—7农业节目好是好,我们还是觉得不够看!我们地方台的农业节目更是没有几个,农业节目的播出量还要加大!"河南农民吴会坡发出了这样的感叹。

当前农民除了能看几场庙戏和几场电影外,主要的文化消遣就是看电视。中央电视台对观众的调查显示,农村人口对于电视有着更高的依赖程度。这种依赖集中体现在对农事指导、致富经验、产品销路等信息的获取上。

农民的这些需求,必须在专业的农业节目中获得。但目前我国农业电视节目的总量如何呢?国家广电总局副局长张海涛在广播电视对农服务高层论坛上透露,经国家广电总局批准的农业电视频道有5套,占全国1254套电视节目的0.4%,针对农民进行科技普及和技能培训的节目很少。

对此,中国广播电视协会副会长张振华认为,媒体的资源配置与我们的国情实际"严重错位":我国绝大多数人口在农村,但大多数节目却是做给城里人看的,农业节目总量太少。在中央电视台一个综合频道和15个专业频道中,CCTV—7农业节目每天有8个小时。尽管从绝对数量上来讲农业节目的时间安排并不少,但相对于我国农民观众的总数和他们的巨大需求来说,就显得有些杯水车薪了。

除了开设了专门农村频道的3个省,还有很多省级电视台也开办了少量农业专栏节目,但大多属于地面台节目,只能小局域内传播。而且,由于缺乏专业电视频道的规模优势,这些农业节目大多淹没在以城市观众为主的其他节目、尤其是娱乐节目中。

2004年最新数据显示:我国电视频道总量是2094个,节目全年播出总量为1004万小时。这么大的播出量中,有多少是农业电视节目呢? 据中国传媒大学有关专家测算:"不超过1%。"

由此可以看出,虽然全国电视节目数量和播出时间逐年增加,但从总体上看,面向和服务于城市观众需求的占了绝对比例,真正面向农民在生产、生活中,对政策、信息、技能、经验、法律、生活知识等方面提出的需求的节目还太少太少。

目前,我国农业和农村经济的发展已进入新阶段,必然要推进新的农业科技革命。这就要求加大农业电视节目的播出量,甚至专门的农业频道,从而更大量、更迅捷地提供农村经济结构调整所需要的信息、技术、经验和思路。

就目前形势而言,广大农民已从解决温饱到基本进入小康,生活的富裕促使他们对精神文化生活更加需求,当今农民的思想观念、思维方式、生产模式、生活习惯等正发生着深刻的变化,农民在政策、市场信息、法律知识、生活服务等方面有了更广泛的需求。

另一方面,城市下岗人员增多,他们十分关注农村这个巨大的再就业发展空间。城里人需要了解农村的事情,农民也需要了解城里人的生活。电视在促进信息流通、传播文化知识、宣传民主法制、倡导现代文明方面的作用越来越明显。

"播出时间和我们作息有冲突": 农民希望播出时间要"利农"

今年上半年中央电视台"观众满意度"调查显示,央视7套农业节目《致富经》深受观众的肯定和赞赏，但观众、尤其是农村观众却对播出时间不大满意。

目前《致富经》每天有两个播出时段：首播是晚上 22:07～22:37；重播是中午 12:30～13:00。这两个时段，与农民的作息时间存在很大的矛盾。由于农民白天劳作比较辛苦、娱乐活动少，休息时间大都比较早。虽然很多农民喜欢看这个节目，可是却很少能熬到这么晚，这在一定程度上影响了节目的收视率。《生活567》为下午 18:05～18:30 首播，许多农民除冬天外，这个时段都还未收工；等到早上 6:30～6:55 重播的时候，许多农民又一早起来下地忙了。《科技苑》《每日农经》也遇到同样的问题。

此外，很多省、市地方电视台的农业节目，也面临着类似的尴尬。湖南电视台的《乡村发现》、山西电视台的《黄土地》等一批省市地方电视台的农业节目，办得也算红红火火，是为"三农"服务的"土凤凰"。但仔细看一下它们的播出时间：21:35，04:00，07:35 和 21:55，也不免让一些农民朋友失望。

据最近一次全国电视观众现状报告显示，农村观众因节目播出时间和作息时间不相适应而放弃收视的比例达到 24%。河北地市台电视节目播出时间电话调查也发现，不论农忙和农闲，电视播放时间一成不变，从而导致收视率的起伏不定。

针对这些问题，有识之士建议农业节目的播出和编排要"利农"。节目播出的时间和流程要符合农村生产实际。可以根据农村的实际情况调整播出时间，比如在农闲时加大节目播出量；同时根据农村生产的不同要求，在不同季节播发不同的农业科技知识。

是否可以考虑，在国家对"三农"问题高度重视的大背景下，在农民对电视高度依赖下，在 9 亿收视群体的需求下，如果能够进一步增加节目播出时间量，在时段设置上有更大的空间和余地？

未来农业电视频道猜想

当前，国家对"三农"问题高度重视，农民对政策、信息的需求前所未有，9 亿市场群体充满期盼，在这样的大背景下，众多农民、农业工作者、基层干部以及有关专家呼吁增加农业电视节目播出时间量，在时段设置上给农业节目更大的空间和余地。更有有识之士提出："要满足这些需求,必须设立专门的国家农业电视频道或农业电视台。"

未来的农业电视节目必须通过走频道专业化道路,以自己的专业化能力树立传播优势,为我国农民的全面发展提供信息服务,帮助农民获得及时有效的信息。

那么,设立专门的农业频道这一设想可行么?

满足农民日益增长的需求:"农业频道"呼之欲出

"我们农民没有看节目预告的习惯,现在看到的很多农业节目都是'碰上就看';农村人看电视'换台'也不像城里人那么勤,所以说农业节目最好集中在一个频道,农民不管什么时间看都能看到和自己相关、对自己有用的东西,这样我们感觉最方便。"对于未来农业电视节目的转向,山东省夏津县刘芦村农民史建军根据自己的切身实际提出了大胆的想象。

其实,早在 2004 年 1 月 21 日,和我们同属农业大国的印度正式开播专门的"农民电视频道"之后,在我国开设"农业频道"的呼声就开始此起彼伏。尤其在国家对"三农"问题高度重视的今天,在农民对电视有着高度的依赖之下,这一呼声更是空前高涨。

在"县域经济论坛 www. xyjj. net/bbs"上,网友对此讨论热烈。许多网友认为:我国是农业大国,创办专门的国家"农业频道"很必要,9 亿人的需要为什么不能满足?这才是真正的大多数!

赞同成立专门农业频道的不只是农民和农村基层干部,一些专家和学者也表示出相同的意见。

面对农业节目未来发展,中央财经领导小组办公室副主任陈锡文指出,农业的发展、农村的改革一靠政策、二靠科技、三靠投入,成立专门的农业频道会为党和国家政策的宣传、农民科技和信息的获取及其农村经济的全面发展起到切实有效的作用。

国务院发展研究中心研究员赵树凯则这样分析:"目前农业电视节目播出时间较少,电视节目播出时间与农民作息时间不符合,这与广大农民的需求形成了明显对立。为了扭转这种局面,有效办法不是在现有节目时间总量内做出提前或推后的调整,而是大幅度地扩张节目时间总量,不仅重播次数要增加,而且每期节目时间也要增加,同时也要创建一些新的栏目。从这个角度讲,建立专门的农村或农业电视台是有必要的。"

对于成立农业频道的理由,中国社会科学院农村发展研究所的党国英教授说:"设立专门的农业频道好,这样有助于培养一支专业队伍,有助于做好工作计划,也有助于农民收看。"中国农业大学副校长谭向勇教授则认为:"农业在我国处于一个非常重要的地位,起着非常重要的作用,创办一个农业频道是很必要的事情。这样可以系统地服务于农业和农民。另外,专业的农业频道实际上也会成为城市居民了解农业、农村、农民良好的渠道。"

制作经验丰富、国家重视"三农": 开办"农业频道"时机成熟

成立专门农业频道的呼声如此之高,那么我国是否具备开办一个国家农业频道的条件呢?

我国农业电视节目有着巨大的收视群体。我国是一个农业大国,农村人口高达9亿之多。农村经济发展极其不平衡,农民收入急需增加;同时随着农民文化水平的增加,农民对政策信息、科技信息、市场信息需求强烈。另一方面,城市下岗人员增多,他们十分关注农村这个巨大的重新再就业发展空间。

我国入世后,农村的信息资料与受众资源会更加丰富,不论是从争取农村受众群体角度,还是从政治角度来看,电视传媒都应去积极地开拓并占领农村电视市场。

"农业、农村、农民"题材广阔,而且与"三农"问题相关的生态、能源、环保、水利建设等题材也是今后相当长一段时间内国家非常重视的领域。而这些题材在目前电视节目中的出现还远远不能满足社会的信息需求。农业电视节目有着相当广阔的发展空间。

为此,中国农业大学经济管理学院常务副院长王秀清教授说出了自己的观点:"目前我国已经具备了开设一个专门农业频道的条件。在目前各类传播方式中,电视是农民接受最快的,而且早在2003年全国电视的普及率已经达到85.88%,所以一旦开设了专业的农业频道,应该可以迅速形成一大批稳定的观众群体。此外,制作CCTV—7农业节目的中国农业电影电视中心以及各省市电

视台的农业节目多年来都积累了相当的经验,这些经验都可以直接运用到专门的农业频道中来。"

另外,国家不断改善农业电视发展投资环境,也为成立农业频道带来了巨大的机遇。

长期以来中央和农业部领导都对"三农"问题及农业电视宣传工作高度重视。温家宝总理、回良玉副总理等都曾对 CCTV—7 农业节目做了重要批示。在农业部杜青林部长强调抓紧抓实的农业九项重点工作中,大力推进农村市场信息建设被放置在重要地位。

为了大力支持农业电视节目的发展,1998 年,国家广电总局、国家发改委、财政部、信息产业部等 8 部委联合实施了村村通广播电视工程;2002 年,农业部和国家广电总局还联合下发了《关于实施中央电视台第七套农业节目进村入户工程的通知》,自此,农业节目"进村入户工程"开始在安徽、黑龙江、河北、天津等地的 20 多个县进行试点,这项工程的实施,使 CCTV—7 农业节目在试点地区农村的进村入户率达到 85% 以上。

国家政策向农业倾斜的大环境以及现有农业节目制作经验的积累,都为国家专业农业频道的开设提供了有利的条件。

服务"三农"的权威平台:"农业频道"独具优势

未来的农业频道,令人期待。那么农业频道一旦开设,将是怎样的状况呢?

中国农业大学经济管理学院常务副院长王秀清教授说:"未来农业频道应该立足于现有的 CCTV—7 农业节目的基础上,这样可以发挥原有农业节目制作基础和优势。中国农业电影电视中心通过长期承办 CCTV—7 农业节目,已经积累了大量的电视节目制作、管理经验和农业节目素材,具有较强的农业节目制作实力和可行的运作模式。此外,现有的 CCTV—7 农业节目形成了较为完整的栏目群,未来的农业频道完全可以在这些节目群的基础上拓展和完善。"

目前 CCTV—7 农业节目每天播出 8 小时,并且已经拥有《致富经》《聚焦三农》《乡村大世界》《法制编辑部》等一批已在观众中树立良好口碑的品牌栏目,农业频道可以在这些品牌栏目基础上,进一步开拓创新,实现农业频道在较高起点上的跨越式发展。

未来的农业频道,在节目内容上,一方面坚持"以农为本"的原则,同时适应统筹城乡社会经济发展要求和我国加入世界贸易组织、改革开放的新形势，拓宽服务领域，进一步突出服务性、贴近性、实用性，以满足服务对象了解掌握农业、农村政策法规、经济信息、科学技术等方面的知识和技能的特殊收视需求，同时兼顾其他一般收视需求。

专门的国家农业频道，无论从功能定位和政策扶持上，都将具有疏导与解决"三农"问题的重要使命和独特话语权优势。专门的国家农业频道一旦成立，将更大程度地整合各方权威资源、信息资源与专家资源，贴近民生需求，对农村经济的发展做出有效预测，成为基层农业经济政策制定和农民生产投入决策的风向标。

农业频道除了具备权威性的特点外，打好"服务牌"、把握"贴近性"也成了不可或缺的重要标志。

中央电视台对观众的调查显示，农村人口对于电视有着更高的依赖程度。这种依赖除了表现在对娱乐、生活、新闻等一般需求的依赖上，更主要的依赖集中于对农事指导、致富经验、产品销路等信息的获取上。对于一般性的需求，农民能够在许多综合性频道获得，而农民的特殊需求，只能在专业的农业节目中获得。因此，以满足广大农民了解掌握农业、农村政策法规、经济信息、科学技术等方面的知识和技能的特殊收视需求，是农业频道的应有之意和核心竞争优势之所在。

而中国农业电影电视中心已经建立了包括科技信息、经济信息、政策信息3个部分的农业节目信息体系，包括法律服务、科技服务、生活服务、经济、信息服务、政策解析和法律普及服务等的农业节目服务体系，这为未来农业频道的发展提供了良好的基础和平台，有利于农业频道不断增强自身服务性和贴近性。

第七章 老典型与新农村

（2006 年 2 月—4 月）

青石板上创高产 当代愚公续新篇

沙石峪名片

人口:870 人

人均年收入:约为 4900 元

第一产业:粮食、葡萄、果树

第二产业:集体两个(轻质碳酸钙厂、再生胶厂),个体两个

第三产业:外出打工、旅游公司(筹划中)

荣誉:2003 年,获得河北省唐山市文明生态村称号

　　2005 年,获得全国农业旅游示范点称号

"沙石峪,山连山,当代愚公换新天。万里千担一亩田,青石板上创高产。"

上世纪六七十年代,这句许多人耳熟能详的歌词,曾激励了无数中华儿女和海内外友人。从河北遵化市出发,南行几十里,就到了沙石峪。就是这个燕山山脉中的小山村,上世纪六十年代以挖山不止的愚公精神被誉为"中国农业的大学校"。

万里千担一亩田　青石板上创高产

除了村口的标语,沙石峪和记者见过的众多太行山深处的小村庄没什么两样,昔日愚公的代表——村党支部书记张贵顺已长眠地下,建在中阿友谊树旁的张贵顺墓地可以俯瞰沙石峪全景,据说这是他生前自己选定的地方。

如今,沙石峪发展的担子已经落在第四任村党支部书记周国军的肩上。村委会办公的二层小楼内,也专门设立了沙石峪村史展览馆,从展览馆的陈列中,一目了然地再现了沙石峪的昨天。

几十年前,沙石峪还是个"滴水贵如油"的穷山沟,每天早上,村里的男男女女都要步行十几里路到大狼峪挑水。缺水还可以去挑,但那个时代,对于面朝黄土背朝天的农民来说,缺土却让沙石峪人犯了愁。"土如珍珠水如油,漫山遍野大石头"。这是昔日遵化沙石峪村的真实写照。当时仅有的几百亩地,是由两万多块田拼凑成的,一亩地少则八九块,多则八九十块。每年国家都要向沙石峪供应十几万斤粮食。

但是,当年的村支书张贵顺却不信邪。他们用大锤砸,用尖镐凿,用双手挖,硬是把满地青石板揭去一层。为了加厚土层,张贵顺提出"社员外出不空手,每人都要带点土"的口号。十几天时间,青石板上一亩田被垫起了二尺半,总计行程1万多公里,挑土4600多担。为激励后人,沙石峪村头立起一块石碑:"万里千担一亩田,青石板上创高产。"从1966年到1971年,沙石峪共动土石方1760万立方米,投入劳动力1180万个,将原来2.3万块、780亩土地,改造成5020块、1200亩大寨田。

1962年6月27日,记者东生的长篇通讯《看愚公是怎样移山的》在《人民日报》刊出,沙石峪声名鹊起。1966年4月29日,周恩来总理陪阿尔巴尼亚部长会议主席谢胡到沙石峪参观,之后的短短几年间,沙石峪接待了167个国家的包括4个国家元首、16国总理在内的3000多位国际友人。

一亩果园半亩田　如今旧貌换新颜

沙石峪出名了！但它并没有像大寨一样长久地出现在公众的视野中，张贵顺带领村民继续着劈山造田的工程。到1978年，沙石峪的粮食产量已经达到了80多万斤，当年向国家交售粮食20万斤。周国军告诉记者，"1983年大包干之前，我们村的劳力每月能分50块钱，比城里上班的人工资都高。老年人年过六十，口粮由村里免费提供，每年还能领到10～30元的补贴。而且当时沙石峪一个村拥有的农业机械比一般的乡镇都要多，当时我在机务队开车，仅机务队一年收入就有二三十万。"

1983年，县里决定请71岁的张贵顺离休让贤，原党支部副书记阎福忠接任党支部书记。阎福忠上任后的第一件事，就是推行家庭联产承包责任制。

党的十一届三中全会后，张贵顺曾发动全村群众大讨论，制定了发展多样化种植的规划。规划的中心是把"一亩粮田半亩园"改为"一亩果园半亩田"。阎福忠接任后继续这一政策，在进一步明确果树生产以葡萄为主，大力发展甜杏、李子、花椒、柿子等杂果的同时，积极搞好养殖业和劳务输出。如今，沙石峪已经建起300多亩的葡萄沟、葡萄山，栽种600多亩果树，实现人均百棵树。村里还先后建起食品厂、采矿厂、碳酸钙厂、氧化锌厂。往常惹人讨厌的石头，如今也变成了假山石、建材石，远销京津等地。

经过张贵顺、阎福忠、阎宝庭等为代表的几代"愚公"的艰苦努力，如今的沙石峪早已旧貌换新颜，并在1996年取得了小康村的荣誉称号。进得村来，新房随处可见，液化气、洗衣机、电饭锅成了农民家庭必备之物，家家都吃上了免费的自来水，全村已有57户买了汽车。

人物档案

张贵顺1999年农历正月十七逝世，享年87岁。

他是闻名全国的农业劳动模范，创造了"万里千担一亩田，青石板上创高产"的人间奇迹，追随周恩来总理两次亲莅视察的步履，三次重新安排九岭山水，"当代愚公"成为飘扬华夏的一面旗帜。

他历任沙石峪村党支部书记、东旧寨人民公社主任、遵化县委副书记，还当过一届河北省人大常委，是中国共产党第九次、第十二次全国代表大会代表。

感叹半个世纪的变迁——一个沙石峪人的生活年历

60岁的李凤中是土生土长的沙石峪人。1956年,因为一次交通事故,李凤中的脚落下了残疾。村里让他放个牛,看个车,照样挣工分,算是对他的照顾。

"那个时候生活苦啊!"李凤中告诉记者,1962年,他去接走亲戚的母亲回家,表嫂特地给他做了饭吃。所谓的饭,其实连个米粒也没有,就是拌菠菜。他接了母亲往回走,走到半道又饿了,找了个亲戚家吃饭,做的还是拌菠菜。

直到1974年,28岁的李凤中才定了亲。提起那个时候的生活,李凤中满怀辛酸:"我媳妇生孩子,家里连熬粥的米都没有,还是跟别人借的。"

1983年,沙石峪要实行大包干,李凤中第一个站出来反对。他三天三夜睡不着觉,把媳妇叫过来说:"咱村要大包干了,咱俩离婚吧。往后我要能过得下去,你还回来;要是过不下去,你也别跟着我受罪,咱俩的情分就算到头了。"李凤中腿脚不好,又刚刚盖了房子,落下了700块钱饥荒。他认为,不实行大包干,4年能还上债;实行了大包干,还不清债就得当房子卖地,过苦日子。

看到这种情况,老书记张贵顺给李凤中出了个主意,他帮李凤中贷了20块钱,买来树籽和塑料薄膜。1984年春天育种,1985年春天,李凤中的树苗一下子卖了800块钱。加上种葡萄的收入,李凤中不仅还清了外债,还花120块钱买了一块上海牌手表。

2004年年底,李凤中的儿子结婚,他摆了14桌酒席,李凤中说:"不是我铺张浪费,确实是现在生活条件好了。"他告诉记者,儿子在采矿点上班,女儿在唐山的饭店打工,自己种果树、养猪,一年也能收入万把块钱。

"看那时候的光景,谁能想到我也能过上这么幸福的生活!"李凤中指着他家的卫星电视接收器给记者看,"一家安两个'电视大锅',在沙石峪我是头一份!"

编辑点评

建设新农村　艰苦奋斗精神不能丢

时下,随着新农村建设紧锣密鼓地开展,城市加大了支援农村的力度,工业进入了全面反哺农业的时候,部分农村干部产生了"等、靠、要"思想,这是很不正常的。无论何时,自力更生、艰苦奋斗的光荣传统决不能丢,它是中华民族自强不息的宝贵财富。如今,农民作为新农村建设的主体,决定了在这一伟大实践中,必须发扬广大农民群众自力更生、艰苦奋斗的优良传统,克服"等、靠、要"思想。否则,建设新农村就成了一句空话,新农村的美好蓝图也只能成为墙上画饼。建设新农村不能指望财政补贴"补"出来,也不能靠富裕地区帮助"帮"出来,最根本的还是要靠广大农民群众自力更生、奋发图强干出来。

采访札记

沙石峪 明天如何发展?

老典型一定要有新发展,这是沙石峪村党支部书记周国军上任后思考得最多的问题。来沙石峪前,记者在网上搜索了一下相关资料。绝大部分是介绍上世纪六七十年代沙石峪人民的愚公精神,最新的一条报道是:2005 年年底,沙石峪通过国家级专家组的验收,成为"全国农业旅游示范点"。

"开发旅游,是前几任书记都考虑过的事情,但是因为种种原因一直没能实施。"周国军说,2000 年,他当上村党支部书记之后,就想找点带领群众致富的项目,上企业,一是没有资金,再一个怕污染环境。2005 年,随着保持共产党员先进性教育活动的开展,很多地方的党支部都组织参观团来学习考察,周国军坚定了办旅游的决心。

正是春寒料峭的时节,沙石峪显得有些冷清。周国军指着一个院落告诉记者,这是农家游的旅馆,对面废弃的学校也将改建成旅游接待站,加上万里千担一亩田,张贵顺墓,还有中阿友谊树等景点,沙石峪的开发还是很有潜力的。

"要没有过去的光环,我们还真难评得上全国农业旅游示范点。发展旅游,我们的硬件建设'活儿太糙'。"周国军告诉记者,"规划都有了,下一步资金到了位,我们准备做好土特产、纪念品的购售及接待工作,并将规划复建张贵顺故居。"

老典型怎样在新形势下焕发生机,沙石峪给我们提供了一个很好的范例。周国军的规划不只是安于小康村的现状,他说:"沙石峪的发展靠的就是艰苦奋斗,忘了艰苦奋斗精神那就是忘本哪!旅游开发好了,村民不出家门就能有活儿干,那才是真正的小康!"

187

188

从农业旗帜到新农村典型

大寨名片

人口:520 人

人均年收入:5500 元

第一产业:粮食

第二产业:羊毛衫厂、制衣公司等村集体企业和大寨中策水泥厂、大寨酒厂、
核桃露饮品厂等合资企业

第三产业:旅游业、饭店、旅馆等

荣誉:中央文明委授予文明建设先进村称号,被山西省委、省政府命名为
"山西省爱国主义教育基地",全国 100 个文明村之一

一提起大寨,很多人都会想起上世纪六七十年代那个响亮的口号:"工业学
大庆,农业学大寨"。在那个年代,曾经有 1000 多万人来到这个总面积仅 1.88
平方公里的偏僻小山村,学习大寨人"自力更生、艰苦奋斗"的精神。

今天,当全国正在推进"建设社会主义新农村"的时候,记者再次走进大寨,
去寻访那早在上世纪 60 年代已闻名海内外的小山村,去了解改革开放 20 多年
大寨的崭新风貌。

从"七沟八梁一面坡"到高产稳产

还没进大寨村,寨门上那鲜红的字——"大寨"已经映入记者的眼帘,寨门
墙上的"自力更生、奋发图强"八个大字依然鲜艳,这个在无数图片中出现的招
牌字已成为大寨的标志性建筑,它和大寨一同经历着风霜雪雨,一直走到今天。

"地无三亩平,年年灾害多。"见到记者,已经 77 岁高龄、曾经担任过村党支
部副书记的宋立英老人这样形容刚刚解放后的大寨。她告诉记者,当年大寨一
共有 800 亩地,分散在虎头山坡上,共 4700 块,极为零碎,最大的不过 3 亩地,而
且地面不平,水土不保。加上经常有水灾和旱灾,村民的日子非常贫困。"那时

候,大多数的人家都是吃糠菜。"

别看宋立英老人上了年纪,说起当年的事还满怀激情:"面对这样的艰苦条件,当时的村支书陈永贵带领全村群众,利用虎头山的石头,砌沟造村,垒坝造田。"

"当时全国人都知晓大寨人'三战狼窝掌'的故事,就是陈永贵带领着大寨人用石头做坝把狼窝掌拦住,然后在上面垫土种地。随后,陈永贵总结了三战狼窝掌的经验,全面展开治理七沟八梁一面坡,搬山填沟造'小平原'(大块田)的工作,使大寨土地变零为整,耕地从4700块,变成900多块,造成了保水、保肥、保墒的'大寨田'。到了上世纪70年代初,大寨的土地亩产超千斤,比1953年(合作社时)翻了两番多。"

"1964年,在毛泽东主席'农业学大寨'的号召下,大寨一时间成了全国农业战线上的标兵,周恩来总理曾经3次陪同外国友人来到大寨视察工作,我们还接待了五大洲的上百个国家的元首和友人。"宋立英自豪地说。当然,在"左倾"思潮的影响下,"农业学大寨"演变为一场政治运动,这是大寨人所没有想到的。

从单纯型农业到农工商一体

走进今天的大寨,你会发现,在寨门的两侧,大寨土特产店、大寨纪念品店、农家饭店、农家旅店的招牌错落有致,不时还有村民热情地上前吆喝着。走进寨门,一排别致的现代化新房出现在记者面前。

"其实这还是过去的窑洞,只不过是在窑洞前又盖了一层崭新的房子!新盖的房子用来开杂货店买纪念品,里面的老窑洞就成了农家旅店。"村民贾翠兰曾经是"铁姑娘队"队员,如今她正在帮着儿子看管"大寨纪念品杂货店"。她告诉记者,村里在山上统一盖了小别墅,他们家已经搬进了别墅。"一个杂货店,一个饭店、一个旅馆,一年的收入就是两万多!"贾翠兰高兴地说。

与贾翠兰家一样,改革开放20多年,大寨在变化,大寨人的生活在变化,大寨人的思想也在变化。

"过去是全国学大寨,现在是大寨学全国。"这是大寨村村支书、全国人大常委郭凤莲曾说过的一句话。这句话也体现了大寨人的思想变化。

"上世纪80年代,全国农村乡镇企业蓬勃兴起,但大寨还在老路上打转转,固守着传统农业的思维模式。80年代末,大寨人耕种着700亩耕地,全村每年的总收入只有270余万元,人均纯收入735元,集体经济没有发展,个体和私营经济也是白纸一张。"大寨村原村支书高玉良告诉记者,"1991 年年底,'铁姑娘'郭凤莲重新回到大寨担任村支书。当时恰逢邓小平同志南方谈话发表。转变人们的思维方式,光靠'说教'和'号召'不行呀,必须让大家出去走一走,呼吸时代风,感受致富情。"

说干就干。当年,全村 140 来户人家,每户出 1 人,租来几辆大轿车把大家拉出娘子关。河南的刘庄、南街村,江苏的华西村不是有名嘛,组织部分干部和青年民兵去取"经"。

"参观后,我们思想发生了很大的变化。"李怀莲是当年走出去参观的代表,如今她已经是村妇联主任,"当时我们就得出这样的结论:要想致富快,农业加买卖。"

从此,大寨人摆脱了"以粮为纲"的陈旧观念,走上了村办企业的道路。1992 年,大寨成立了大寨经济开发总公司,随后,他们相继建起了羊毛衫厂、衬衣厂、中策水泥有限公司(合资)、酒业公司等企业,且均冠名"大寨牌",近两年,他们又开发了"大寨核桃露"和"大寨黄金饼"等产品。

如今,不仅 70% 的大寨村村民都在企业里上班,还吸引了不少外地人来此就业。1996 年以后,大寨正式搞起了旅游,新建了大寨展览馆,盖起了大寨宾馆,培养了大寨自己的导游,并动员老百姓开饭店、办商店,从此旅游就成了大寨的一个产业。2002 年,大寨人又把虎头山建成了"大寨森林公园"。

据大寨村提供的材料表明:2005 年,大寨经济总收入达 11574 万元,人均收入 5500 元,经济收入比 1980 年增长 550 倍,人均收入增长 30 倍。

从创富裕大寨到建和谐大寨

在虎头山上往下看,是最早盖起的 3 排 12 幢二层"小别墅",在不远处的山冈上,一排排错落有致刚刚建成的二层小洋楼也已有村民入住。

"自己拿 5.5 万元,村里给补贴 3 万元,192 平方米的小楼就归自己了。"村民张沈丽是刚刚搬进二层小楼的,走进她的家,屋子宽敞明亮,家具、电器等一应俱全,取暖的设备也由炉子换成了暖气,"我们这里烧煤便宜,每吨只要拿 30 块钱,其他的由村委会补贴!"

以郭凤莲为首的大寨领导集体,在村里兴办实体发展经济有所盈余后,改善条件加强服务,让村里人得到真正的实惠。在采访中,很多村民这样表示。

在大寨村,几年前就已经实行 60 岁以上老人享受养老金制度,60~69 岁每人每月 100 元;70 岁以上每人每月 150 元,党员 200 元,孩子从上幼儿园到上学全部免费,大学生享受奖学金制度,本科生每人每年 1000 元,专科 800 元,中专 500 元。逢年过节,村委会还会为村民分发一定数量的米、面、食油等。

大寨的进步是从调整农业结构开始的。为了保证农业不落后,他们还提出了建设绿色园林生态大寨的目标。对农田,他们采取的是"五统一"的办法,即统一机械耕种,统一水利灌溉,统一购买种子、肥料,统一提供科技服务,统一为农户耕种。对荒山,他们积极绿化。到目前为止,他们已经绿化荒山荒坡 2300多亩,种植 46 个树种,30 余万株树木,使生态环境得到了极大的改善。

经济的发展,与人的素质分不开。大寨村坚持"两个文明"一起抓,他们先后重新修建了村小学,建成了图书馆,办起了农民文化夜校、科学文化补习班,并从北京和太原请来专家、教授给村民传授经验,以提高村民的思想和科学文化素质。同时,为了给村民提供一个好的健身场地,他们还购进几十套健身器材,并修建了专门的健身场。

如今的大寨,是一个社会安定、秩序井然的农村,连续十多年没有打架斗殴、聚众赌博现象,无重大刑事案件或重大事故,无上访告状现象。

记者采访时,正值大雪。一清早,虽然大雪还在纷飞,但村民们已经自觉地走出家门清扫马路上的积雪。"雪一停,连一个小时都不到,马路上的雪就会被村民自觉清扫干净!"一个老人这样告诉记者。

"大寨发展了,但是我们不会停息,我们要继续坚持农业与多种经营并存的思路,让大多数农民跳出农业,增加他们的工资性收入。同时,继续加大村公共设施的投入,让村民的生活质量更好!"村党总支书记贾春生这样说。

站在虎头山上往下望去,看到那长久屹立的,是大寨梯田的石坝;而更长久屹立的,是那石坝下面蕴藏着的精神。而这个精神,正是促使大寨迅速走上建设社会主义新农村道路的巨大精神动力。

采访札记

刮目看大寨

去采访大寨,已经是第二次,上次去采访是 2004 年的"两会"前夕。就是在这两年中,大寨又发生了很大的变化:寨门两侧的农家乐饭店、旅馆更多了,而且上了档次;村庄更加整齐干净,一些村民也已经入住了刚刚盖起的小洋楼;村民的谈吐更加文明,举止更加大方……

所有这一切的变化,有些是记者想到的,有些是记者没有想到的。之所以说想到,是因为记者相信在勤劳、聪明的大寨人的努力下,大寨会发展,会变化。之所以说没有想到,是没有想到仅仅在两年的时间内大寨会发生这样大的变化。

大寨的迅速发展无外乎两个方面,第一是大寨人能够正确认清形势。"过去是全国学大寨,现在是大寨学全国。"1991年年底,当郭凤莲重新回到大寨做党支部书记的时候,这样一句话就成了她给村民的第一件"礼物",而大寨村民呢?很快就从众多荣誉中摆脱出来,走上了"学全国"的道路,他们先后走到河南刘庄、天津大邱庄和江苏华西村等发展较快的地方取经。正是有了一定的经验之后,他们才开始改变"以粮为纲"的生产方式,走上了工农商一体的道路。

第二是大寨人没有忘记"自力更生、艰苦奋斗"的精神。在采访中,记者了解到,作为全国农业的一面旗帜,在经济发展明显落后的时候,大寨人没有"等、靠、要",而是先主动地走出去学习其他地方的先进经验,然后通过自己的努力,寻找到了适合自己村庄发展的道路。

正是保持了"自力更生、艰苦奋斗"的作风,大寨人才会有一股干劲;正是正确认识了自己,大寨人才在前进的方向上找到风向标。可以说,大寨今天的发展,不仅给自己村找到了出路,也给农村的发展提供了可借鉴的经验。

大寨,昨天的旗帜,今天的榜样!

人物档案

郭凤莲1947年出生在离大寨不远的武家坪。3岁时,由于父母去世被家住大寨的姥姥收养。

14岁高小毕业后,郭凤莲到大寨幼儿园当了一年多的"孩子王"。就在这期间,大寨人改造了大寨的七沟八梁一面坡,修成了亩产千斤的高产、稳产海绵田。

1963年8月,大寨遭遇了一场毁灭性的洪涝灾害。郭凤莲和全村22名女青年组成一支突击队,义无反顾地奔忙在抢险第一线,这就是后来闻名全国的"铁姑娘"队的雏形。

在大寨最辉煌的时候,郭凤莲当选为大队党支部书记。后曾到昔阳县其他部门工作。

1991 年 11 月 15 日,郭凤莲担任大寨村党支部书记之职。提出:过去是全国学大寨,现在需要的是大寨学全国。

1992 年大寨成立了大寨经济开发总公司,郭凤莲担任总经理。2003 年,郭凤莲当选全国人大常委。

改革典型如何成为发展典型

1978 年 11 月的一天晚上,安徽省滁州市凤阳县小溪河镇小岗村 18 位村民冒着坐牢的危险,在一份承包责任制的文书上按了鲜红的手印,从此,中国农村开始了由"人民公社"到"家庭联产承包责任制"的历史性变革。但在"敢为天下先"的辉煌之后,小岗村却渐渐放慢了前进的脚步,始终未能迎来发展的春天。

小岗村名片

人口:108 户人家,476 人

人均年收入:4000 元

第一产业:粮食、葡萄、养殖

第二产业:一个电缆厂、一个面粉厂将陆续建成投产,张家港长江村的汽车配件厂将搬迁到小岗

第三产业:外出打工、旅游公司、养殖小区

如果没有 30 年前的那场震惊全国的包产到户的风险,小岗村也会像分布在我国其他地方的许多村落一样默默无闻。即使现在看去,它也并无二致——一条笔直宽阔的"友谊大道",路两边各有一排疏间有距的松柏、广玉兰和黄杨。村外是土坡"岗"和大片的葡萄园,村北不远处有一座现代化的特种猪养殖场,那里不时有猪叫声传来。

18 位农民立下包产到户"生死状"

1978 年以前的小岗村,只有 20 户人家 100 多人,是全县有名的穷困村,"吃

粮靠返销,用钱靠救济,生产靠贷款",每年秋后,家家户户都要外出讨饭。全村没有一间砖瓦房,许多农户的茅草屋破烂不堪,家徒四壁,有的穷得全家只剩一床棉被。

1978 年秋,凤阳遭遇特大旱灾,粮食歉收,不少农户又开始准备出门讨饭。11 月底的一个夜晚,队干部召集全村人开会讨论生产问题。最后,他们作出了一个大胆决定:包产到户!昏黄的灯光下,18 位农民神情严峻地立下"生死状",在一张秘密契约上——按上了鲜红的手印。会议一结束,他们连夜将牲畜、农具和耕地按人头包到了户,拉开了中国农村波澜壮阔的改革序幕,由此载入史册。

小岗实行"大包干",一年就大变样:1979 年秋收,小岗村的粮食总产由1978 年的 1.8 万公斤猛增到 6.6 万公斤,人均收入由上年的 22 元跃升为 400元,震惊四邻。这一变化不仅结束了小岗村 20 多年吃"救济粮"的历史,而且上缴国家粮食 3200 多公斤。小岗的成功使周边群众纷纷仿效,"大包干"如星星之火,迅速燃遍了中国农村大地。党和国家领导人曾先后视察小岗,并对小岗村作出了高度的评价和肯定。

一年跨过温饱线,20 多年没过富裕坎

听说记者要前往小岗村采访,凤阳县政府的两位干部马上说:"那个地方有什么好采访的,多年来一直没什么变化。"用他们的话说,小岗村是"一年跨过温饱线,20 多年没过富裕坎"。

"大包干"后的 20 多年里,当全国大部分地方的农村经济蓬勃发展的时候,小岗人却依然沉浸在"大包干"成功的荣誉里,抱着"小富即安"的思想观念在吃"老本"。

小岗村位于淮河平原的腹地,举目望去地势平坦,没有丘陵。但土地贫瘠,碱化严重,适宜种植水稻、小麦。

宽阔的水泥路,两头各有一个气派的牌坊,路两边栽有四季常青的松柏;小学校里时髦漂亮的教学楼;高耸的自来水塔……

"与 20 多年前相比,这里发生了很大的变化,但远没达到小康。因为农民除了种地卖粮,没有其他经济来源。"

"小岗发展成这个样子,我都不甘心。"50 多岁的段永霞愤愤不平地说,她是当年按手印的 18 位村民中严宏昌的妻子。在她看来,小岗失去了太多的发展机会。

作为村里的能人，在担任村委会主任期间，严宏昌说自己先后搞了 8 个项目。其中镀锡铜线厂在凤阳县创了三个第一：投资额第一，科技含量第一，利税第一。这个项目后来成为县里的企业。

前几年小岗与全国别的农村一样，同样经历着农民负担重、收入增长缓慢的历史阵痛。

一再的挫败使小岗村人在与市场的搏斗中败下阵来，只能任由"小岗"这个无形资产被人利用。在"百度"网页上可以搜索到"小岗村"香烟的广告，但是"小岗"这个企业却跟村毫无关联。

多年来，安徽省委、省政府给了小岗不少的支持，小岗也成了外人眼中扶不起来的"阿斗"了。

记者在河南碰到的一位县级干部，提到小岗村就很遗憾地说："小岗村啊，没办法扶持，问题太多。"

小岗这块牌子不能闲置

在沉寂多年，几乎淡出公众视线之时，随着国家建设社会主义新农村决策的提出，错过改革开放发展机遇的小岗村在村党委书记沈浩的带领下，终于又开始发威了。

如今，小岗村的村民们口里说出最多的两个词就是"发展"和"新农村"。扛了 20 多年"中国改革开放第一村"的大旗，小岗人发现：在建设社会主义新农村的征程上，"旗手"落到了队伍的后面！小岗，满怀求发展、建设新农村的迫切心理和渴望。

2005 年 6 月 19 日，小岗村投资 300 多万元的大包干纪念馆建成开馆。纪念馆真实再现了当年"大包干"从酝酿到发生、发展的惊心动魄的历史过程。纪念馆已经被列为省、市、县三级爱国主义教育基地，近 10 所知名高校定将其为大学生社会实践基地。

2006 年 2 月 18 时下午 2 时，70 多户小岗村的家庭代表在村委会开会，会后宣布，"小岗村发展合作社"要以每亩 500 元的价格租用农民的土地。

严俊昌告诉记者："来参加会议的 70 多户村民 100% 都同意将土地返租给合作社，在合作社先给租金的情况下，大部分同意出租，租期暂定 5 年，5 年后，农民可以以土地入股分红，或者重订租金。"

小岗全村 1800 亩土地,除了 400 余亩已经种植葡萄外,沈浩打算将其他的土地全部纳入合作社,将集中起来的土地种植高效饲料和蔬菜。

按照这种集体经营模式,在村民自愿的前提下小岗村与上海三农公司达成协议,今年在小岗村兴办国家标准化的 10 个养猪小区,年出栏 5 万头,吸收 60 名村民就业。

"根据村民代表的讨论,小岗在未来几年内还会出现种猪生产协会、物业社等集体组织,还计划成立 8 个不同类型的'社',按照现代工厂的管理模式来经营小岗村,在 3~5 年内确保小岗人均年收入达到 5000 元以上。"沈浩向记者透露。

按照中央"一号文件"精神,大力加强农村现代流通体系建设。小岗人计划在小岗建设大约占地 15 亩的农贸市场。农贸市场有 100 个摊位,每个摊位年租金 200 元。

沈浩踌躇满志地告诉记者:"党中央提出建设社会主义新农村,小岗村应该重塑辉煌,在农村发展方面把红旗再树起来,我们争取成为'富裕起来的典型'。"

采访札记

农村太需要致富带头人了

"火车跑得快,全凭车头带啊。"这是当年的"大包干"带头人严俊昌参观完河南临颍县南街村后的感受。这位当年冒着危险,带领农民包产到户的老支书却没能在解决村民的温饱后,带领小岗人迈过富裕的门槛。

多年来,小岗村的村干部换了多少届,连小岗人也记不清楚了,留给小岗人的印象就是:没有哪个村干部帮助村民们致了富。

"大包干"后的这些年,小岗村的村民们除了种粮收入,再没其他收入来源,村民饱了肚子,可钱袋子是瘪的。没有村级企业,村里富余劳动力得不到合理利用,一部分农民外出打工。由于没文化、没技能外出找工作也很难,于是一些人就窝在家里,养成了游手好闲的习惯,甚至在家里搞赌博,人心一盘散沙。

这几年,在沈浩等一班年轻村干部的动员下,越来越多的年轻人到外面去,挣了钱,也带回了新观念和技术,回村后都在想办法寻找致富的新路子,小岗村开始出现崛起的迹象。

一位上了年纪的村民告诉记者,小岗村这两年的发展说明,小岗村要富起来关键还在村干部,他们能不能真正成为我们的领头羊,能不能扑下身子去抓农业结构调整和规模经营,能不能把外面的钱引进来。只要村干部有新点子、新办法,敢干、敢闯,咱小岗就一定能富起来!

编辑点评

是什么把小岗村挡在了富裕门外

28 年过去,寄托着中国农民希望的小岗村并没有像人们期待的那样"崛起"在淮河岸边那片古老的土地上。是什么把小岗村挡在了富裕大门之外?

先看看各级政府是怎样帮助小岗村的:省财政拨了 200 万元专款,为小岗村修了 8 公里柏油马路,以便领导视察;在村头修了牌楼,以显气派;县里专门为小岗村布置一个展览室,并代写好解说词;还在村西头修了十分整齐的院墙,把一些破破烂烂遮挡起来,以免影响观瞻……20 多年来,应该说上级没少为小岗村"操心",但一直都忙在"包装"小岗村这个典型上。结果,小岗人既看不到自己发展中的严重问题,也看不到外面的大千世界,成天陶醉在"当好典型""迎接参观"……的满足之中。改革锐气被"包装"没了。

再听听一些有关人士的精彩评说:"思想跟不上时代发展的步伐,变革中又缺少新的思路,小岗人走到了十字路口。""小岗村的村民已经习惯躺在原来大包干的功劳簿上,而且慢慢地越来越懒,所以以前的那一点家底都被掏空了。""床上有被盖,桌上有酒菜,何必出去找罪受。"这也许就是答案!

昔日试验田　今朝新农村

一个个现代化的企业坐落在这块土地上,一排排别墅式的农房掩映在浓绿之中,充满朝气的人群在忙碌着。2005 年,这里的税收达到 1 亿元,成为河南省新乡市第一个税收超亿元的乡镇。

197

七里营名片

人口:41 个行政村共 7.5 万人

第一产业:粮棉生产、养殖业

第二、三产业:旅游业、医药、造纸、机械

主要荣誉:"中州名镇""全国首批小康示范镇""全国首批乡镇投资环境
100 强""全国文明村镇建设示范点""全国乡镇综合改革试点"
"河南省科技示范镇""河南省科普示范镇""河南省学教活动先
进乡镇"。

毛主席称赞"人民公社好"

七里营龙泉村 69 岁的村民梁志海告诉记者,七里营作为毛泽东视察过的第一个人民公社而闻名全国。

他清楚地记得,1958 年 8 月 6 日,毛泽东来到七里营村的那座土院子门前,看着"新乡县七里营人民公社"的牌子微笑着说:"人民公社好。"当晚,七里营公社举行了群众大会,社员们纷纷表决心,苦战 10 天,把全社的运输工具实现滚珠轴承化;苦战 5 昼夜,沤绿肥 48 万担,保证麦田施底肥 2.5 万公斤,来报答毛主席的关怀。

"我们怎么也没想到,费尽心机为联社起的名字,后来影响了中国 20 多年。"七里营一位上了年纪的老人说。1958 年 7 月,拥有 43 个生产大队、3.1 万多名社员和 9.1 万亩土地的新乡县七里营乡的 56 个高级农业合作社,准备组成一个大的集体联社。联社的名字商量来商量去,先后取了好几个。有的说叫"七里营集体农庄",有的说叫"共产主义公社",最后定为了"七里营人民公社"。

毛泽东视察七里营人民公社的消息,很快被记者报道,人民公社的名字从此传扬开来。七里营也因此出了名。

人民公社化运动很快在全国进入高潮。据有关资料记载,短短 3 个月,74 万个合作社并成了 2.36 万个人民公社,99% 以上的农民成为公社社员。这场人民公社化运动助长了本来就很激烈的农村"大跃进"狂潮。经历过那个时期的老人提起往事仍心有余悸。

从上世纪六七十年代开始,在七里营刘庄村支书史来贺的做法引导下,七里营的干部带领群众淤地治碱、平沙造田,硬是把盐碱洼地改造成了"一麦一稻"的旱涝保收田。到上世纪80年代,七里营就基本解决了村民的温饱问题。

与时俱进社会主义新农村的典范

"造就了'人民公社'的七里营没有被'历史'所束缚,而是始终站在时代潮头,坚持深化改革,与时俱进。"七里营镇党委书记梁常运谈起今天七里营走在新农村建设前头时说。

从麦棉间作,菜棉、瓜棉套种到良种繁育基地建设,在解决了农民温饱之后开始必须发展工业。为此,从上世纪60年代末70年代初起,七里营就开始了办工业的尝试。

奶牛场、造纸厂、生物制药厂……七里营的工业不断地滚动发展,初步形成了以医药、造纸、机械为主的多产业互补的工业体系,造就了刘庄华星制药、新亚龙泉造纸、四达振动、花洋漆包线等骨干企业。

发展不是埋头苦干,而要善于利用自己的资源。梁常运说:"七里营先进典型多、劳动模范多,且在全省乃至全国都有很大影响,这是七里营镇独特的政治优势。我们采取开展先进村帮助后进村的方式,走共同富裕道路。如刘庄村带七里营五村、南新庄带曹庄、西阳兴村。龙泉村优质羊基地带动周围500多户农民通过养羊走上富裕路。"

江苏金谷集团老板说:"我们来这里投资,最看重的就是'七里营'这个品牌和众多先进、模范营造出来的独有环境。"

"2005年10月底,七里营工业总产值、工业增加值、实现利税分别达到36.2亿元、10.9亿元和2.6亿元,同比分别增长70.9%、72.6%和85.7%,综合经济实力跃居全市首位。其中财政收入全市第一;农村劳动力转移全市第一;固定资产总投资额全市第一……"梁常运用数字和排名证实了七里营经济发展的实力。

如今步入七里营,村村柏油路相通,家家用上自来水,住宅宽敞明亮,楼房鳞次栉比,百姓安居乐业,到处洋溢着积极、健康、文明的社会主义新气象。

富裕后的七里营镇加大了科教、卫生、民政等各项社会事业的投入,基本实现了老有所养、少有所学、贫困者衣食无缺的总体目标。记者看到,在这里,农民业余文化生活丰富多彩。村民在节日、休闲时节自排自演、自娱自乐；没有封建迷信、赌博现象，勤俭节约、尊老敬老蔚然成风；人们讲文明、讲礼貌，邻里团结，和睦相处；定期开展理想、信念教育，开展家庭美德、职业道德、社会公德教育。

"在建设社会主义新农村的形势下，我们认真贯彻落实胡锦涛总书记去年视察七里营镇讲话精神和党的十六届五中全会精神，重新制定完善发展规划，把七里营镇建设成经济更加发展、民主更加健全、科教更加进步、文化更加繁荣、社会更加和谐、人民生活更加殷实的社会主义新农村。"梁常运告诉记者。

既要金山银山又要碧水蓝天

七里营镇的农业，早在上世纪五六十年代，就以粮棉双高产而闻名；如今七里营镇的农业，更是一派勃勃生机。

"科技＋公司（基地）＋农户"、科技信息进万家、节水灌溉工程、以产业化经营为目标……这些词不时从七里营人的嘴里迸出来。以现代农业科技示范园区、龙泉高效农业观光园区、肉牛饲养园区为主的3大园区；以优质小麦种子基地、无公害蔬菜基地和10万头瘦肉型猪生产基地为主的3大基地；国家小麦工程技术研究中心种子产业化基地、中国农科院小麦育种试验基地……这是七里营建设社会主义新农村的新成果。

建设新农村，不仅是生产发展，更要环境优美，七里营人站得高。

造纸、制药这些产业在为七里营带来巨大经济效益的同时，也带来了环境污染。在一些村庄，可以闻到刺鼻的味道。为保护家园，七里营在河南首家提出了"既要金山银山，又要碧水蓝天"的口号，先后投入资金3亿多元，用于水污染治理。并把治污的"利剑"直指污染最重的造纸行业，先后关停不合格的造纸厂39家，减轻了造纸废水的污染压力；同时，推行清洁生产工艺，实现经济发展与环境保护共赢。

"按照'规划科学、环境优美、设施完善、配套齐全'的新农村建设目标，全镇有33个村完成了新村规划方案，基础设施建设将更加完善，全镇公路里程达到100多公里，形成三横五纵、四通八达的道路交通网络；扩大招商引资力度；加快农业产业化经营；积极开发旅游建设，形成以刘庄、毛主席视察田、龙泉'三点一线'的社会主义新农村旅游线路。"七里营将继续走向发展的康庄大道。

七里营大事记

1982 年,七里营人民公社开始实行家庭联产承包责任制。

1983 年 11 月 7 日,挂了 25 年的"新乡县七里营人民公社"的牌子悄悄地被摘下,静静地放入了历史浩卷里,七里营撤社建乡。

1984 年,全乡基本实现了土地承包到户。

1996 年 2 月 18 日,经济的发展使七里营更上一层楼,撤乡建镇。

点评

坚持经济发展是七里营的主旋律

农村"人民公社"作为一种理想化了的农村社会基层组织,在中国农村大地延续了 25 年,农村的"一大二公三纯"式的穷过渡也搞了 20 多年⋯⋯作为"人民公社"滥觞之地的"七里营",在曲折中,本能地对冒进的"人民公社"机制进行了"修正","按劳分配","生活资料永远归社员所有",允许社员私人养殖家禽家畜⋯⋯20 多年里仍在七里营潜行:畜牧业在发展,兴修水利平沙治碱、粮棉以双高产而闻名于全国,农机化在进步,社队企业如雨后春笋⋯⋯今日的七里营更是一派百业兴旺、欣欣向荣的景象。将近 50 年的历史,七里营里的主旋律是"发展"的强音。

七里营的发展并不仅仅是埋头苦干,发展首先就是发展经济,就是发展先进的生产力。从七里营的经验来看,至少在三方面是先进的。一是坚持以工兴农。七里营在上世纪 60 年代就兴办了一批社队企业,为农业的发展提供了条件。改革开放以来,七里营又培育了一批骨干企业,工业经济年增长率达到 35%,到 2005 年全镇的综合经济实力已经位居全市首位。二是坚持把农业科技创新作为农业发展的支撑,先进生产力的一个显著要求就是生产手段的科技化。七里营与科研单位联合,在新科技的基础上调整农业产品结构,用新科技成果培育了多个品种的高产作物,连年获得农业丰收。三是生产组织化,先进的生产组织是发展先进生产力的又一个要求,七里营坚持推进产业化经营,健全了农业社会化服务体系,"科技 + 公司(基地)+ 农户",使经济社会发展有了一个稳固的"平台",使农民在现代农业的发展中得到了更多的实惠。

201

建设社会主义新农村是一项复杂的系统工程,需要统筹规划,但是,无论在什么时候,"发展经济"都是第一位的。只有经济发展了,其他工作才能有发展的基础。

"中原首富村"与时代同步

初春时节,记者走进刘庄,一座座居民楼掩映在绿树花草丛中,一群群穿着时髦的人奔向工厂,让人丝毫感觉不到这里只是一个村庄。河南省新乡县七里营乡的刘庄村——我国农业战线上的一面旗帜,50年来始终坚持发展农村经济,在通向文明富裕的道路上,实现了农村工业化、农业现代化、农民城市化。

刘庄名片

人口:355户,1641口人

耕地:1050亩

人均年收入:1万元以上

第一产业:实现机械化、水利化和科学种田

第二、第三产业:畜牧养殖、加工、医药、造纸、机械、淀粉、车队、商业及宾馆等9个产业

新蓝图:投资3亿元,将华星药厂建成全国最大的青霉素原料生产基地;投资12亿元建设大型电厂;力争3~5年内使刘庄经济总量超过30亿元

铁锄刘庄造 豆腐刘庄产

解放前的刘庄是十里八乡有名的"蛤蟆窝""长工村",当时曾流传着这样一首民谣:"方圆十里乡,最穷数刘庄。住的是土房,糠菜半年粮。逃荒把饭要,忍痛卖儿郎。"

如今82岁的毛玉亭老人回想起当年的刘庄,感慨万千。他对记者提到1952年秋季的洪涝灾害,由于连降大雨,刘庄收割的小麦全都发霉生芽,大片大

片的秋作物被积水浸泡而死。眼看颗粒无收,村民们都准备外出逃荒。

一天,村里的木匠黄玉广和杜学礼二人,背着包袱来向村党支部书记史来贺辞行,他俩说,天下饿不死手艺人,靠我俩双手,兴许能挣点钱,养活两家人。听了这话,史来贺沉思了一会儿,说:"凭你们的手艺肯定能养起两家人。如果把村里木、铁、泥、瓦等工匠都组织起来,不是也能挣钱养活全村人吗?我看你俩别走了,和村里的匠人一起做手艺,把村里的副业搞起来吧?"第二天,史来贺就把村里的木匠、铁匠召集到一起,成立了刘庄铁木小组。从此,周围村庄的锄、镰、耙、锨、犁,都打上了"刘庄制造"的字样。

刘庄村原党支部副书记、62岁的张秀贞老人回忆说,当时男的靠手艺挣钱,她便带领几名妇女找到史来贺,表示要把远近闻名的"刘庄豆腐"继续做下去,搞个刘庄豆腐生产组,史来贺爽快地同意了。很快全村就开了6个豆腐坊,周围村庄的豆腐几乎被刘庄"垄断经营"了。

小村庄搞起了生物工程

刘庄人告别了逃荒的历史,但刘庄人想的更多的是,如何把日子过得更好一点,不能光靠土里刨食,正如当地一句谚语所说的那样——要想肚子饱,粮食堆满仓;要想日子富,工商林牧副。

在史来贺纪念馆,现任村委会副主任刘俊荣告诉记者,刘庄不靠山,不靠水,也没有地下资源,交通也不便利。听说城里人爱喝牛奶,村里花90元钱买了3头小奶牛,这就是刘庄发展畜牧业的基础。如今,刘庄已有奶牛300余头,村民年收入达百万元以上。

说起刘庄的工业起步多少还有点传奇色彩。1974年,村里的拖拉机喇叭坏了,想换新的却无法买到,两名司机试着把坏喇叭拆下来修理,居然修好了。这下可乐坏了史来贺,咱能修喇叭,为啥不能造喇叭呢?无数次试验后,刘庄的小喇叭开始投入生产,并很快响遍大江南北。借着这股东风,刘庄又陆续建起了食品厂、造纸厂、淀粉厂等,随后又成立了农业、畜牧业、工副业、运输业等4个专业队,真正走上了一条农工商一体化的发展道路。

20世纪80年代中期,经过多方考察,刘庄最终决定生产我国短缺的、属高科技生物发酵产品的药品原料——肌苷,并为之创办了华星药厂。如今,华星药业已进入全国医药销售排行前100名,年产值占到了刘庄年总产值的80%以上,旗下已拥有 10 个分厂,能生产肌苷、红霉素、青霉素等几十种成品药和原料药的外向型企业,青霉素第五期工程也即将竣工投产。

2005 年年底,刘庄已拥有固定资产 9.1 亿元,农民年人均纯收入超过万元,户均存款 20 万元以上。昔日的"盐碱洼""蛤蟆窝"成了远近闻名的"中原首富村"。

提早享受城市生活

如今,刘庄的村民都在村办企业工作,过着拿工资、奖金,享受一系列福利待遇连城里人都会羡慕的生活。在刘庄,男满 65 岁,女满 55 岁就能退休回家,除本村各项福利外,每人每月再发 200 元退休金,儿童、学生每月发 20 元补助金。

在刘庄,村民享有从吃水、用电、住房、医疗到孩子入托儿所、上学等 40 多项免费福利待遇。

记者来到村民陈顺珍家时,客厅里 34 英寸大彩电里正播放着文艺节目,陈顺珍告诉记者,她家是今年 1 月 30 日刚搬进来的。她热情地邀请记者参观她的新家,这里中央空调、宽带网、现代化家具、健身房、闭路电视、车库、供热、供气设备一应俱全。"这套房子,我们一分钱没花,是村里免费给我们提供的!"陈顺珍自豪地说。

村党支部副书记刘名宣说,为进一步推进刘庄的社会主义新农村建设,村里规划是每家都要住上小洋楼,先期入住的是家里有老人的农户。

毛玉亭老人对记者说,这已是村里第三次集体建房了。"1976 年,刘庄统一规划建设了第一代新村,上到老书记,下到普通村民,白天种棉粮,晚上盖楼房。"经过 6 年的艰苦奋斗,村里建起了 1400 多间单面双层住宅楼,让全村人都住了进去。"这在当时的中原大地是独一无二的,一下子轰动四方。"

上世纪 90 年代,为了使群众的住房更宽敞,刘庄新建了十几幢五层单元式住宅楼,使村民人均住房面积达到 35 平方米。

作为建设社会主义新农村的典型,刘庄生产发展了,村民富裕了,还不忘提高村民素质和丰富村民的文化娱乐生活。据村委会副主任刘俊荣介绍,近些年来,刘庄村先后选拔 120 多名优秀青年到高等院校、科研单位深造;投资 200 多万元建起了科技大楼、卫星地面接收站和电视中转站;投资 100 多万元建成了图书馆、阅览室和青年民兵之家,每年订阅 500 多份报纸、杂志供村民学习科学文化知识。

如今,刘庄有160多名工程师、农艺师和技术员,一大批土生土长、具有现代生产和管理才能的优秀人才,正在各个岗位上发挥着骨干作用。刘名宣还告诉记者,村里还投资2600多万元建设集幼教、小学、初中、高中为一体的现代化教育园区,建成后村里的学生不出村就可以受到从幼儿园到高中的系统教育。

采访札记

敢为天下先　才有首富村

50年来,刘庄经济发展走过了解决温饱阶段,走过了农林牧副渔全面发展奔小康阶段,现在已进入依靠高科技大力建设社会主义新农村阶段。翻开刘庄的发展史,有两段曾经轰动全国的"插曲"。

其一就是上世纪80年代初期,史来贺看到电视上播放飞机播种、洒农药以及抢运伤病员的镜头,于是联想到刘庄要是有架小飞机,既可以为本村和附近村庄的棉田洒农药,还可在村民有了疾病时,及时送到大城市的好医院抢救。1983年12月,他听说北京航空学院有架小飞机要出售,就买了下来。农民买飞机,当时轰动了全中国。

1985年年底,史来贺又从电视上看到,用计算机算账比算盘快多了,而且要查账非常方便,一敲键盘,数字就出来了,再也不用到库房里,一页页翻账本了。于是,他果断决定为村里购置一台电脑。开始,村里只用电脑来记账,后来又用它来管理工厂。用电脑算账、控制操作生产,在今天早已不是稀罕事,但在21年前,刘庄农民就将电脑应用到生产中了。

农民买飞机、农民用电脑,是刘庄人"敢为天下先"精神的体现,也是刘庄发展成今天这个样子的先决条件。

编辑点评

新中国成立以来,我国农村曾有过"大跃进"的"冲动",也有过"文革"十年的"疯狂"。风风雨雨,潮起潮落,可刘庄这面农业战线的旗帜却高高飘扬了50年。

50年沧桑巨变,刘庄始终在不停顿地发展。中国农村几经风雨,刘庄为什么能长盛不衰？

老村支书史来贺说得好："千变万变,发展经济,让农民过上好日子啥时候都不能变,这就是我们长盛不衰的秘诀。"天无私覆,地无私载。同样拥有一片蓝天、一方水土,有的地方天空缺少亮点,生活泛不起激情;有的地方也出过经验,有过典型,但墙内开花墙外香,新星变流星。

相反,老先进与时俱进,光亮如初,生机勃发。究其原因,就是因为他们紧跟时代步伐,勇于抛弃陈旧落后思想,勇于吸取新养分、树立新观念,所以,刘庄人才能一直勇立时代潮头,把自己的声音融入时代发展的主旋律中。

老典型距新农村还有多远

当年:深山走出了两个全国劳模

张植弟是泉口精神的缔造者,1959 年,他担任泉口公社党委书记,成为全国著名的劳动模范,在中共"九大"上当选为中央候补委员。

当年,湖北省巴东县泉口公社被形象地描绘为"风吹石头滚下河,老鸦歇脚土就梭,三个月亮晒死苗,一场暴雨现岩壳。"当地农民吃饭靠供应粮,用钱靠救济款。

1965 年国庆节,张植弟到北京参加了国庆观礼。在北京,他结识了当时山西大寨大队党支部书记陈永贵。大寨改坡地为梯田,努力改善生产条件的经验和成果,大大启发和激励了张植弟。观礼后,他专程到大寨参观学习,访问了 30 多家农户。回去后,张植弟自掏腰包为 20 多个生产队每队买了一本《毛泽东著作选读》和若干根钢钎。很快,一场"向山要粮、改坡为梯"的"人民战争"打响了。

张植弟带领全社群众,经过 3 年艰苦奋斗,用钢钎和大锤改造良田 2262 亩,发展梯形茶园 800 亩,种植桐子等经济作物 2000 余亩,全社 3 个村 30 多个组都办起了集体企业,不仅改变了泉口人吃粮靠救济的境遇,还为群众新辟增收途经。由于工作成绩突出,张植弟从公社党委书记调任巴东县委书记,后来又出任了恩施地委副书记。

舒显桂是从泉口走出来的第二个全国劳模。1957 年,舒显桂受到周总理的亲切接见。1969 年,52 岁的舒显桂担任了坡改梯第八专班队队长,这个柔弱女子,与男人们一道挖山放炮,打锤扛石,她患了肿瘤也不休息,"死也要死在工地上",因此,她被群众亲切地称为"女愚公"。

1980年冬,舒显桂病情加重,卧床不起,11月24日病逝。当地群众尊重她的遗愿,"死后不占良田",将她"埋在了山头",让她能"看到泉口的变化"。公社上千名群众自发为她立了一块石碑,上面镌刻着"神农架下女愚公舒显桂永垂不朽"。

后来:泉口精神未被遗忘

初春的泉口,依然是残雪一片,来到泉口,首先映入记者眼帘的是村头矗立的那个写着"泉口精神永放光芒"的石碑。在村里,记者找到了农业学大寨时期涌现出来的"老黄牛",今年87岁的陈宏才老人。

令陈宏才老人最为欣喜的是"泉口精神至今未被遗忘",他告诉记者,1978年,时任湖北省第一书记的陈丕显视察泉口后,湖北省委、省政府将泉口树立为全省农业战线上的一面旗帜,号召全省农村向泉口学习。1986年,时任湖北省委副书记的钱运录视察泉口时提出,在新时期要继续弘扬泉口团结协作的集体主义精神、艰苦奋斗的创业精神和造福子孙的奉献精神。1992年7月,巴东县委、县政府在泉口公社原党委书记张植弟的故居前,竖起了"泉口精神永放光芒"的石碑。

如今:争取跟上新农村建设步伐

到泉口采访,记者感受最深的就是生活在这里的人们出行之困难。记者早上8点从巴东县城出发,吉普车在坑洼不平的土路上颠簸,不足100公里的路程走了足足5个小时。

记者看到,这里的农民仍然依靠当年开垦的梯田以种粮为生,大部分农民依然住在陈旧的泥瓦房里,绝大部分村民小组不通公路。关庙垭村,原泉口公社以及后来的堆子乡政府、泉口管理区所在地,也是当年泉口开发的"主战场",到2005年,全村人均年纯收入只有1654元。农民的经济来源主要还是靠种粮、养猪和外出打工。

关庙垭村支部书记王显凤向记者介绍全村的经济状况时表示,村里除了一个年收入万余元的小型茶场和与之配套的茶叶加工厂外,再没有什么集体企业了，"因为我们这里的村民素质差，心不齐，办不起来。"2005 年以前，村民吃水大都要到几公里甚至十几公里外的地方去背。直到 2005 年下半年，巴东县人民法院对口扶持该村后，才捐资为村民安装了自来水管线，解决了村民吃水难的问题。

"公路也是县法院扶持我们修的，已经通了两个组了。"王显凤说，他还非常惋惜地告诉记者，到目前为止，原泉口公社的 3 个自然村，唯有农民刘俊注册了"泉口"茶叶商标。对此，王显凤表示："建设新农村，不把经济搞上去，咋建呀？"

记者在采访中听到很多农民这样说，"如今的泉口是名存实亡了。"泉口原来是一个公社，管辖 3 个自然村。随着巴东县行政体制改革，泉口公社先被改名叫堆子乡，后来又改为沿渡河镇泉口管理区。几年前，管理区也被撤销了，3 个村直接归沿渡河镇管辖，如此一来，昔日的泉口不复存在了。沿渡河镇党委书记徐鹏告诉记者，"我们考虑过把 3 个村合并，统一叫泉口村，保住这个牌子并设想在泉口开办一个小型展览馆，利用泉口这个品牌搞旅游，争取跟上新农村建设的步伐。"

采访札记

老典型还是有价值

平心而论，泉口，这个当年的"湖北大寨"，如今已风光不再了，表现得最为明显的就是当地乡村干部没有在经济高速发展的今天，灵活地运用老典型的品牌价值发展当地特色经济。

当年，泉口公社党委书记张植弟，利用在北京参加国庆典礼的机会认识了当时的山西大寨村党支部书记陈永贵，并且专程到大寨考察学习，把大寨的精神及先进经验都学了去，这才有了当年湖北全省"学大寨、赶泉口"的高潮。如今，大寨人发掘并灵活利用"大寨"这个金字招牌，生产出了驰名中外的"大寨核桃露"等系列产品。泉口却没有跟上时代步伐，当地农民至今还依靠当年劳模们改造的梯田以种庄稼为生。

如今的泉口发展迟滞，除了交通等自然条件的制约，恐怕一个至关重要的因素就是干部的思想落后，思路不够开阔。如果是真正有利于发展经济、打品牌的话,把3个自然村合并成一个泉口村又有什么不好的呢? 只要村干部有发展村集体经济的决心,真正想创办集体企业的话,就是"群众再不齐心"也能办成。

以记者之见,沿渡河镇是湖北省的旅游明星乡镇,每年有数以万计的游客来此旅游。沿渡河镇不妨也学学河北的沙石峪,建立一个村史馆,开辟一条旅游支线,发展旅游经济。可惜,泉口的干部却没有这个意识。

当地的农民非常惋惜地告诉记者:"在原来的泉口公社招待所里,保存了大量的资料。如今房子给拆了不说,那些资料也不知道弄到哪里去了?"记者在采访当年的劳模时得知,他们手里还保存着当年的一些历史资料,如果不及时收集整理的话,等这些老人百年之后,恐怕再想收集起来就难了。

泉口当地的茶叶品质极佳,农民刘俊的泉口牌茶叶很受商家青睐,政府为何不能引导农民大力发展品牌农业呢? 总而言之,要建设社会主义新农村还得靠地方领导转换思路,真正树立为农民服务的意识。

编辑点评

老典型变新农村　拓宽思路最重要

曾是老典型的泉口公社,以学大寨而出名,成为湖北农业战线的一面旗帜,但如今,它的发展速度却慢了下来,当地人均年纯收入只有1000多元。归结其原因,一句话——当地领导缺乏引导农民建设新农村的开阔思路。换句话说,如何拓宽发展思路,发展品牌经济,是把老典型变成新农村的重要因素之一。

当年,泉口公社群众靠自力更生、艰苦奋斗创造了辉煌,但随着时代的变迁,切忌靠典型吃典型,也就是俗话说的"吃老本",思想老套就只能落伍。

在经济高速发展的今天,要想发展特色经济,增加农民收入,就需要地方领导多动脑筋,灵活运用老典型的品牌优势,加强对农民的培训,引导农民调整产业结构,发展品牌经济。具体到泉口的实际,当地既可以打着老典型的品牌发展旅游经济,也可以老品牌注册商标规模化生产相应产品。总之一句话,要学会利用品牌,经营品牌。只有这样,老典型才会长盛不衰,成为新典型。

昔日要跑步进入共产主义
今天要脚踏实地建设新农村

1958年毛主席一句"嵖岈山卫星人民公社办得好",拉开了"人民公社"运动的帷幕。河南省遂平县嵖岈山人曾经以敢为天下先的奋斗精神,在历史上写下了灿烂篇章。如今,记者走进嵖岈山,亲身感受着嵖岈山人在建设社会主义新时期奋发前行的激情。

嵖岈山名片

人口:13个行政村2.65万人

耕地:3.9万亩

人均年收入:3000元

第一产业:种植业(小麦、玉米、花生、烟叶、芝麻等);林果业(杨、椿、楸、楝、柏、橡、松、国槐、刺槐、桂柳等十余种用材林;苹果、雪梨、板栗、山楂、红枣、柿子、石榴、香椿等经济林);畜牧业(畜牧养殖专业达到6个,各类养殖专业户达到860户)

第二产业:造纸业(无污染再生纸业);矿产资源(储量2.4亿立方米的碳石,3.6亿立方米的花岗岩,270万立方米大理石)

第三产业:旅游业(大型人工湖下宋水库)

荣誉:市级平安建设先进单位、市级林业建设先进单位

好像已经看到了"共产主义"

"那时候,人们打着红旗,敲着锣鼓,拿着决心书,急火火地赶到杨店中心乡,向乡党委表决心要求合并大社,跑步进入共产主义。"74岁的孟秀枝老人提起当年的情形仍然激动不已。

在河南省遂平县嵖岈山卫星人民公社展览馆,孟秀枝老人指着挂在墙上的照片告诉记者:"那就是当年的我。当时吃饭在集体食堂,下地劳动实行军事化管理,社员干劲大,每月发工资,这张照片就是当时我领工资时的情景。"

据孟秀枝老人介绍，当年，她是嵖岈山卫星人民公社的妇女队长。"那会儿，高级社合并，人多力量大，热情高涨，干劲十足。上面号召办工厂，人们用小车推着各种工具，一天时间办起了上百家工厂；一说搞绿化，几万人齐上山，半月时间，把荒山都栽上了树苗；一说下地锄草，一天消灭3000亩杂草。当时大家好像已经看到我们国家马上就要进入共产主义了。"

孟秀枝老人接着说，"人们啊，也似乎总有使不完的劲儿，也不怕苦，不怕累。饿了，就啃几口玉米饼；渴了，就喝几口山泉水；晚上，下面垫着就地割晒的软草，上面展开自己带的铺盖卷儿，就地一躺，一觉睡到大天亮。你看，我的身体到现在还这么硬邦邦，干活还顶呱呱呢。"说到这些，老人很爽朗地笑了起来。

排头兵付出沉重代价

1958年4月20日，嵖岈山的土山、杨店、鲍庄、槐书等4个中心乡的27个高级社合并，成立了中国农业第一个集体农庄——嵖岈山卫星集体农庄。同年5月中旬，农庄正式改名为嵖岈山卫星人民公社。陈丙寅为第一任公社党委书记，全国农业劳模钟清德为第一任社长。

嵖岈山人民公社的诞生，犹如一声炸雷，惊动了毛泽东主席。毛主席听到汇报后，亲临遂平，接见了嵖岈山卫星人民公社第一任书记陈丙寅，向他详细询问了当地农民的生活情况，问豆芽菜多少钱一斤，肉多少钱一斤，吃上了白面馍没有，陈丙寅都一一作答。这次接见对当地人鼓舞极大。随后，嵖岈山卫星人民公社办起了公共食堂、托儿所、幼儿园、敬老院等，社员们都端着公社的饭碗，吃上了全国第一个大食堂。

当时村村办"大学"，目标是要村村出鲁迅、高尔基一样的作家。特别是1958年6月15日，嵖岈山人放出了小麦高产"卫星"：二亩九分小麦，亩产3853斤。全国除台湾和西藏外，各省、市、自治区先后共计20余万人到嵖岈山卫星人民公社参观学习。一时间，嵖岈山卫星人民公社成了举世瞩目的"风水宝地"，成了即将跨入"共产主义"社会的排头兵。然而，历史又是无情的，嵖岈山卫星人民公社随后经历了残酷的饥饿事件，嵖岈山人民为此付出了沉重代价。

前进中的嵖岈山

从 1958 年 4 月嵖岈山人民公社诞生到 1986 年 6 月撤社建乡后,嵖岈山人民公社在社会主义初级阶段的中国历史舞台上存在了 25 个春秋,这期间公社遭遇很多变故,但最终还是退出了历史舞台。

近年来,嵖岈山乡党委、政府立足本地实际,积极引导农业向高产、优质高效方向发展。同时在农业结构上狠下功夫,充分利用当地资源优势,依靠科技发展畜牧生产和优质杂果、食用菌、中草药、花卉、蔬菜等经济作物种植;优化品种结构,大力推广小麦、玉米、大豆、花生等作物优良品种,使粮经比例达到 6∶4。2005 年,全乡粮油种子的优良率达到 95% 以上,畜牧养殖专业组织达到 6 个,各类养殖专业户达到 860 户,全年实现畜牧业产值 5476 万元,同比增长 6%;全乡特色种植面积达到 2.03 万亩,占播种总面积的 52% 以上。

全乡 13 个行政村中,除固楼、常韩、大里王三个行政村属平原地区外,其余 10 个村都有高低不同的山冈坡地,宜林面积约为 5 万亩,收到很大的经济效益和生态效益。

嵖岈山乡境内矿产资源比较丰富,这里有储量 2.4 亿立方米的碳石,3.6 亿立方米的花岗岩,270 万立方米大理石,它们储量大,且质地优良、品种齐全,埋藏浅,易开采,价值高。经过几年发展,全乡已形成四个工业小区和两大集团公司为龙头的经济发展格局,形成了东起象山,西至灰山,南到花山的 15 公里的工业走廊。

奏响新农村建设号角

初春的遂平县嵖岈山,到处是一派繁忙景象,这不是搞人民公社运动,而是建设社会主义新农村。

3 月 23 日,记者在嵖岈山乡常韩村,看到该村村民童辉正在他的土鸡养殖场里忙活着。童辉告诉记者,目前他养有土鸡 14 棚,每棚在 1000 只左右。"我养的土鸡,每只成鸡 3 斤左右,市场价是每斤 8 到 9 元钱,我这一棚每年毛收入不低于 2.5 万元。除此之外还有土鸡蛋、雏鸡,就不用说了。现在政策好了,从中央到地方都很重视'三农'工作,现在咱农民的收入不比城里人差!"

面对记者采访,红石崖村村民楚成喜高兴地说:"现在政策真是好,种地的不但不交税,政府还给补贴。就是俺这开饭店的也得到不少好处呢。"前几年,为了寻找致富门路,楚成喜与同村人结伴南下广州打工,在外辛苦工作,但钱却没赚多少。"后来乡里发展的旅游业挺红火,我就回来了。我在(嵖岈山)风景区建了一个农家饭店,主要经营手工面条、山野菜、农家土鸡等一些家常饭菜。城里人吃惯了大鱼大肉,就想换一换口味,驻马店市民就爱在节假日来我这儿吃上几顿,既调剂了口味,又看了风景,还带动了我们这里经济的发展,真是一举几得呀。现在俺一家四口人,年收入七八万呢!"说到这,楚成喜满脸洋溢着喜悦。

据了解,红石崖村 750 口人就有 10 户开这种农家饭店,村里年纯收入迅速提高。另外还有村民承包荒山种植经济林,真正形成了"乡有主导、村有特色、组有示范、户有特色"的可喜局面,村民收入得到了很大提高。

采访札记

新农村建设需要激情和干劲

在采访中,让记者最为感慨的是孟秀枝老人的话。她说:"那时啊,我们敢与天比,敢与地斗! 一天到晚都有使不完的劲! 也从不叫苦叫累!"那个时代和那个时代的人,都是激情四射、豪情万丈的,都是敢拼敢干的!

四十多年后的今天,当我们重温那段激情岁月,我们看得更清楚、更客观。嵖岈山卫星人民公社成立后,其经验迅速在全省乃至全国推广开来,全国铺天盖地地掀起了人民公社运动高潮。在新中国成长的历程中,嵖岈山卫星人民公社作出了它应有的贡献,它影响的又何止几代人。同时,人民公社运动作为探索建设社会主义道路的重大决策,也暴露出好大喜功、脱离农村实际、盲目冒进的一面。

2006 年作为建设社会主义新农村的开局之年,全国大地沐浴着新农村、新面貌、新干劲的春风。新农村建设正如火如荼地在大江南北展开。农民作为新农村建设的主体,新农村建设需要农民的智慧,更需要他们的激情和干劲。

今天,嵖岈山人以历史为鉴,以政策为纲,从实际出发,大力发展林果、养殖、旅游等有特色的产业,怀着"与天比、与地斗"的激情和决心,在荣誉散尽的今天,用实实在在的奋斗精神来迎接新农村建设的高潮。曾经的激情,是对幸福生活的追求;曾经的团结,是美好明天的渴望。嵖岈山人坚信,新农村建设的广阔天地里,嵖岈山人将依然豪情万丈,破浪前行!

韶山人与时俱进建设新农村

湖南省韶山市韶山村，因是毛泽东的故乡而闻名遐迩。中国共产党最早的农村党支部——韶山特别党支部也诞生于此。这样一个有着光荣革命传统的小山村，在经济高速发展的今天，依托红色旅游业，在新农村建设的道路上又走出了一片新天地。

韶山村名片

韶山村面积4.91平方公里，耕地面积660.5亩，共有15个村民小组，456户，农业人口1311人，省市有关单位驻村城镇人口2400人，全村共产党员78人，设党总支一个，支部2个（农业支部和企业支部）

1994年，韶山村率先成为湘潭市"小康村"

1996年，全村经济总收入过亿元

韶山村先后被评为"全国计划生育工作先进单位""全国先进村委会""全国文明村镇""全国民主法制示范村"及湖南省首批"十佳红旗村"。

2004年，湖南省委、省政府又提出要把韶山建设成爱国主义教育基地的示范工程、率先实现全国小康的示范工程、建设社会主义现代化新农村的示范工程、旅游产业发展的示范工程和城乡人民率先致富的示范工程，即"五个示范工程"。

红太阳升起的地方

"东方红，太阳升，中国出了个毛泽东……"伴随这首耳熟能详的歌曲，记者走进了韶山冲。

1893年12月26日，韶山上屋场，毛顺生、文七妹夫妇的第三个儿子降临人间，这个名叫"石三娃"的伢子，就是后来领导中国人民推翻"三座大山"，改变中国面貌的一代伟人——毛泽东。

1925年，毛泽东和妻子杨开慧及儿子岸英、岸青回到韶山上屋场。同年6月的一天晚上，在家中阁楼上，毛泽东亲自主持了毛新梅、李耿候、钟志申、庞叔侃4位农民的入党仪式。从安源路矿归来的中共党员毛福轩被任命为支部书记。自此,中共韶山支部诞生了,因该支部直属当时的中共湘区委员会领导,故又称韶山特别支部。在第一届党支部 5 位成员的领导下,韶山农民运动从此轰轰烈烈展开,并在全国产生了巨大影响。

韶山人民从那时起,就在党的领导下,为求翻身得解放,不怕牺牲,前仆后继,用宝贵的生命换来了今天的幸福生活。

难忘流金岁月

1949 年 10 月 1 日,毛主席向世界庄严宣告:"中华人民共和国中央人民政府成立了!"韶山,也因为出了个毛泽东,而成为世人向往的圣地。

在一栋绿树鲜花环绕的小洋房里,记者见到了韶山第一个互助组——刘秀华互助组组长、今年 78 岁的刘秀华大妈,她回忆起当年人们参观韶山的情景,仍是激动不已:"那时候整天红旗飘扬,村里是人山人海,参观队伍见首不见尾……了不得,了不得!"

在毛泽东纪念馆工作人员的帮助下,记者得以看到那些尘封的《接待日志》,厚厚的一堆本子里写满党和国家领导人、民主党派人士、国际友人及普通群众前来韶山参观的真实记录。

韶山人与时俱进

在"毛家饭店",记者一进门就看到一位精神矍铄的老太太正忙着招呼客人,她就是汤瑞仁大妈。这位曾经捧着与毛主席的合影激动地哭了三天三夜的大妈,从大胆地在毛泽东故居前卖茶叶蛋,到第一个开办以毛姓命名的饭店,进而建成今天加盟店遍布全国的餐饮集团,她身上所体现的正是韶山人民与时俱进、开拓进取的精神。

"韶山的旅游业和文化有其独特的地位,历史既给韶山带来了荣耀,也为韶山带来了繁荣。"以收藏、开发和经营毛泽东纪念品而闻名的韶山新一代"淘金手"田海明,自豪地对记者说。

在韶山,改变观念,紧跟市场,开拓创新发家致富的人不在少数。

村庄美 农民富 风尚好

作为国家红色旅游基地,韶山村早已今非昔比。近年来,该村党总支领导村民自力更生,奋发图强,使村子发生了翻天覆地的变化。如今,一栋栋小洋楼依山而建,一条条水泥路直通到每户农家,这里俨然是田园都市。

该村党总支书记毛雨时对记者说:"改革开放以来,我们韶山党支部带领全村人民与时俱进,1994 年就率先走上了致富奔小康的道路。现在,我们全村1311 人,456 户,98%住上了新楼房,彩电、冰箱、摩托车基本普及,有线电视入户,小汽车、电脑也开始进入寻常百姓家。"毛雨时顿了顿,接着说,"现在,我们村 456 户人家有 80 多户买了小汽车,一些农民还买了电脑上网查找致富信息。去年 11 月,我们村的李定红通过网上远程教育,就杂交水稻增产问题,还与袁隆平院士直接对话呢!"

谈到新农村建设的话题时,毛雨时表示,中央提出建设社会主义新农村非常好、非常及时,但新农村建设确实也需要因地制宜、因村制宜。

为此,韶山村针对自身的特点,为了留住自然净土,走可持续发展之路,该村对一些影响美化、污染景区的项目坚决说"不"。但对于能促进景区美化、合乎旅游产业发展的项目,他们的投入却也是大手笔的。10 年前,该村与湖北两家企业合作,投资 5000 万元建起了毛泽东纪念园,不仅增添了新的景观,而且每年还有 500 多万元的门票收入。

谈及韶山的未来,当了 24 年村干部的毛雨时对记者坦言:"建设好毛主席故乡,是家乡人民的义务和责任,更是家乡人民的光荣。"他拿出村里按照新农村建设要求制定的总体规划,用了 9 个字向记者描绘未来的韶山,那就是"村庄美、农民富、风尚好"。

采访札记

伟人故里谱写新农村建设新篇章

当年,毛泽东从这片土地走出去,选择了一条带领全国被压迫人民翻身做主的革命之路,韶山人也随之开展了轰轰烈烈的农民运动。如今,在党中央发出建设社会主义新农村这一伟大号召时,韶山人民同样义无反顾,坚持走在新农村建设的前列。

毛泽东在他的《论持久战》中说,战争的伟力之最深厚根源存在于民众之中。记者同样相信,在今天的新农村建设中,其伟力之最深厚根源仍存在于民众之中。

韶山人没有一味地躺在荣耀的功名簿上固步自封、"吃老本"，而是把对毛主席的无限敬仰和热爱之情化作不断进取之心，在"为有牺牲多壮志，敢叫日月换新天"的韶山精神鼓舞下，用自己勤劳的双手，把家园建设得更加美好。

今天的韶山人早已走出单一的农耕圈，主动适应市场经济浪潮，开办企业、搞特色农业、生态农业、规模养殖，特别是在红色旅游方面，更是搞得红红火火。仅此一项，韶山每年接待游客就达数百万人次。现在，韶山村年人均可支配收入超过6800元，率先成为全国小康村。

建设社会主义新农村需要我们扎根这片热土，以情感、以智慧，从付出到建设，一步步脚踏实地行进，一步步夯实基础。韶山村数十年来的巨大变化，是韶山人智慧和汗水的结晶，是工业反哺农业、城市支持农村的明证，也是全省、全国人民共建支持的结果。

韶峰巍巍，韶水流长。韶山，就像一个窗口，在折射中国农村发展建设历程的同时，也在描绘着中国社会主义新农村建设的新的宏伟蓝图。

相关链接

新中国成立后韶山建制变迁

1949年10月至1968年：韶山成为湘潭县属区，区管委会作为县政府的派出机构。这期间，韶山主要是发展农业经济，工业和旅游业等尚处于初创阶段。

1968年至1980年：韶山成为湖南省政府直接管辖的地级行政区，简称韶山区。1968年12月，根据湖南省革命委员会有关文件，将原属湘乡县的白田公社祝赞大队划入大坪公社(毛泽东外祖家乡)，并使其与原湘潭县的韶山区合并，组成韶山特别行政区，直属湖南省政府领导。

1981年至1984年：省辖韶山区被撤销，韶山仍为湘潭县属区。韶山的宣传接待任务由湖南省韶山管理局负责。从这时起，韶山区开始把工作重点转移到社会主义经济建设的轨道上来，农业和乡镇企业有了较大发展。

1985年至1990年：1985年韶山又从湘潭县独立出来，成为湘潭市属县级区。为了搞好韶山的宣传接待、旅游服务，1986年8月，湖南省委、省政府决定进一步开放韶山，将其明确定位既是革命纪念地，又是风景旅游区，同时还决定把滴水洞也对中外游客开放。

1990 年 12 月,经国务院批准,湘潭市韶山区撤销,设立韶山市(县级),辖地不变。

新农村建设 我们还要走在前面

西沟名片

人口:2150 人

耕地:309 亩

第一产业:核桃、玉米

第二产业:合金、石料、采矿等

第三产业:餐饮、房地产开发

荣誉:2005 年,中央文明委授予西沟"全国文明先进村镇"称号,国家旅游局确定其为国家级农业生态旅游示范区

我有半口汤 不让你饿得慌

从山西省平顺县城坐公交车只需十几分钟便能到西沟村。在村口的公路两旁,几十名村民正在刨坑栽种松树和龙爪槐,"以前这里种的都是用材木,现在换成了观赏树种,这也从一个侧面反映出西沟人生活的变化呀!"同行的一位老人这样感叹道。

"山连山,沟套沟,山是石头山,沟是乱石沟。冬季雪花卷风沙,夏天洪水如猛兽。终年辛苦难饱肚,昼夜纺织无衣裤。"这就是解放前的西沟村,说这话的正是我国唯一一个连续十届当选全国人大代表的西沟村委会主任、现年 73 岁的申纪兰老人。

申纪兰介绍说,1938 年的时候,西沟村成立了党支部,当时的贫困农民李顺达第一批加入了中国共产党。"1943 年,李顺达响应党的号召,以党员为核心,建立了一个只有 5 户贫困农民的全国第一个农业生产互助组。"这就是被人们称为"边区农民的方向"的李顺达互助组。

当时,互助组提出了"我有半口汤,不让你饿得慌"的口号,互助组成员相互

接济,共渡难关。随后,该模式在平顺县推广,到1947年,全县共有427个互助组。

对荒山"开刀"

1949年,新中国成立,西沟人虽然通过互助组渡过了一个个难关,但西沟仍然还是一个"东西十五里长,南北山上放红光,三天无雨旱个死,雨下一时地遭殃"的穷山沟。为了彻底改变这种面貌,1951年,西沟村办起了农林牧生产合作组。

"要想富,就要对荒山'开刀'!"申纪兰回忆说,从1952年,他们就开始在原来寸草不生的石头山种树。提到当年的往事,申纪兰老人记忆深刻:"当年,在西沟村南山上种了300棵松树,却只活了几棵。但只要能活一棵,就不愁一坡。"正是在他们的不懈努力下,最终西沟村2.5万亩荒山上全部种上了松树。

"过去灾害多,原因就在于沟多。"当时李顺达和申纪兰就带领群众在沟里修大坝、建水库。"当时男女老少齐上阵,那场面现在想起来还很感人。"同时他们还进行河滩治理,采取护地、蓄水、保肥等方法,建成了200多亩旱涝保收的"西沟田"。

在西沟人的努力下,到上世纪70年代末,西沟村集体资产达到60万元,农民人均生产粮食达210公斤,比50年代初增长了近一倍。同时,他们还发展加工制造业,建成了石灰窑、砖瓦厂和木器加工厂等村办工厂。

农家饭走进大城市

虽然西沟村的经济有了一定改善,但在改革开放的大潮中,西沟人却被"甩"在后面。到上世纪80年代初,西沟村的农民人均收入只有113元。

"江苏农民发财了,很多人住的房子比乡政府的还高。""那算什么?河南农民都买飞机喷洒农药了。"听着外出打工的乡亲们回来谈论这些事,申纪兰的心里不是滋味,"老典型也不能只抱着过去的荣誉不进步呀,我们必须向已经发展起来的地方学习。"

经过参观学习,西沟村党支部一班人终于认清了"无农不稳,无工不富"这个理。

1985年4月,村党支部决定利用本地丰富的硅矿资源建一座铁合金厂。以申纪兰为首的村干部去长治,赴太原,上北京,申请项目资金,寻找投资伙伴。1987年10月,总投资150多万元、装机1800KW的西沟铁合金厂终于建成投产。为了更好地发展本村经济,1987年5月,西沟村成立了"西沟金星经济合作社",开始向多种经营方向发展,申纪兰被推选为社长。

"人们不是都搞农家乐吗?我们这里交通不是很便利,我们就把饭店开到城市去。"1998年8月,西沟村成立了山西纪兰餐饮产业公司,公司以独具特色的山村野味和乡村文化吸引着大批顾客,既取得了良好的经济效益,又成了进一步宣传西沟、发展西沟的窗口。

最重要的还是发展生产

改革开放20多年来,西沟金星社共兴办企业5家,全村700多劳动力中有300人进厂做工,大大提高了村民的收入。经济发展了,村党支部不忘改善村民的生活条件。村里先后安装了程控电话、解决了村民的吃水问题、建成了高标准的小学和卫生院,同时还对70岁以上的老人和60岁以上的党员干部实行了养老金制度。

"西沟村原来是由44个自然村形成的,由于过于分散,有的地方甚至一户就是一个自然村,这不利于村庄的规划,更没有办法建设社会主义新农村。"西沟乡党委书记宋义告诉记者,从80年代末,西沟村开始了移民并庄的工作,到2006年全村已经成为仅有两个大自然村的村子。

"建设新农村,我们还要走在前面。"作为村委会主任,申纪兰老人把规划的项目对记者进行逐一介绍。"建设新农村,最重要的还是要发展生产。"她说,他们将对全村所有的核桃树进行改良,种植矮化、高产核桃。"原来的核桃产量低、质量差,通过改良后可以增产30%左右。"

"今年,我们还准备引导农民种植万寿菊。"说到这里,老人掐着手指给记者算了这样一笔账:原来村民们种植玉米,一亩地最高可产500公斤,按照每公斤1元计算,也就收入500元。而种植万寿菊,一亩地可产2吨,一吨回收价格是600元,就是1200元,除去成本还可以净赚900元,"收入高,还是订单农业,村民们也有积极性,目前已经签订了600亩种植合同。"

申纪兰老人还告诉记者,为了繁荣本村经济,他们还准备建设3940平方米的农贸市场。为了丰富村民文化生活,从去年起,他们已经开始修建1200平方米的文化活动中心。今年还将修建 3000 平方米的体育馆。

新农村还需要新农民

"西沟村在全国也算是个出名的地方，我们还准备借助红色旅游的契机，进一步搞活旅游业。"申纪兰说，其实这些年，他们村的旅游业发展并不顺利，每年的收入也不过就十几万元。"我们重修了李顺达纪念馆，金星峰的绿化也基本完成。其实绿化村庄也有服务旅游开发的意思。"为了更好地服务于游客，他们准备在村子里搞个旅游接待中心———一个集吃住、娱乐、旅游于一体的服务场所。

"新农村，还要有新农民。"申纪兰说，他们对青年注重两方面的培养：一是政治素质；二是致富本领。他们将重点培养青年党员，把有文化、有思想、有道德的青年发展成党员。其次，通过集中培训，或把青年送到大专院校去学习，或把一些专家请进来，给青年农民传授致富本领。

站在金星峰上，记者回望西沟村，只见一座座样式新颖的二层小楼拔地而起，周围的山峰上已经披上了绿装。西沟的面貌变了，但是在这大山深处，不变的还有一种精神，那就是开拓进取的精神，相信这种精神必将转化为巨大的动力，成为建设社会主义新农村的力量之源。

采访札记

有感于"中国西沟"

我去西沟采访已经是第二次了。这次采访，让我感受最深的就是"中国西沟"4 个大字。无论是在村头，还是在村委会门前，这 4 个大大的汉字让我感慨不已。

"中国西沟"显示了西沟人的一种气魄。一个村庄，无论它有多么高的知名度，它也只不过是中国千百万村庄中的一个，在它之上，还有省、市、县、乡，而西沟人却敢于直接打出"中国西沟"的招牌，足以让人们看到他们的气魄和胸怀。

我在采访时问一个村民："为什么要把西沟和中国直接联系起来？"他不假思索地告诉我："西沟的精神是全国人民的精神，西沟是全国人民的西沟！"

"中国西沟"显示了西沟人的奋斗目标。

西沟在新中国成立前后，曾经名噪全国，但是随着时间的流逝，人们似乎已经将其淡忘，甚至一些青年人被问及"西沟"时，根本不知道地球上还有这么个地方。而从"中国西沟"这四个字，则足以看到新时期西沟人的奋斗目标，按照申纪兰的话说："我们要让中国人再次瞩目西沟，让世界再次关注西沟。"

"中国西沟"也表明了一种积极向上的精神。一个村庄要想被世人瞩目，就要通过自身的努力成为农村集体经济建设的先行者。在采访中，我了解到，为了使西沟再次成为世人瞩目的焦点，包括申纪兰老人在内的村党支部成员正带领着全村村民找项目、跑资金，谋求更大发展。他们告诉我，老典型不能一直生存在过去的光环下，要从荣誉中走出来，面对现实求上进、谋发展。

我想，西沟人的这些精神，理所应当就是中国新农民的精神，农民朋友也正是有了这种精神支撑，才可能成为建设社会主义新农村的中坚力量。

第八章　长春市人口计生委实践
"三关爱"理念纪实

（2006 年 4 月—10 月）

编者按：

　　上世纪 70 年代末，我国开始实行计划生育政策，计划生育工作成为乡镇工作的重心。三十多年来，我国的人口出生率和自然增长率明显下降，计划生育工作取得了巨大成就。但"盯、堵、流、罚、打、抓"等主要以行政手段和强制命令为主的计生工作方式，使群众难以接受，造成了干群关系紧张，也使农村计生工作成为"天下第一难"。

　　进入 21 世纪，我国人口达到了低生育水平，但人口素质、人口结构、人口分布，以及人口老龄化等问题日渐成为新时期计划生育工作的重点。计生工作再沿袭过去关起门通过行政命令搞计生的思路和工作方式，显然不能得到群众的认可和支持。面对新形势，2003 年，长春市人口计生委在全国率先探索出指导新时期计生工作的理念——"三关爱"。

实践反思催生"三关爱"理念

这段时间,吉林省长春市 117 万农民家庭都收到了一本《人口与新农村建设家庭计划书》,计划书包含了计划生育家庭基本情况表、经济发展计划情况表、帮扶计划情况表、经济和生殖保健服务跟踪情况表、文明家庭计划情况表等一系列内容。

这本小册子是长春市人口计生委为进一步提高农民婚育文明程度,提高农民生育质量,提高农民生活水平而制作并发放的。它也是建设社会主义新农村过程中,计生部门为农民提供生产、生活、生育等方面优质服务的一个新尝试。

实际上,在此之前的几年里,长春市人口计生委一直在为给农民提供更加便利、细致的服务上下功夫,不断转变工作思路和方法。免费为育龄妇女体检,成立人口学校,专设计生服务车,开展"关爱女孩"活动,设立悄悄话诊室,开通生殖健康热线……所有这些,将群众眼中"生硬"甚至"无情"的计划生育工作变得丰富且具人性化起来。干群关系融洽了,农民婚育观念转变了,农民富裕起来了,这一切都源于一个理念的提出和落实,那就是长春市人口计生委关于人性关爱、人情关爱、人文关爱的"三关爱"工作理念。

逼出来的转变

"刮宫流产、催粮催款",上世纪 70 年代末,我国开始实行计划生育政策,并将其定为基本国策。一时间,计划生育工作成为全国乡镇政府工作的重点之一。三十多年来,我国人口出生率和自然增长率明显下降,人口无计划增长的局面得到了有效控制和扭转,这些都得益于计划生育政策的贯彻实施。

但是,由于过去的计划生育工作主要以行政手段和强制命令为主,浓重的人治色彩造成了干群关系紧张。一方面,一些地方人口计生部门和乡镇计生人员为了完成任务,靠"盯、堵、流、罚、打、抓",使出了浑身解数。个别地方甚至还出现了强行"抓(大肚子)、拿(流产)、抄(家)"等过激和行政违法行为,不同程度地对群众造成了伤害。另一方面,由于计生工作的粗放管理模式,使得群众对计生工作产生了较强的抵触情绪,在一些群众眼中,计生干部干的就是"断子绝孙"的事。

"乡村干部进门吃炒饭,计生干部进门吃扁担",这些出自群众之口的顺口溜,虽然有些夸张,但也从一个侧面真实地反映出计生干部与群众之间的不和谐与对立状况。

长春市计生委主任高松柏在接受记者采访时,给记者讲述了一个她亲历的故事——那是她刚到计生委工作不久,一天,几个计生干部冒雨下乡检查,由于乡间道路泥泞,执法车陷于泥潭无法前行。在没搞清车主身份之前,闻讯赶来的村民,冒着大雨热心地帮他们推车。可谁料,当村民得知车上坐的是计生干部后,态度一下子就变了,他们当即甩手离去,村民走出很远,高松柏和同事们还能听到他们的抱怨,甚至是咒骂声。

进入 21 世纪,我国人口实现了低生育目标,但关于人口素质、人口结构、人口分布,以及老龄化等问题,也日益受到社会的关注,计划生育工作再沿袭过去那种关起门来通过行政命令搞计生的思路和工作方式,显然不能得到群众的认可和支持。新时期、新任务、新局面,给基层计划生育工作的内容和方式提出了更高要求,计生工作实现由传统型向现代型、由人治型向人权型、由计划型向市场型转变,已是迫在眉睫。

实践反思提出新理念

面对当前新的形势,我国人口计生系统也在不断探索,以适应新时期下计生工作的新需要。其间,长春市人口计生委的探索在全国走在了前面,他们率先在计生工作中提出了人性关爱、人情关爱、人文关爱的"三关爱"工作理念,用该理念指导工作,把越来越多的精力和财力投向保障千家万户的生育权益、生育福利、生殖健康中,在计生工作实践中处处体现"三关爱"的温暖。

"面对当前人口和计划生育工作的新变化,单纯控制人口数量已经不能适应现代社会发展的需要,人口和计划生育工作的重点要变化,首先要从更新观念上下手。"长春市人口和计划生育委员会主任高松柏说出了"三关爱"理念提出的初衷,"三关爱"理念不是主观臆造出来的,它是源于对实践的深刻反思。

2003 年 7 月,长春市人口计生委新领导班子组成后,为了有针对性地加强人口计生综合改革,着重做了两项工作。

首先是认真回顾了我国人口计生工作三十多年的经验与教训,研究当前全国人口计生工作所面临的形势和任务,特别是针对西方国家对我国人口计生领域关于人权问题的攻击,研究具体对策和办法。

总结分析之后,长春市人口计生委领导班子达成了共识:在国内经济快速发展的情况下,人口计生工作者肩负的历史使命既神圣也沉重,但这一沉重的使命却是不容回避的,每一个工作者必须顺应时代发展要求,以极大的勇气和清醒的头脑去迎接方方面面的挑战。

第二项工作是,针对全市人口计生工作开展情况及存在的问题进行了一次全面、系统调研。调研中工作人员发现,尽管全市人口与计生工作取得了一定成绩,但还有很多地方与新形势、新任务的要求不相适应。虽然综合改革工作已经开展,但大家工作思路和方法并没有实现根本转变,无论从思想观念、思维模式、工作方法,还是人员整体素质,都明显残留着计划经济时期的痕迹,存在着"四个满足"和"四个不够"的问题,严重制约着计生工作向深层次推进和发展。

为此,长春市人口计生委深挖根源,查找原因,他们认为在以往的工作中,重实践轻理论、重管理轻服务、重实干轻建设等倾向非常突出,而要解决这些问题,就必须树立科学发展观,实现计生工作从传统型向现代型,从人治型向人权型,从计划型向市场型转变的"三个转变",彻底实现计生部门从简单行政管理向以人为本服务的转变。

作为一种自觉而不是自发、主动而不是被动的理念转变,理性的思考必不可少,理论的支撑尤为重要。为此,长春市人口计生委紧紧围绕国家人口计生委"建立理论创新机制"的要求,结合新时期计生工作的实际,在"三个转变"的基础上,进一步提出以人性关爱、人情关爱、人文关爱为主要内容的"三关爱"工作新理念,将广大育龄群众看成是有感情、有理性的服务对象。

丰富的"三关爱"内涵

"三关爱"从满足群众最基本的生理需求向情感需求、全面发展需求层层递进,使三者相互联系。长春市人口计生委主任高松柏向记者阐述了"三关爱"理念的内涵。

人性关爱就是满足人最基本的生理需要,传达爱心,用坚持"人权本位"思想,对人最基本的生殖健康需求给予关爱,理解人,维护人格尊严。

衣食住行等人类赖以生存的本性就是人性,对人性的关爱,也就是从人最基本的衣食住行需求方面入手,给予服务对象更多关爱。在计划生育领域,对人性的关爱更多地体现为对婚、育、孕等人自然属性的关注。

长春市人口计生委将计划生育的工作对象定位于所有健康和亚健康的人群，围绕生育、节育、不育开展一系列的综合服务。他们还在市、县两级计划生育服务机构统一开办了青春期、更年期、老年期三期保健门诊，基本上把人一生所需的保健内容都纳入了计生服务范畴。市生殖健康中心，还在全省率先开设了"更年期课堂"和"青少年悄悄话"等服务项目，通过心灵对话，为不同年龄的人群解除困惑和烦恼。

人情关爱，就是坚持"服务本位"思想，给予服务对象以亲情、友情，进行感情抚慰。

长春市人口计生委在实际工作中认识到，对育龄群众的关心仅仅停留在对人本性的关注上是不够的，作为情感动物，人更需要从情感和心灵上得到抚慰。于是，长春市计生系统在实际工作中逐步改变管理多于服务、约束多于引导、惩罚多于奖励的传统工作方式，提倡换位思考，设身处地地为育龄群众着想，以真心打动人、以亲情感染人，把人与人之间的浓郁情感和人情关爱纳入到计划生育工作中，使服务对象在享受服务时，不但感觉到自己受到了尊重，而且也获得了亲情和友情。

人文关爱是坚持"文化本位"思想，给服务对象以生育文化、生殖保健知识。

全面建设小康社会不仅需要物质的极大丰富，也需要精神的极大满足，这就需要人人有知识。针对新时期计生工作的新特点，长春市人口计生委坚持用"满足人的自我保健和文化知识需求，帮助人，促进人的健康和全面发展的人文关爱"理念指导实践，积极传播新时期的婚育新风、传播婚育知识、建设生育文化。

目前"三关爱"已经成为长春市人口计生工作的指导思想和行为准则，使广大计生干部精神面貌、思想观念、工作方式方法都发生了根本转变，使群众的主人翁意识更加明确，配合综合改革的积极性也随之提高，计生工作成效显著。

"三关爱"是如何落实的

建立新服务网络　实行人性化服务

将"三关爱"的理念融入到工作实践中，长春市人口计生委把提高技术服务质量、改善服务环境作为实践"三关爱"理念的突破口。

228

　　按照计划生育工作发展规律的要求,机构网络和人员网络必须健全和完善。过去,这两个网络在长春市虽然已经形成,但是作用发挥得不是很好,比如服务机构房舍简陋,设备陈旧,管理不规范,专业人员少,服务功能差,基本没有效益,人员年龄偏大,素质偏低,结构不合理,从事技术工作的有4/5的是非专业人员。这些问题都直接影响到计生工作的进一步开展。因此,改造服务网络,加强队伍建设是实施"三关爱"首当其冲要解决的问题。

　　长春市人口计生委在全市打造了以市生殖健康服务中心为龙头,以县(市)区生殖保健医院为依托,以乡镇中心服务站为重点,以村服务室为基础,以计划生育流动服务车为纽带的全新技术服务网络。全市13个(市)区服务站全部更名为生殖保健医院,坚持"十个统一",实行规范化管理,全部获得了卫生行政部门颁发的《医疗执业许可证》。

　　在人员队伍建设方面,长春市人口计生委在对各级计生干部加大培训力度的同时,实行"一制三化"管理,即对县区级计生领导班子实行目标责任制管理,对乡镇计生助理包括县计生局科级干部实行程序化管理,对村级计生工作人员及县乡一般人员实行规范化管理,对各级技术人员实行专业化管理。同时,在计生系统建立了竞聘、管理、培训、激励、考核、监督等6项全新的工作制度,优化了计生队伍的人员结构,使计生队伍的整体素质得到了提高。

　　在"三关爱"理念的指导下,长春市计生工作逐步改变了管理多于服务、约束多于引导、惩罚多于奖励的传统方式。过去,计生部门常说"一孩环、二孩扎",执行这些措施,在很大程度是带有强迫性的,在执行时很少考虑到群众个体的差异和需要。随着保障人权意识的不断增强,长春市人口计生委在计划生育工作中实行了避孕节育措施知情选择,完全改变以前计生服务强迫执行的方式,从个性化需求出发,让人们根据自身的生理特点、健康需要、心理状态等,自主选择适合自己的避孕节育措施和方法。

　　以往,在农村,随便拉个帘子、搭个板子,当众进行生殖计生检查诊治是司空见惯的事情。由于受到环境和条件的限制,计生工作在尊重育龄群众隐私方面的细节工作做得很不够,很多群众因此产生了抵触情绪。

　　如今,在"三关爱"理念的指导下,长春市各级计生服务机构,都实行了规范化管理,实行男女分楼层诊治,检查室、处置室分开,诊室和康复室分开等措施。这些服务机构无论是在服务环境、检查方式上,还是服务行为上,都力图让育龄群众在接受治疗时,充分体验到人格、隐私被尊重的优质服务。

此外,为了做好新时期计划生育工作,长春市各级计生部门积极探索和尝试创新工作方式方法,把育龄群众的需求作为工作的导向,通过发放问卷、公开信及联系卡等多种形式,及时了解育龄群众的需求,真正把政策送到家、把服务送到户。由过去简单行政管理转变为以人为本的服务,使长春市人口计生部门杜绝了简单粗暴、不文明的执法现象,近3年来,该市没有群众因计生问题而上访的。

与其他部门通力合作　形成"三关爱"大合唱

在长春市宽城区一个不到10平方米的简陋房间中,住着从新疆喀什来此打工的库尔班一家4口。2004年夏,长春市宽城区计生干部在一次流动人口普查中发现,已到上学年龄的库尔班和姐姐因家庭经济条件限制,无法像其他孩子一样享受上学的权利。为了保证流动人口和当地群众享受同等待遇,社区计生干部随即与教育部门联系,在教育部门积极配合之下,库尔班和姐姐在新学期开始,顺利地迈进了学校的大门。

这件事只是长春市人口计生委与其他部门通力协作并取得成果的一个缩影。在"三关爱"理念的指导下,长春市人口与计生工作顺利开展。但是在不断改善、提高自身服务水平、服务质量的同时,长春市人口计生委并没有"单打独斗"、就计生搞计生,而是积极与其他各职能部门通力合作,共同为育龄群众及其家庭提供更广泛、更优质的服务。

据长春市计生委主任高松柏介绍,随着计生工作形势的发展和任务的变化,计生工作已由过去单纯控制人口数量转向实现人口数量、人口素质、人口结构、人口分布、人口迁徙等与人口安全相关的问题转变,这就要求计生部门与其他部门的通力合作。

长春市计生委主动与财政、公安、工商、民政、卫生、劳动、人事等20多个部门协调联动,通过联合发文,明确了各相关部门的职责和任务,使计划生育各项政策与各相关部门的有关政策更好地进行衔接,创造出一个有利于人口与计划生育工作的政策环境。

公安部门在婴儿落户、流动人口"一站式"办公、依法管理等方面,积极支持计划生育工作。卫生部门为市、县两级14个技术服务机构全部发放营业执照,并对计生技术人员免费提供技术指导和专业培训。工商部门在办理个体营业执照时,认真核查婚育证明,严格把关,对于实行计划生育的家庭优先办理,对计生贫困家庭,适当减免工商税。财政部门平均每年为计生工作增加 200 万元的投入,为人口计生事业的深入发展提供财政保障,及时合理安排人口和计划生育事业经费,确保各种计划生育奖励扶助政策落实到位。各级人民法院也积极配合计生部门开展行政执法,协助计生部门做好社会抚养费征收工作。民政、农业、劳动等部门都把计生工作纳入职责中,积极配合计生部门开展工作。

此外,计生部门还利用自身的生殖健康服务资源,主动为相关部门干部职工提供计划生育、生殖健康服务,为相关部门办了好事、实事,增强了彼此合作的基础,这样一来,也为计生工作做了生动有效的宣传,树立了良好的社会形象,扩大了影响。

拓宽服务领域　既送健康又送小康

实践"三关爱"理念,无论是计生服务方式的转变,还是服务内容的改变,都需要寻找一个切入点和载体。因此,拓宽工作思路,探索服务载体就成了首要任务。

据了解,从 2002 年开始,针对农民朋友生殖保健意识淡薄,妇女生殖疾病发病率高,乡村就医不便等特点,长春市人口计生委派出了配备不同用途和功能的生殖健康诊疗仪器的 9 台计划生育流动服务车,下乡进村,直接到群众身边开展计生技术服务。

特别在"三关爱"理念提出后,长春市各个区县计生部门更是紧抓灵活流动性、服务全面性、诊治及时性,和免费检查、半价治疗、平价给药的服务宗旨,不断挖掘其服务潜力,使服务车成为贯彻"三关爱"理念的最佳载体,将服务覆盖到全市的各个角落。

榆树市弓棚镇兴隆村农民黄亚文,患有肿瘤等病多年,由于住处较为偏远,每次看病往返都要好几天,车费和医药费负担不起,只好放弃了治疗。2002 年 6月的一天,计生服务车开到了她家门口,计生服务人员主动上门为她做了检查,并把她送到了长春市生殖保健医院进行治疗,不但把困扰黄亚文多年的疾病治好了,还为她节省了几千元的医药费。

为了最大程度满足群众看病的需求,长春市根据各地服务车的具体情况,不断完善了服务车的服务项目和功能,开展入户服务、应急服务,传递致富信息服务,为村民制定健康档案,安排乡村计生员定期随访,专门印制服务联系卡……项目的增加、功能的完善,不仅提高了服务的针对性和整体水平,也使得计生服务开展得实实在在。

服务车每到一地,除开展计划生育服务外,还支起宣传板,发放宣传单,播放婚育知识及科普宣教片,有时还开办临时人口与计划生育知识小课堂。就像有的基层计生干部说的那样,服务车就像宣传队和播种机,把婚育新风吹进了千家万户。国家人口计生委副主任王国强,在长春市农民家里看到计划书后说:"《人口与小康家庭计划书》是农民奔小康的一个有效载体,看得见,摸得着,是连心卡、致富桥。"

长春市人口计生委在实践"三关爱"的理念中,不仅做好计生部门的本职工作,在宣传普及生殖保健知识、为育龄妇女服务等方面做足了文章,而且还将关爱的"触角"延伸到农民脱贫致富的领域,实现了服务载体的创新。

长春市人口计生委认识到,要加大帮贫扶困的力度,不能仅限于逢年过节送日用品、送资金,还要从根本上帮助农民研究加快发展生产、早日脱贫的新路子、新举措。为此,2004年初,长春市各级计生干部进村入户,与全市117万农民和城市部分计生贫困家庭签订了包括家庭人口计划、科技致富项目计划、卫生保健等在内的《人口与小康家庭计划书》,根据每户的实际情况制定家庭人口计划、科技致富计划、子女成才计划、生殖保健计划和文明家庭建设计划等,然后再根据各家的不同需求,联合多个部门为农民提供资金、技术等方面的支持。拿到人口与小康家庭计划书的农户不但能享受到生殖健康方面的各项优质服务,还能享受到银行、信用社的部分贴息贷款等多种优惠政策。

九台市波泥河镇波兴村村民李晶只有一个孩子。两年前,一家3口还住在两间草房里,生活十分困难。2004年2月的一天,计生干部来到她家,与她签订了《人口与小康家庭计划书》,制定了切实可行的家庭致富计划,还为其担保贷款1万元助其发展生产。李晶用这1万元买了苗木新品种,经过一年的努力,年底还上了贷款,还建起了新房。

在长春市,像李晶这样受益于《人口与小康家庭计划书》的家庭还有很多。《人口与小康家庭计划书》搭建起了政府与群众之间的"连心桥",成了计生干部在农村工作的"金钥匙"。截至2005月5月,长春市帮扶农村计划生育贫困家

231

庭达到 4.7 万户,投入帮扶资金 4 亿多元,为计划生育家庭解决生产、生活、生育方面的事项 80 多万件次。

目前,人口与小康家庭计划已经取得了突破性进展,全市累计重点帮扶58735 户计生贫困家庭脱贫致富,其中已经脱贫 26490 户,基本脱贫 25520 户;共帮助 15618 户计生家庭上新项目,帮助解决资金 4263.5 万元;帮助 14403 名计生家庭子女解决因贫辍学问题,及时使他们复学就读。

在当前建设社会主义新农村的大背景下,长春人口计生委结合农村实际,在《人口与小康家庭计划书》的基础上,制定了《人口与新农村建设家庭计划书》,把农村的人口计生工作与社会主义新农村建设紧密结合起来。

"三关爱"给农民带来了什么

减轻群众看病贵压力　提高群众生殖健康水平

由于农村经济、文化相对落后,一些群众患了生殖疾病,既不愿意张口求医,也不愿意花钱治病,小病一拖再拖成了大病,身心承受着难言的痛苦。在"三关爱"理念的指导下,长春市计生干部通过转变工作方式,实施一系列有效措施,减轻了群众看病贵的压力,使群众生殖健康水平得到了较大幅度的提高。

在长春市大大小小 14 家生殖保健机构中,由于对生殖系统疾病患者实行"免费诊断、平价给药、半费治疗"的诊疗原则,极大地减轻了群众就医负担,农民们看病时顾虑少了、主动性强了,生殖健康意识也得到了进一步的增强。据农安县生殖保健医院王长文院长介绍,现在到医院就诊的生殖疾病患者,90% 以上都是附近乡镇的育龄群众。

在为广大群众提高生殖健康水平方面,流动服务车凭借其灵活性和贴近性的优势,深受广大育龄群众拥护和喜爱。

"服务车进村入户,使姐妹们不用去医院面对生硬的就医环境。姐妹们说说笑笑,在一个轻松的环境里就把病看了,也不像以前那样不好意思了。""服务车每年大概能来我们村 2~3 次,每次来的时候,我们村的妇女都特别高兴,因为服务车的上门服务,可以为我们节省去医院看病的开支。""服务车给我们提供免费检查,一旦查出病来,我们抓紧治疗;如果没查出病,我们心里也踏实了。"

榆树市环城乡双井村的妇女对计生服务车这种服务方式都非常满意。

此外,为了进一步提高群众生殖健康水平,2004年、2005年,长春市人口计生委还分别对全市108万农村育龄妇女和农村126万已婚适龄男性进行了免费生殖健康体检,受到了群众广泛好评。

由于受医疗及经济条件所限,一位忍受了10年妇科疾病折磨的妇女,终于在2004年的免费体检中查出了病因,经过治疗,病已痊愈。这位妇女的丈夫感激涕零,拉着计生干部的手激动地说:"你们这是还给了我一个健康的媳妇啊!"

目前,通过开展一系列服务,长春市患生殖疾病的群众比以前少了许多,一些群众摆脱了疾病的困扰后,一门心思奔小康,有效增加了家庭经济收入。

送钱送物更送项目　让计生家庭先富起来

在"三关爱"理念的指导及一系列致富计划和项目的实施下,长春市广大育龄群众生殖健康水平得到了大幅度提高,同时,他们也感受到了致富的喜悦。

为了加快农民少生快富的步伐,在《人口与小康家庭计划书》为龙头的致富项目带领下,长春市计生系统不断探索新的方式方法,将计生工作与致富帮扶联系在一起,使计生家庭得到了实惠。

在保持共产党员先进性教育活动中,长春市人口计生委开展了"结穷亲、解民忧、送温暖、受教育、促提高"为主题的实践活动,57名党员结对帮扶57名计划生育贫困户,给他们捐款捐物,帮助他们脱贫致富。

榆树市政府与完达山乳业集团联合,采取"公司＋农户"的运作方式,引导2000多户计划生育家庭加入此项目,并为他们贷款800多万元,发展奶牛产业。谢家乡党委、乡政府为100名计划生育家庭牵线搭桥,帮助他们在吉林市建工行业实现了再就业,使乡里农民年人均收入增加近万元。

德惠市政府把人口与小康家庭计划工作纳入市委、市政府确定的2005年要重点抓好的12件大事之内,并组织了"万名干部下基层"活动,落实包保责任,明确包保目标。责任的落实,目标的明确,使广大农民在脱贫致富的路上像吃了定心丸一样,少了几分顾虑,多了些踏实。

"自从签订人口与小康家庭计划书后,我的心里踏实了许多,有困难再也不害怕了,因为有计生干部给我们帮忙!"计生农户杨某手拿小康计划书,向记者道出了小康计划书带给她的好处。

233

朝阳区在解决农民脱贫致富方面,成立了"三农"服务中心,建立了农民致富专家顾问团,创办了连锁"阳光超市",开办了农业科技知识图书超市,常年为农村计划生育贫困户提供帮助,使更多的计划生育家庭在市场经济中,政治上有了地位,经济上有了实惠,生活上有了保障。

绿园区西新镇繁荣村五社育龄妇女范玉玲原本有一个幸福的家庭,一家三口衣食无忧,可是去年3月的一场大火将她家烧得一无所有。得知情况后,村计生协会会长王跃山立即给她送来了2000元钱。随后,镇计生办不仅帮她家重新制定了致富计划,还给她协调扶持基金,现在她家又养起了鸡、羊,还养了4头牛。

高新区双德乡三家村四队4户计生困难户,想通过发展养殖业脱贫致富,但资金不足让他们一筹莫展。得知情况后,乡计生助理程玉兰带领乡计生办的工作人员,想尽办法帮他们筹集了8万元的资金,购回了9头牛,解决了这4户计生困难户的困难。如今,他们早已收回了养殖成本,并归还了奶牛款,走上了致富之路。

婚育新风进农家　传统观念在改变

孙丽红和她的丈夫是一对聋哑夫妇。婚后,小女儿的诞生给全家人带来了喜悦。可宝宝也是聋哑人的诊断结果,让孙丽红夫妇难过的同时,也产生了再生一胎的想法。半年后的一次检查中,计生人员发现孙丽红已怀孕3个月,为了避免新生儿再次出现先天缺陷,村计生员及时对孙丽红进行了生育、婚育知识讲解,把婚育知识、婚育新风及时地带给了孙家。一家人经反复琢磨后,最终放弃了生二胎。事后,孙丽红的婆婆感慨地说:"现在,生男生女都一样,有个健康的孩子才是福气啊,如果再生个聋哑人就不好了,我也不能照顾他们一辈子啊。再说了,孩子少了,不拖累,大人有时间就出去挣钱了。现在养一个孩子太不容易了,不仅要花费大量的金钱,还得投入太多的精力。"

在长春农村,由于人口计生委坚持用"满足人的自我保健和文化知识的需求,帮助人,促进人的健康和全面发展的人文关爱"理念指导实践,并积极传播新时期婚育观念、婚育知识、生育文化,使越来越多的农民摒弃了"多子多福""早生儿子早得济"等传统生育观念,取而代之的是"生男生女都一样""男到女家落户"等婚育新观念。

长春市计生部门通过制作形式多样的生育知识小册子、挂图、宣传板，放映电视片，开办计生小课堂等形式，开展面对面、手拉手、心贴心的宣传活动，营造健康的婚育文化氛围，传播婚育新风。

此外，计生部门还采用灵活多样、不拘一格的服务方式，走到哪里，就把婚育新风传播到哪里，让群众在潜移默化中受到新婚育观的熏陶。

目前，长春市农村每个家庭都有 5 种以上的计生宣传品，群众对与自己相关的计生知识不再似是而非，既能说明白，也能做明白。妇女有了生殖方面的疾病，也不再难以启齿，而是大大方方地求医问药，甚至连一些男性也开始对自己的生殖健康在意起来。

倡导婚育新风，不仅丰富了农民计划生育知识，转变了他们的思想观念和婚育观念，而且也使农民冲破了束缚，开阔了眼界，在思想上从"旧农民"成长为"新农民"，实现了少生、优生、快富。婚育文明落实到户，也为社会主义新型婚育文化的建设、文明乡风的形成起到了积极的促进作用。

计生干部成了最可爱的人 提高了党和政府的威信

以前，由于计划生育工作主要以行政手段和强制命令为主，计生干部被老百姓视为"最可恨的人"，计生干部的工作被说成是断子绝孙的事。在下乡执法和宣传国家计划生育政策时，计生人员经常会遇到群众冷言冷语，甚至遭受粗暴行为。如今，在长春市的群众心中，计生干部成了他们最可亲的人、最可爱的人。

这是因为，长春市各级计生部门在积极探索和尝试创新工作方式方法中，把"三关爱"的理念细化落实到工作的每一个环节，通过为群众提供优质、全程、跟踪式服务，使群众进一步认识到了计生人员服务的真心、诚心和热心，进一步拉近了人口计生工作者与群众的距离，密切了党群、干群关系。

今年开春，榆树市计生服务车在恩育乡中兴村开展服务，离开时天已经黑了，由于司机不小心，车陷进了暗坑里。陷车的地方离最近的屯子也有 500 米，听到汽车发动机费劲的轰鸣声，屯子里自发赶来三四十个人，大家齐心合力把车子从坑里抬了出来。服务车上的工作人员对他们表示感谢，可群众却真诚地说："你们计生干部现在是真心诚意地给我们查病、治病啊，不仅关心计划生育问题，还关心我们的健康，关心夫妻关系的和谐，我们还有什么理由不支持你们呢。"

在 2004 年和 2005 年为广大农村育龄群众免费体检过程中，为了感谢计生部门对广大育龄群众的关心,群众自发将自家的土特产送给计生人员,有一些村民甚至把家中一直珍藏的结婚时用的被子拿出来给计生人员使用。

净月开发区玉潭友好村计生员马金荣,在实践"三关爱"工作理念时,及时改变工作方式方法,用爱心、真心帮助每一位育龄群众。如今,她和该村村民大多成了无话不说的好朋友,村里谁家媳妇怀孕了,都会主动找到她,让她领着去检查;谁家媳妇要临产了,也会让她陪着去医院;谁家小孩子落户口也要主动找上门来请她帮忙……正因有如此好的群众基础,马金荣对这个村是再熟悉不过了,谁家或哪个人有什么事都瞒不住她,一旦有村民需要她的帮助,她会毫不犹豫地为其忙前跑后。

双阳区一位名叫张淑琴的计生员,本人是一位养鸡专业户,她不仅带头抓村里的计划生育工作,还无偿向村民传授养鸡技术,亲自指导。在她的带领下,她所在的屯成了远近闻名的"养鸡一品屯"。群众集体脱贫了,脱贫后的农民不忘支持计生工作,该村近3年来杜绝了超生和早婚早育现象,避孕措施落实率以及其他各项指标落实率均达到了100%。

实践表明,把"三关爱"理念落实到服务中,能够从根本上化解干群矛盾,实现计生工作者和群众关系的和谐,对构建和谐社会起到巨大的推动作用。

第九章　打工360行

(2006 年 6 月—12 月)

　　据估计,农民工在城市打工总数在 9000 万左右。他们在各大城市
的各行各业中打工,他们分别在什么行业,这些群体都是怎样的生存和
生活状态,有哪些问题需要解决? 从本期起,我们开设打工 360 行栏
目,以北京市为例,对一些群体做些扫描,也希望能为准备到城市打工
的读者,提供参考。

“黑车”的灰色生存

采访对象:柱子,男,29 岁,山东德州人

人物群体:司机

人数总量:估计北京约 6 万至 7 万人

群体特征:出没于郊区地铁站与各大居民小区之间

月均收入:1500 元左右

238

凌晨 5 点半,柱子四兄弟的车就停在北京丰台区小屯东路站口了。按年龄顺序排,柱子是老四,他得第四个发车,这个顺序多年来雷打不动。6 年前,柱子哥儿几个从山东德州老家来北京"讨生活",目的很单纯,就是为了挣钱养家。

刚来北京的时候,哥儿四个将从老家带来的钱凑在一起,买了一辆二手面包车"跑活儿",6 年间,最初那辆二手面包车已经报废,却又"生"出 4 辆二手面包车来,哥儿四个这才分开经营,各自的媳妇做售票员,各赚各的钱,但他们分车不分道,用柱子的话说,这是规矩。

三哥的车走了没多久,338 路公交车缓缓驶进站,几个刚上了柱子车的乘客欲下车乘公车,柱子转头对车门那边喊道:"我这车快!"可几个乘客还是下了车,柱子尴尬地对车上剩下的乘客调侃着:"多挤啊,哪像我这车有座位!""可是还要等多久啊?上班快迟到了!"没下车的乘客显然有些不耐烦了。"马上,马上,再等等,还有几个空位,等人一满就开车,要不这一趟下来还不够油钱!"见没人说话,柱子自己又开始抱怨着干这行的不易:"其实大家还是需要我们这行的,这边小区建成快一年了,住户不少,一班公车哪够啊,跑得慢不说,而且挤啊,时间上也不固定。我们为你们出行提供多少方便啊。两趟公交车间隔至少有个半小时,就这半小时我们的车能跑 4 趟,先紧着公交拉活儿,这中间我们可以打个时间差。"

最后一位乘客上车打断了柱子的话,柱子赶紧发动了车,没开多远,"没油了,加点油!"柱子对车厢里的乘客小声说道,便拐进了加油站,厚厚一沓 60 块的零钱得加油站的小兄弟数一会儿了,不到 13 升的油也跑不了几趟,柱子轻声喝道:"这油价涨疯了!这车也快开不起了!"

柱子媳妇接过话茬:"油价涨不说,这两天还真是点儿背,每次回来都拉不了几个人!再这样,真是干不下去了!""那你能干点啥?没钱没技术,上有老下有小的。"离家 6 年了,柱子夫妇回家的次数少得可怜,当初带孩子爬长城的承诺到现在还没有兑现,孩子在老家由种地的父母看着,眼看就到了上学的年龄了,柱子一心想把孩子接到城里,可城里高额的这费那费让柱子望而生畏。

柱子加大油门,径直闯了红灯。由于是新小区,那一带没有安装摄像头。

柱子曾说过,就是有摄像头,他也不怕,因为自己开的车没牌照,所以警察管不了。而对于城管,柱子哥儿几个已少了当初的那份恐惧,"处好了是哥们儿,处不好是敌人。城管也不易,要给城管面子,不能让人家太为难。"柱子的车果然像他承诺的那样，超过公交车，停在了终点站。

柱子一天跑14趟，每趟车坐满了20个人，刨去油钱，一趟下来赚10元，赶上人多，多几元，反之亦然。"4000多元的收入是纯收入还了得？那还不发了，还不把孩子都接来上学？这4000多元钱里有2000多都用在修车上了。"由于买的是二手旧车，柱子说每月修车的花销最大，下来是租房，最后才是吃喝。

说话的时候，柱子总是习惯地摸着额头的伤疤，故意分下来的头发遮不住紫黑的疤痕，"这是三年前拉活时撞的，当时我把挡风玻璃都撞碎了！"柱子炫耀地说着，又撩起袖筒，他胳膊上一道长约20厘米的伤疤很是刺眼。

"这是去年在石景山的一个小区拉活儿时跟人干仗留下的，本来是我们先在那里拉活儿，看我们生意好，那帮人就有意挤对我们，因为周围的居民都跟我们熟了，都愿意坐我们的车，他们就跟我们火拼了一场，结果他们人多，我们吃了亏，我胳膊上挨了一刀，当时肉都翻起来了，露出了骨头，不敢上医院，这属于斗殴啊！那还不得进派出所？所以自己简单处理一下就算了。可这胳膊落下了毛病，基本也跟废了没什么区别，雨雪天就疼得抬不起来！"

中午没什么人，柱子捡了几张乘客留在车上的旧报纸，在车边的阴凉处铺开来，躺在上面打着盹儿："车里太热，进不去人，过两天气温30多度更熬人！"

下午16点半，下班的人逐渐多了起来，柱子媳妇亮开嗓子喊乘客上车，由于是排序发车，能赶上人多的时候对柱子来说相当不容易，所以柱子多等了一会儿，换来的又是乘客的一顿抱怨。

19点半，柱子的车作为收尾车载着15个人行驶在返回小屯东口的路上，柱子媳妇看到路边上有菜摊，对柱子说道，"我想买捆小白菜！"柱子应和着，停了车，转眼柱子媳妇气喘吁吁的提上来一捆叶子发黄的菜，两个西红柿。柱子发动车，嘴里念道："咋买俩西红柿？够吃半辈子的了！"乘客哄笑，柱子媳妇红着脸说："今天活儿拉得少，晚上就只准你花一块五。"柱子每天晚餐都要喝点啤酒，一瓶啤酒正好一块五。

停车场收费员的幸福生活

采访对象：王玉荣，女，32岁，河南信阳息县人

240

人物群体：看车人
人数总量：不完全统计北京约 7000 ~ 8000 人
群体特征：常年工作于写字楼、道路两旁的停车位边
月均收入：600 元左右

　　没来北京前，对于全村最高学历的王玉荣来说，北京是个遍地可以淘到金的地方。而在农村不行，她的高中文凭没用，除了代人写信，也就是每年到镇上开几次会。她得和那些没有读过书的妇女一样，一起下地，一起带孩子……这样的日子在 2002 年的年初结束，王玉荣收拾行囊跟着丈夫来到北京，来到这个她以为能让自己的学识有用武之地的地方。

　　连续三天的求职经历，彻底击碎了她对城市的所有想象。习惯了村里人敬重目光的她，受不了城里人看她的眼神，"如果是这样，还不如回家。"王玉荣小心翼翼地与丈夫商量，丈夫只说了一句："为了孩子，你就忍忍吧！"为了这句话，王玉荣到了丈夫所在的公联安达公司上班，干起了停车管理的工作，一个月 600 元，三套工服，不管吃住，一个季度发些洗衣粉、手套这样的劳保品。丈夫同她的收入一样，待遇也一样。

　　对于自己和丈夫每月 1200 元的收入，王玉荣这样分配：240 元房租、400 元的生活费，剩下多少全数寄回家。婆婆公公在河南老家不仅侍弄着她和丈夫的 3 亩地，还帮他们带着 11 岁的女儿和 8 岁的儿子。500 元钱，对于家在农村的 60 多岁老人和两个孩子也不宽余，药费、学费两项支出远不止这个数。

　　最令王玉荣头痛的是，她和丈夫每月吃紧的生活费不允许他们有额外花销，去年冬天最冷的那几天，丈夫看车受了风寒，在他们冷得冒寒气的家里躺了三天仍不见好转，后来经不住王玉荣的苦苦哀求，两口子到附近的医院就诊，只瞧了一眼划价单上 100 多元的输液费，丈夫扭头就走，无论王玉荣怎么央求，丈夫就是不再进医院的门，100 多元钱对于他们两口子来说，是一个星期的生活费，是一件买给老人的防寒服，是一冬的蜂窝煤钱……用钱的地方太多了。

　　每天，王玉荣和丈夫都会骑 50 分钟的车到海淀区翠微路的工商银行门前上班，看管这里 50 多个车位。车来了，协助车主入位、开单，顶寒风、冒酷暑，就这么简单，就这样辛苦。

　　王玉荣也想过做兼职补贴家用，但每月两周早班、两周晚班的排班制，彻底

打消了她的念头。早班：早上8点到下午14点；晚班：14点至晚上21点。夫妻两人轮班，定期专人查岗，不能换班，更不能连班上。

"像我们这样从村里来到城市打工的人除了干点家政之类的工作，其他还有什么工作能做？经常轮班也让我们很难找兼职。而放弃这份工作干家政，却有很多实际的问题，雇主说辞就辞，很不稳定，而通过中介安置的工作有些保障，但中介收费高，收入要比自己找少得多。就这么矛盾，就这么现实。"王玉荣说。

对于下班和上班前的这段时间，王玉荣绝对舍不得浪费，既然打不成整工，她会找点零活补贴家用，王玉荣和她一起租房的女人们一起给建筑工地的工人们做饭，去推倒的房子废墟间砍砖头，到一些大学的学生宿舍给学生洗衣服……这些每月大概一两百元的收入也让王玉荣全部寄回了老家。王玉荣说干这些活丝毫不比在家种田轻松，她摊开自己的手，那双满是疤痕的手记录着她在北京打工的艰辛。

来京4年了，王玉荣一家仍不宽裕，但比起她刚来北京的那段日子，实在是强太多了。上周，在村里读书的两个孩子寄来了两人的成绩单，她摊开孩子的成绩单，上面红色的一连串"优"赫然在目，王玉荣用她4年时光，换来了自己最陶醉的时刻……

公厕保洁员——生活在厕所的日子里

采访对象：张栋，男，30岁，湖北南漳县武安镇人
　　　　　朱素芬，女，26岁，湖北南漳县武安镇人
人物群体：公共厕所保洁员
人数总量：北京约2000人
群体特征：各居民区周边
月均收入：800元左右

7月1日，是张栋和妻子朱素芬在北京三里河公厕工作一年半的纪念日。这天，他俩双双向西街物业公司提交了辞职信，原因还是那个他们向公司提了多次的老问题——住宿条件太差。这一次，公司仍然是挽留，并开出了相对优惠的

条件——给张栋涨 150 元的工资。这一次，张栋心动了，毕竟回家做生意的本钱还差点儿，所以他和妻子答应干到明年 1 月 1 日。

张栋夫妻工作的公厕位于路边，男厕女厕被他们住的 2 平米小屋隔开，对于张栋夫妻二人来说，这 2 平米的小屋是卧室，是厨房，也是工作之余生活的地方。一张 2 平米的床板放下来，屋里就没有站的地方了。春秋天还好，可一到寒冬腊月，床板与马路只有一门之隔，睡觉的滋味可想而知。"虽然挤点，但毕竟有个住的地方，这样省了房租和交通费。"张栋对这个小屋有着无可奈何的"满意"。

2004 年 9 月，张栋从湖北南漳县武安镇老家来北京，经姐夫介绍进了北京西城西街物业公司从事保洁工作，每月 850 元的收入，张栋很知足，这可是他在农村半年的收入。农村老家地少，父母、哥哥一家加上他全家共 8 口人，一共 3 亩地，口粮都解决不了，更别提赚钱了。于是，2005 年年初，张栋劝说妻子来到北京，进了他所在的公司，因为公司欢迎这样的"夫妻档"做保洁。妻子每天干与他相同的活，待遇却不同，每月收入 750 元。

凌晨 6 点至晚上 23 点，张栋和妻子要干足 17 个钟头，每位入厕者方便完，张栋和妻子都要做清理消毒，频率一般保持在十多分钟打扫一次。公司要求 17 个钟头都不得脱岗，公司对他们的工作检查很勤，却没有规律可循。按照公司的规定，每查出一次脱岗，每人要扣 50 元的工资。张栋说去年这个时候，一次妻子出去给妹妹的孩子买条裙子，来回也就 20 分钟，可就被公司查到了，买一条 20 元的裙子却扣了 50 元工资，妻子为此伤心了半宿。

这样的处罚措施并不仅仅体现在工作脱岗上，年初，公司没收了他们的电视机，并罚款 50 元。按公司规定：工作时间不许看电视，不许看书，一旦发现，立即处罚。"可除了上班时间，只剩下 7 个小时的时间睡觉，哪还有心思看电视？"所以现在，2 平米的小屋里，最值钱的就是邻居送的那台电风扇了。

尽管公司一再强调不许在岗位做饭，可张栋两口子还是铤而走险，偷偷做饭吃。按照公司规定，保洁员可以在公司定饭，或是在周围买饭，但张栋两口子合计来合计去，总觉得两人一顿饭花 5 元钱划不来。于是，夫妻俩瞅准公司监察员吃饭的空当，在小屋外的一角做饭，而锅与厕所的距离不超过半米。"什么味儿不味儿的，能饱肚子就不错了。"张栋和妻子对饭不挑剔。来北京后，张栋夫妻俩也改掉了爱吃米饭的习惯，经常吃面，因为下面条方便快捷，被"逮住"的可能性小一点。

最让张栋想不通的是今年年初他回家探亲，来回 12 天，公司扣了他 340 元钱。张栋听周围邻居说，劳动法有相关规定，工作一年后，应该每年有 15 天的休假。可他并没向公司提，张栋说："不知道具体是哪条哪款，我担心别钱没要回来，反而伤了和气，丢了工作。"张栋一直认为几年来与公司的几个领导处得不错，而妻子却坚持辞职的时候，一定要向公司要回来，毕竟这是在维护他们的权益。

"太闷了，没有假期、没有玩的，来北京快 2 年了，所有旅游景点一个没去过，整天围着厕所打转转，像坐牢。"妻子朱素芬不止一次对丈夫抱怨。她对北京景点的了解还仅仅停留在邻居给她的描述上。

对于朱素芬来说，无时无刻不在想念女儿，记账本里夹着的女儿的照片成了她的寄托。实在想得厉害时，朱素芬会背着丈夫悄悄地哭一场。朱素芬说："他也想孩子，只是不说。"女儿 5 岁了，在老家由 50 多岁的公婆带着，朱素芬自幼失去母亲，她知道童年没妈在身边的痛楚，她实在不忍心女儿有她那样的苦涩童年。于是，她向丈夫提出回家的要求，不承想丈夫答应了，可公司的挽留还要让她再忍受半年的思念之苦。

张栋的计划是用两口子近 3 年打工的 2 万多元钱回家开个小商店，这次回去，他们不打算出来了："外面的钱难赚，起码在北京是这样。"

寄托在破烂上的希望

采访对象：陈鹏，35 岁，河北保定人
人物群体：废品收购员
人数总量：北京约 30 万人
群体特征：各居民区周边、街道收购废品
月均收入：1000 ~ 3000 元

谈到未来，记者突然一问，陈鹏停顿了很久。

不管在北京打工顺利与否，提起这个问题，都说是一件必须得想好了再说的大事。辛苦多年，多少期待和磕碰，不就是为了今天能够答出这句话来？

244

　　陈鹏 16 年前来北京时，还不满 20 岁，那个年龄在城市里应该在读书，而在乡下却已在地里挥汗如雨了。陈鹏来北京的目的很明确，就是给患慢性肾炎的母亲挣医药费——靠家里那几亩薄地显然不足以维持家里的花销，于是，一没技术、二没经验，揣着 12 元钱，陈鹏来到北京。

　　在老乡打工的工地"蹭"住了几晚，包工头的眼神吓走了陈鹏，不是他不愿在工地打工，而是那时工地人员已满，不需要多余的劳力了。几晚天桥下的露宿，陈鹏找到了之后的职业——收破烂。直到今天，陈鹏仍不愿别人将他们这行叫做收废品，他说这词儿太文，尽管现在他已靠收破烂有了自己的汽车，可在他眼里，收破烂这活太脏太累，没地位，也没前途。

　　1995 年以前，陈鹏一直是背着袋子边走边收；1995～1998 年陈鹏买了自行车边骑边收；1998 年开始，陈鹏在一些居民小区外定点收购。对于自己在事业上的"三级跳"，陈鹏很得意，这是自己十多年来努力的成果。

　　同是收破烂，也分档次和等级。陈鹏说"业界"有个说法——"刨不如捡，捡不如运，运不如换，换不如收。"坐在家里等人送，自办废品收购站，算是最高档次；像陈鹏这样在北京打拼多年，有了一定实力，定点收购废品，充其量也只能算是个中间层，陈鹏说自己在这行里实际上担任"二传手"的角色，他的工作是将散户的废品集中，运到废品收购站，赚取其中的差价，这样一个月下来，他能有2000 多元的收入；层次最低的是捡破烂的，走街串巷捡垃圾，一般平均收入约在500 多元到 1000 元左右。

　　2003 年，陈鹏"有"了单位——海淀废品回收公司，干了多年收破烂，如今终于名正言顺了，因为有单位，不仅收购报纸、旧家具，还能打出招牌："回收并出售旧家电；回收各种电料、废钢材……"虽说每月能多挣点了，可每年向公司交纳相应的费用让陈鹏很头疼。要想在社区门口收废品，必须每年向社区所属区县废品回收公司缴纳相应的费用。这笔费用可以与废品回收公司商议，去年陈鹏跑了公司 7 趟，终于把回收费减为 1.2 万元。原因是去年陈鹏在北京的租住地堆放大量的废品，不知哪来的烟头引来了一场大火，大火烧光了家里大部分值钱的东西，好在陈鹏当时不在家。为了看车，陈鹏经常在自己的驾驶室里睡觉。

　　检查废品，过秤，付钱。陈鹏已经知道怎样在秤上做点小手脚，好让自己多赚点。"要不咋生活？一公斤废纸赚 5 分，一个瓶子赚 2 分，利太薄！"尽管知道陈鹏的秤不准,周围的居民还是愿意把废品卖给他,毕竟是老主顾了,而且陈鹏为人和善,谁家需要添把手的力气活儿都招呼他,对大家而言,陈鹏是熟悉的老邻居,大家路过都会与他搭个话儿。

打工16年,陈鹏粗算了一下,不算每月寄回老家的,也该有10万元的收入,可现在这10万元钱也所剩无几:5万元买了现在运废品的轻型卡车,2万元用在1997年自己结婚上,还有2.5万元交了超生罚款,剩下的钱都在那次火灾中付之一炬了。

干这行也不是没有风险的,上个月的雨天,陈鹏接了一个大活儿,一个人拉来一车的废纸,由于下雨,陈鹏没有仔细检查每只麻袋,没想到,每只袋子里都有几块大石头,等陈鹏把废纸运到大兴废品收购站的时候,被对方检查出来。这一趟下来,陈鹏不仅一分钱没赚到,还赔进去300多元。这个损失对于陈鹏来说绝对是重创。当月的生活费没有了,陈鹏硬是厚着脸皮在旁边修鞋的师傅家里"蹭"了快一个月的饭。

除了年底交公司的钱外,陈鹏差不多每月还有1000~2000元的收入,而这不全来自于收废品,陈鹏还会跑跑运输,好维持养车的费用。

陈鹏始终认为,吃苦是件享乐的事,他也不介意自己干的活儿是苦是累。最让他不能承受的是人们对这行的歧视,而这种压力多半是来自乡下的家里人。当在村里的父亲从老乡口里得知陈鹏在北京以收废品为生时,气得住进了医院,父亲对他说:"祖上世代没收过破烂,你这不是打你爹我的脸吗?要让我在村里待下去,你赶紧别干了!"

因为村里人知道陈鹏是个收破烂的,谁家的姑娘也不愿跟他,直到1997年陈鹏才说上媳妇。1995年,陈鹏答应家人不再收废品,才回到北京,可没技术、没资金的他没几天又操起老本行。这回,陈鹏学聪明了,他告诉家人,自己现在从事资源再利用的工作,属于北京环卫部门。接着,陈鹏用多年的积蓄买了辆二手汽车,家人对他的"改行"更深信不疑了。

对于未来,陈鹏说自己不是太强求非要干什么长脸面的工作,如果这行能继续干下去就接着干,不行的话就再找别的,眼前他的愿望就是努力赚点钱为两个孩子攒点学费,让家里老人生活得好一点。

"在目前这种条件下,这就是最好的选择。"陈鹏说。

246

在钢筋水泥的丛林里穿梭

采访对象:相飞,男,19 岁,陕西周至县马召镇人

人物群体:快递员

人数总量:北京有 400 多家快递公司,20 万～30 万快递员

群体特征:在各办公区、居民区间递送信件、物品

月均收入:1000 元左右

"拦截"相飞 3 次,每次都是以"您好"这样的开场白开始,又立刻以"再见"这样的问候语结束,以至于想多跟他说句话的时间都不给。相飞的时间按秒算,工作性质决定了他必须争分夺秒。

想问相飞的手机号,也被他拒绝了,他说自己没钱,没买小灵通,手机是为了方便和公司、老家联系他才配的。

但经不住我软磨硬泡,相飞还是答应,等他晚上送完件,在石景山石槽站边的一家小饭馆见,那是他经常吃饭的地方。20 点 30 分,相飞骑着他那辆已辨不出颜色的自行车准时到了。他麻利地停好车,"没迟到吧!"相飞得意地问。从厂桥到这里的路不近,相飞说半小时前刚送完最后一个件儿,他骑车实在是神速。

"干我们这行,迟到是大忌。"北京堵车太厉害了,刚工作的时候,相飞坐公交车送件,可堵起车来,哭爹喊娘都不灵,客户的件儿送不到,不仅挨公司的训斥,客户的投诉也是少不了。对于相飞来说,打出租车是奢侈的想法。按公司规定,快递员每送一个件,公司会按距离远近付给他们 1～2 块钱的提成,多送就能多提。底薪是固定的,一个月 550 块钱。"1000 块钱够打几次车?"相飞笑问。相飞每月的收入,完全捆在自己的两个车轮上了,最多的一个月,他送了 302 个件,这在他们公司可是个纪录,至今无人打破。那个月,他领到了 1400 元的工资。

一年前,他还在镇上打零工时,表哥告诉他自己所在的北京快递公司缺快递员,条件是熟悉北京的地形、街道地名和标志性建筑物,初中以上并具备一定的

普通话沟通能力就可以。前一个条件可以慢慢适应，后面的条件，相飞都具备。2005年10月，相飞跟着表哥来到北京，进了表哥工作的这家快递公司，3个月的试用期过后，相飞迅速成为公司的主力之一。

相飞每天的工作任务就是取件和送件，早上7点30分到公司领单，8点准时出发，收工时间不固定。按照客户的要求收取并送达，贵重的快件送达后，要打电话回客户那里告之。相飞说："不是贵重的快件我也打，这样可以让客户放心，我一般都是向收件公司借电话，很少有人拒绝的。"

自行车是这个行当必备的工具，相飞把他那辆破自行车称为"奔驰"，连续丢了3辆二手自行车后，相飞对这辆车疼爱有加——不擦不洗，用相飞的话说"车越破，丢的可能性越小。""地图是我们这行的'指南针'，平时我们可没有工夫问路，就是有时间问，也很少有人会告诉我们。水得自己提前准备好，我一般一天要喝两瓶，要是每天花4元钱喝水就不划算了，相当于两趟快递白送了。"相飞包里两个矿泉水瓶里还存有喝剩的茶叶残渣。

"我们干的虽然是体力活，但得动脑筋，先去哪后去哪都要有计划，不能乱，也不能绕弯路，更不能背太重的东西送取件，那样会影响速度。"按照相飞的速度，一天至少要跑一二百里路。"赶时间我倒不怕，就怕碰上雨雪天，一些大件货物不好送，如果损坏了是要照单赔偿的。你说一天才赚多少，碰到这时候，除了多加小心以外，也只能碰运气了。"相飞淡淡地说。

做快递，没有休息日，哪家快递公司都是如此。休息会影响快递公司和个人的收入，相飞也没有听说双休日给双薪这一说，他只知道只有出全勤，才能拿全薪。

尽管相飞的快递业务很过硬，但他也时刻能感受到这行的压力，相飞说："4月份，我到一家外国人开的公司送快件，秘书不在，外国人跟我说话，我听不懂，结果就丢了那家公司的业务。以后再有这样的件，公司都不派我去了。现在北京的快递公司太多了，竞争相当激烈，相互间都在抢业务。我听公司领导说，北京的外资公司和机构也在天天增加，业务也越来越多。现在各快递公司最缺的是有一定外语口语基础的快递员。外语我不行，可我弟弟的外语不错，下个月，我准备让我弟弟也来北京送快递，他今年没考上大学，让他来北京，攒一年学费复读，顺便也能教我点外语。在这里出苦力总比在家待着强，在老家就是有力气也没处使。"

相飞每天的生活都是这样度过:从一幢楼赶往另一幢楼,在北京城里不停地穿梭,和时间赛跑。"家里人总念叨我,让我注意安全,可我们本身就卖苦力的,干这活儿,把命都拴在自行车上了。公司也没给我们上保险,哪天说没就没了。唉,干一天算一天吧!"

相飞说,现在是没时间,等有时间了,也想像其他年轻人一样,找找对象,谈谈恋爱。等把北京城跑熟了,以后做调度、做老板,像北京人一样生活。

拴在两条腿上的水果生意

采访对象:李凤英,女,38 岁,湖南澧县官垸乡双富村人
人物群体:流动摊贩
人数总量:北京估计 30 万人左右
群体特征:各居民小区周边
月均收入:11 月~次年 3 月 1200 元左右,4~8 月 1500 元左右,9~10 月
1600 元左右

李凤英用她右手仅有的 3 个指头帮顾客挑选着桃子时,心里有点急,天快黑了,三轮车上还剩不少桃子,如果今天卖不完,就得明天赶早市贱价处理了;要是剩得太多,今天就白忙活了,基本上赚不到什么钱了。

李凤英每天卖水果的路线很固定:凌晨 5 点,赶去 10 公里以外的批发市场进货,7 点之前,去早市把昨天剩的水果卖了;8 点之前,得赶到地铁口,那是卖水果的早高峰,也是一天中水果能卖到最高价的时段,如果那个时段错过了,那么收入势必要减少;中午也是水果集中脱手的高峰段,李凤英 11 点半之前就要推着三轮车到各大机关单位门口,趁大家午休的时候多卖点儿;下午 16:30~19点,她又会回到地铁口,等待下班的顾客;为了多卖点儿,她还会在居民区周边多待会儿,因此每天到家都快到 22 点,然后尽快睡觉。

"看见没,那院里坐着的几个老头儿老太太等着我降价呢! 天黑了,他们等着我甩卖。不然,隔夜的水果价儿更低。"李凤英极不情愿地喊着:"大桃 5 元 5斤啊!"果不其然,话音未落,那院里的几位老人立即站起身来,以极快的速度围

拢在李凤英的三轮车周围。

一阵挑挑拣拣、一番讨价还价后，几位老人心满意足地拎着桃儿走了。李凤英却皱着眉头，归拢着车上挑剩的桃儿，"他们手太重，这几个桃儿都捏软了。"李凤英看着几个大桃儿直心疼，她从中拣出一个软得淌水的桃儿，大口吃了起来，"吃完能坚持到回家，中午也是一个桃儿打发了午饭，再不吃点东西，真怕熬不到回家呢！"从玉泉路地铁口骑到她在海淀的家最快也需要一个钟头。

"干这行太苦了，你可以看看有几个女的干这个的。"李凤英之所以干这行，也是迫于无奈。8年前，李凤英在湖南澧县的农村老家跟着丈夫做生肉加工生意，一次搅肉时不小心卷进了两个手指头，因为重度感染，不得不将无名指和小指截肢，那次事故不仅花光了家里所有的积蓄，还让全家背了一笔不小的债务。

来北京时，丈夫已经40岁了，走遍各招工单位，不是嫌她丈夫岁数大，就是嫌丈夫没什么文化。看到租住房周围的邻居每天推着三轮车卖水果，李凤英丈夫觉得这个活儿比较好"上手"，需要的本钱不多，只要有力气，就能赚到钱。于是丈夫的"流动水果车"开业了。

与绝大部分打工者不同，李凤英没有将父母留在老家，而是把老人孩子都接到了北京。老家的地不多，她和丈夫把家里的地都承包出去。李凤英说："一家6口都围着那4亩地，没法活。为了让孩子受到好的教育，也让孩子能见见世面，2001年，她和丈夫咬牙把两个孩子接到北京上学。"本来丈夫一人工作，可老人孩子都在北京，一个月房租和日常开销至少也得1200元，李凤英让丈夫也给她拼装了辆平板三轮车，她成了丈夫的"同行"。

李凤英夫妇进的都是应季水果，而且品种单一，苹果、梨、樱桃、桃、橘子，不外乎这几样，西瓜、哈密瓜等这样有分量的水果不能进，因为他们的三轮车拉不动，也没利，等转到他们手中，一斤西瓜也就赚个3~5分钱；而像香蕉这样的水果又太娇气，不适合流动售卖；进口水果进不起，上价高，光损耗就能赔个底儿掉。李凤英每天进300多块钱的货，丈夫比她多点，能把每天进的这些货卖完，两口子能赚近100元。由于流动贩卖，受天气、季节、节假日等客观条件的影响，李凤英夫妇的收入很不稳定。

李凤英说，她每天都担惊受怕，跟城管打游击战，拼的是眼疾腿快。"有点风吹草动就得赶紧跑，一旦被城管逮着，损失少则150元，多则300~400元。水果摊是等人上门，我们是给人送货上门。也因为我们的水果要比一般水果店面便宜一点,所以只要看见我们,他们都会打电话举报。尽管我这样卖水果不符合规定,但要是让我每月拿出近1000元租门面,我可租不起。一般租店面都是需要预交一年的租金,一下要交清1~2万的租金,数目太大了,像我们这样出来打工的人,根本没这个实力。"

"多给你点儿,我这秤是9两秤。"李凤英会对回头客直截了当地挑明,之所以也在秤上做点"小文章",是因为这是行规。"他们都是8两秤,如果只有你的秤准,有顾客在旁边摊上买了水果,顺便在你的秤上称,发现重量不一样,那会惹大麻烦。大家会合伙压价排挤你的。"前一阵,卖荔枝,李凤英也用了保鲜剂,"人家都用,你不用,荔枝肯定是卖不出去的,所以我尽量比别人少喷点儿。"李凤英说,因为知道保鲜剂对人身体不好,所以水兑得多,喷洒的次数少。尽管这样,"心里愧得很,没卖几天就不卖了,改卖梨了。"李凤英说凡事要凭良心,这么说,也要这么做。

我把病人当亲人

采访对象:张玲玲,42岁,四川南充大通镇人
人物群体:医院陪护
人数总量:5万~6万人
群体特征:各大医院住院部
月均收入:1500元左右

张玲玲收拾完赵老太太吐的秽物,又惦记起丈夫来,离家23天了,仅在上周末跟丈夫联系过,丈夫说他的心脏病又犯了,得在家休息两天。这两天不知道丈夫咋样了,张玲玲有点急。

趁赵老太太午休,张玲玲溜出医院,去医院门口的花店给丈夫打电话,打了几遍,丈夫才接,丈夫告诉她自己正在工作,病已经好多了,并且刚接到一个活儿——给一个患肾病的大爷做陪护。电话讲了没有3分钟,丈夫就匆匆挂机,大爷的家人叫他过去端尿盆。

像张玲玲这样夫妻俩都在医院做陪护的情况,如今在北京各大医院很普遍。

7年前,张玲玲从四川南充农村老家来北京,经熟人介绍进了这家医院,由于当时医院里的陪护少,生意相对来说比较多,钱比较好赚。来北京不到一年,张玲玲把丈夫从老家叫来,开始,夫妻俩一直在同一家医院做陪护,本想是夫妻俩在一起可以相互照顾,少一份牵挂,可两年前,丈夫由于劳累过度,得了心肌炎,只能离开这家医院,凭这几年间积攒的经验,丈夫做一些家庭陪护工作,赚点钱补贴家用。

张玲玲从1997年起在北京某个很出名的医院泌尿科当陪护以来,就一直没"挪窝"。虽然她人长得黑瘦,但力气大,人勤快,责任心又强,患者家属都优先选她。给患者翻身、按摩、擦洗,张玲玲的"业务"很熟练。对于办理病人入院手续、查账、拿药、送检各种化验标本,张玲玲也是驾轻就熟,根本不用家属操心;加上张玲玲不挑活儿,男女患者都一样悉心照顾,瘫痪病人照样护理得体贴周到。因此,张玲玲在医院略有名气,不少患者家属点名让张玲玲做陪护,据她介绍:"家是四川、安徽、陕西的陪护在患者间很受欢迎,因为人可靠、又能吃苦耐劳,所以不少患者家属点名就找这些地方来的人陪护。"

对于不少陪护看来比较棘手的难题,比如给异性护理中的种种不方便(患者大小便、擦洗等),在张玲玲眼里都不算什么,从最初的羞涩到如今的坦然,张玲玲经历过很长一段心理适应期,她说:"没啥不好意思的,这在别人看来是伺候人的活儿,没啥意思。我觉得通过我的护理,病人的病好了,我心里舒坦。我把病人当亲人,不但是工作的需要,也是我给自己定的原则。现在,我跟不少病人还交了朋友,虽然已经出院了,但逢年过节的,他们还叫上我和丈夫一起去他们家吃饭。"

有了这么多年在医院"工作"的经验,张玲玲俨然成了"半个医生",对于患者病情的观察、医疗护理、生活护理、饮食护理、休息与睡眠、心理护理等,张玲玲都很在行,"精神上的安慰很关键,尽量让病人放松有利于控制病情反复,不管他们的病情有多严重,尽量安慰他们,让他们配合治疗。"张玲玲现在说起话来很专业。

2002年,这家医院根据需要成立了护理部,像张玲玲这样陪护能力比较强的陪护留了下来,她们都与医院护理部正式签协议,成为专职陪护人员。患者需要陪护,由科里通知护理部,护理部负责联络陪护。张玲玲说,因为每年都有一批超岁数的陪护离开,所以医院每年都要招新陪护,而招聘陪护的要求是:18～

45 岁之间,不限男女,初中毕业,有健康证,有一定的护理经验。

陪护时间有钟点、半天、全天之分,根据患者需要,有一陪一、二陪一等多种,收入每天在 30 ~ 70 元不等:生活能自理的患者,24 小时有 50 元的陪护费;不能自理的患者,根据实际情况定价格,医院的护理部收取每人每天 2 ~ 3 元的管理费。

对于医院护理部收取相应的管理费,张玲玲表示能理解,可让她想不通的是,医院对一些个人行为为什么不管一管。张玲玲说,就拿她工作的这家医院来说,一些保洁员利用在病房工作的便利,向患者家属"推销"自己或是介绍自己的老乡做兼职,由于他们不用交管理费,收费比医院聘用的陪护少了 1/4,抢了她们不少"生意",张玲玲管这些人叫"打游击的"。

"我们跟医院签了协议,每年定期培训,泌尿系统常见病、多发病、治疗、护理、康复指导、针灸、推拿、理疗以及家庭卫生、家庭杂务、个人卫生处理等都在培训范围内。所以请我们做陪护,患者和患者家属都放心。不像他们,病人照顾得不好不说,以前这医院里经常发生病人丢东西的情况,事出了,医院管不了,患者也只能吃哑巴亏了。"张玲玲说不少"游击陪护"实际上已经充当起倒买倒卖的中介,他们先自己揽活儿,然后再将患者"转卖"给别人,自己从中间提"管理费",或是"购进"患者,再从中倒卖。他们中的不少人甚至靠此发了家,致了富。

由于工作性质的缘故,张玲玲得 24 小时连轴转,晚上患者休息后,在患者身边用躺椅搭个简易床铺,稍作休息,夜间,她不能熟睡,时刻留心患者的情况,一有状况,马上通知医生。2200 个日日夜夜,张玲玲没有睡过一个囫囵觉。这样辛苦的代价换来的是两个孩子都读完了高中,大儿子还上了大专。

虽然辛苦点,但一个月可以赚到 1500 元钱,张玲玲对此很满意,这在老家,接近于 2 个公办教师的工资。因为整天都待在医院,除了租房和吃饭,张玲玲没有别的花销,处得不错的患者还经常送她点被子、衣物等日常用品,有时病人多打点饭,这样一来,连饭钱也省了。所以加上丈夫每月 1000 元左右的收入,两人一个月可以存 1800 元钱,张玲玲说,这几年,除去寄回家供孩子读书的钱外,她和丈夫一共攒了 6 万块钱,准备赶明年把新房盖起来,现在村里就剩她家还住在旧屋,房子盖好,给大儿子娶上媳妇,一半的心愿了了,张玲玲打算趁她身体还行,多干几年,攒几个养老的钱,回老家安度晚年……

啦啦啦　我是卖报的小行家

采访对象:邢永平,25 岁,陕西周至县尚村镇人
人物群体:报刊派送员
人数总量:20 万~30 万人
群体特征:派送和零售报刊
月均收入:2000 元左右

邢永平刚把自行车停在邮局门口,邮局的工作人员就冲了出来,对着他喊:"不是叫你到别处卖吗? 怎么总不听! 赶紧走!"邢永平极不情愿地将车往前挪了挪,可还是摆脱不了那个人的监控。前面离车站远了点,行人不会为了买报而错过乘车,所以离车站尽管不到 50 米,却也卖不了几份报纸,邢永平索性扭头骑车,驮着沉重的报纸向废品收购站进发。

过秤,30 公斤,39 元钱,转眼,崭新的报纸成了一堆废品。"我也心疼,但没办法啊,卖不出去,到下午也是要卖废品,还不如早点卖了,回家补觉去。下午还得去地铁卖杂志呢!"邢永平每天要打三份工:两份送报纸的工作,一份在地铁里卖过期杂志的工作。

同时给两家报纸送报显然不现实,邢永平先紧着给他底薪开得高的公司送报,750 元的底薪,加提成,邢永平每月的工资能有 1000 多元钱;而另一家报刊发行投递公司每月给他 700 元的工资,按要求,他必须每天卖掉 2000 份报纸,但邢永平每天把报纸领回来,寄存在报刊发行站,专职工作完成后,返回站里取那2000 份报,能卖就卖点,实在卖不了的,就径直卖给废品收购站,卖废品的钱加上底薪 700 元,减去他要上交的卖报钱,每月他还能赚 100 多元钱,老练的送报员都这么做,这是行规;而卖过期杂志,邢永平每月也能赚个 600~700 元钱。

凌晨 3 点,邢永平起床,他要赶在 3:30 前赶到报纸分发点取报,把从印刷厂运来的报纸,分叠插好,组成一份完整的报纸,有些报纸还要夹进广告。由于长期分报纸,很容易将手指头上的纹路磨平,为了保护自己的"革命本钱",邢永平会带上两个指套。分报纸的速度要快,不然会耽误送报时间。

254

　　"当初找这份工作,主要是图这份工作的招聘条件没太多限制。"招聘广告上写得很清楚——学历要求:不限;性别要求:不限;年龄要求:18~45岁;可否兼职:兼职。条件这么宽松的工作,除了进工地,或者送水、送奶、送快递,或者在搬家公司当搬运工外,就剩这个了。由于可以与"文字"打交道,有点"文化味",这样一来,更坚定了他选择这个行当的决心。

　　虽然这份工作的门槛不高,但也有要求,为了防止送报人上门收订报纸卷款逃跑,按规定,必须有北京户口的人做担保,邢永平几乎问遍了全村人,只有一个同乡的远房亲戚在北京,千方百计地找到同乡的亲戚,人家竟然答应了做担保人,还算顺利,交了100元押金后,邢永平拥有了这份工作。

　　跟着别人跑了一段时间后,邢永平熟悉了送报业务,邢永平开始独立送报,一些交通不便的地方往往是那些老送报员挑剩的,这些地方大多是在城乡接合部,路不好走,又没有路灯,凌晨出门天没亮,连人带车翻到沟里的情况经常发生。

　　入户送报,邢永平说抢的是时间,每到一个楼道就要飞身下车,把车支在楼门口,上锁,然后闪进楼中,一步三个台阶地跨步上楼,往信筒投递报纸,整个过程一般不超过2分钟,快、准、稳是对一个熟练送报员的要求,为了让报纸及早送到用户手中,就必须严格按照公司要求,因为如果用户投诉,公司是要扣员工工资的。

　　工作时间一长,邢永平逐渐从中摸到了一些门道:单位、机关最好送,因为那些地方有收发室,几十份、十几份报纸往收发室一放就可以转身上路;最害怕的是老居民楼,没有电梯,全得两条腿;事最多的是新小区,首先是保安经常不让进,好不容易打通关节,能进了之后,现在很多单元门都设有门禁,没有密码只好让户主开门,时间长了,住户也有意见,他们向物业反映,物业说送报员可以配门禁磁卡,但需要交押金,每张磁卡20元,主管他们的站长犯了难,送报员哪里有钱为一个小区就掏200多块钱去配门禁磁卡?

　　邢永平做送报员一年多了,他看同行有不少骑摩托车送报,省力省时间,他也想买一辆,半年前,买摩托车的钱就凑齐了,之所以拖着一直没买,是因为邢永平听说办个车牌太贵。不少同行的摩托车没车牌,却也上路了,可整天提心吊胆,东躲西藏的,就怕被罚款扣车,血本无归,邢永平可不敢冒这个险。

　　每天16:00~19:00,邢永平会背着沉甸甸的一大兜过期杂志到地铁上去卖,5元一本,每天能卖十多本,赚个10~20元钱没问题,一人一天打3份工,这么拼命,邢永平说这是为了他的一个宏伟远大的计划——开个书报亭,尽管现在还不可能,但邢永平感觉自己越跑越近……

我的白天在午夜

采访对象:麻杏菊,女,47 岁,甘肃武威清源镇人
人物群体:环卫临时工
人数总量:2.5 万人左右
群体特征:清扫马路和人行道
月均收入:800 元

在不到 4 平米的休息室里稍作休息后,麻杏菊拿起扫帚和簸箕开始上工了,此时的时间是 22:00 整。同事交接班前把整条马路清扫了一遍,所以刚接班的 20 多分钟,基本没什么活儿。麻杏菊沿街骑车“扫路”,用“万能夹子”沿街拣一些烟头、小的纸片。

今天,麻杏菊要实施一项计划,做一件维护自己工作尊严的事。赶在 23:00 前,麻杏菊到了车站,等候那辆 1 字打头的公交车。不一会儿,那辆公交车“如约而至”,两名客人下了车,车门关上后,缓缓驶向前方,没 2 分钟,从窗口如仙女散花般地飞出一把把撕碎了的纸片,那是公交车销售了一天车票的票根,麻杏菊迎着纷飞的纸片追赶着公交汽车,由于晚上车少,公交车开得出奇得快,麻杏菊骑车紧追,这已经在她工作的 8 年里不知道是第几次了。

让麻杏菊不能理解的是,为什么这些公交车的售票员总喜欢把撕得剩一厘米的票根扔到窗外,而就是这些售票员这种不到两秒的举动,麻杏菊和她的同事们往往要为此付出 3 个多钟头的时间清扫,由于纸片碎小,经常是粘在地上,扫不起来,雨雪天清扫这些纸屑更是难上加难。

追了三站,麻杏菊终于追上了公交车,她招手示意司机先别开车,然后跟车上的售票员客气地说了这件困扰她们多年的事,并嘱托售票员跟同事说说,别再乱扔票根了。看得出,售票员已经在为自己无意识的举动脸红了,麻杏菊长长地舒了口气,她说:“多一些理解,少一点指责,我们的工作就好做多了!”

昨天，麻杏菊申请到了一辆垃圾清扫车，"今天能追上公交车，多亏了它！"麻杏菊一边擦拭着车身，一边说。她负责的这个路段，属于重点区域，白天人流相当密集、流动性比较大，晚上的清扫工作，有利于早上人们上班时有个干净卫生的环境。有了垃圾清扫车，既加快了工作的速度，又减轻了自己的压力，麻杏菊很满意。

1997年，麻杏菊随考上北京名牌大学的女儿来到北京，为了给女儿凑学费，麻杏菊把家里值钱的东西都卖了，又向去世丈夫的父母家借了3000多元，好不容易将女儿第一年的学费凑齐交上。

来到北京后，麻杏菊拾过破烂，在工地上帮过工。一年后，环卫公司招聘清扫工，麻杏菊说："这工作的用人要求不高，对文凭没啥讲究，年龄在18～55岁之间都可以，所以我就去试试，没想到一试一个准。"在寥寥无几的报名者中，麻杏菊她们9个人全部应聘上了，可除了麻杏菊，其余8个人只干了半天就不干了，主要原因是收入太少，工作太苦太累。北京市9596万平方米的垃圾，除了2412万平方米主干道基本上是机械化清扫外，其余7184万平方米的马路、街道，都是要靠麻杏菊这样的环卫工人手工作业完成，他们顶烈日、冒严寒，奋战在大街小巷，每天清扫生活垃圾近万吨。一把扫帚，一个簸箕、一辆垃圾车，无论刮风下雨，酷暑严寒，露天工作，无处更衣，无处洗澡，渴了到附近的居民家要点水，中午坐在马路边就餐。这样的苦，没有几个能承受的，而这对麻杏菊来说，"要比捡破烂稳定，没盖房子累，还算个轻省活儿！"

因为是临时工，所以麻杏菊她们这些年纪比较大的清扫工被安排晚班，晚上22：00至次日凌晨5：30，负责主干道和人行道的路面清扫工作，每月800元钱，不包食宿，没有津贴。"也就是每月这800块钱，我供出了全村唯一的名牌大学生。"麻杏菊满脸自豪。女儿毕业之前，麻杏菊一直住在朝阳区樱花园西路的一幢楼房的地下室里，而且一住就是4年。800元工资对于麻杏菊来说，要掰成几瓣花，租房150元，吃饭100元，剩下的都给女儿攒起来，作为她的学费。

4年阴冷潮湿的生活和工作环境使她患上了风湿病，麻杏菊戏称自己的胳臂肘现在是网球肘子，雨雪天来临前几天，关节就疼痛难忍。2001年女儿在北京找到了工作，麻杏菊才从地下室搬出来，与女儿一起租房住，才算真正有个家。

对于清扫工作的辛苦，麻杏菊丝毫不放在眼里，用她的话说，满身的力气就得使，使完了吃顿饭又长出来了。"可有些人看不起我们的工作就不应该！"让麻杏菊气愤的是在她好心规劝一些乱扔杂物的人时,不少人总恶语相向,讥讽她的工作,麻杏菊说:"我不偷不抢,凭一身力气吃饭,没觉得自己的工作有什么丢脸的。养活自己,供女儿上学,女儿也从没嫌我丢人,她上学时,课不多的时候会来帮我工作,女儿从我身上学到的是自食其力的精神,能把这个学到,也就够了。"

麻杏菊淡淡地说:"前段时间,女儿看到报纸上登的打扫中常有有毒、有害物质的侵害和打扫时被机动车撞伤、甚至撞死的报道,她心疼我,说什么也不让我继续干了。可我有我的打算,我想多干几年,给女儿攒点嫁妆和自己养老的钱,别因为自己是个农村人,成了女儿的拖累……"

我给城市做嫁衣

采访对象:贾新庆,38 岁,江苏盐城市阜宁县益林镇
人物群体:装修工
人数总量:35 万左右
群体特征:居民住宅、办公场所的装修、装饰等
月均收入:1500 元左右

刚进业主家门,贾新庆立刻钻进才铺完砖的卫生间,从卫生间的一个塑料桶里,掏出满是白灰的衣服和球鞋,换上,然后出来,一脸抱歉地对记者说:"对不起啊,晚了那么多。"贾新庆放下手里的砂纸,抬起头,看了记者一眼,那是一双由红血丝包围黑眼球的眼,用"狰狞"来形容一点也不夸张,他说:"吓着了吧,你跟今天上午医生的表情一样,我上午去医院了,就是去看眼睛的。"

贾新庆来自江苏阜宁,来北京前,在老家就学了瓦工的手艺,1995 年跟同乡一起来北京"打拼"。开始时,他做瓦工,但由于瓦工的活儿一天 30 元的工资比刮白少,于是,干了半年瓦工后,他转行做了刮白的工种,一天 40 元钱,与别的工种一样,不包吃住。

干了十多年刮白,贾新庆的技术相当娴熟,刮白的质量也非常高。令他得意的是,今年,同乡老金脱离公司出来单干后,唯一带出来的工人就是他,他对老金的器重十分感激。老金出来单干,原因很简单,就是为了摆脱公司的"约束"。

贾新庆说,现在的装修公司基本上都是先将工程揽下来,然后分包给一个个班长,班长率领着自己的装修队,有河南的、安徽的、江苏的……公司再从装修款中抽成,一般的比例是3:7,公司拿三成,装修队拿七成。

老金自己出来单干,少了公司的抽成,立刻给他涨了工资,现在他每天的工资涨到了50元,贾新庆很满意。

工资虽然涨了,但刮白这行的职业病也在贾新庆的身上日渐显现。刮白是打腻子前的一道工序,就是将毛坯房表面刷的一层白石灰用砂纸打掉,以便打腻子、刷底漆、面漆,这道工序是整个房间装修的关键,墙面平不平整,完全取决于刮白刮得好不好,而刮白的工具也就是常见的砂纸,一套70~80平米的房间刮下来,仔细点儿,需要2天时间。

贾新庆说,那会儿给公司干的时候,公司除了给他们配备工具和工作服外,也给他们配备专门的防尘眼镜,可是戴上那玩意儿,基本上干不成什么活儿了,因为灰尘大,往往不到5分钟,眼镜上就附着上一层厚厚的灰,啥也看不见了,就只得用布擦眼镜,干起活来哪有工夫停停擦擦,那样很耽误时间,耽误工程进度。

可不戴眼镜和口罩,最遭罪的就是眼睛和嗓子,贾新庆说自己的眼睛患了严重的细菌性结膜炎,上午拿了几盒药,就用去他将近两天的工资。而且现在他的声音已经和原来不一样了:由于吸进太多的粉尘,现在自己不仅患有严重的咽炎,而且肺也不好,晚上经常咳醒。

8:00开工,12:00~14:00吃饭,晚上20:00歇工,贾新庆每天要干足10个钟头。午饭一般是在小区门口的流动饭摊上解决的。3元钱的盒饭两个素菜,5元钱的盒饭多一个荤菜,贾新庆说:"中午不吃好,下午的活儿还怎么干?多少得吃点肉,还得有瓶酒。"喝酒的时候是他一天中最惬意的时光。

"才38岁,就弄了一身病。"贾新庆说起来就黯然神伤。当年如果不是父亲生意失败,欠了大笔钱,也许现在自己的境况不至于此。中学还没毕业,他就跟同乡出来。他们这行没有学历要求,没有年龄限制,唯一的条件就是能吃苦,肯出力。

贾新庆说,如今,虽然在北京买房的人很多,装修这行的前景很看好,但竞争也日趋激烈,各装修公司铺天盖地的广告暂且不说,就是在新开盘的楼前转悠的装修游击队,也是人山人海。活儿不好揽,所以一些装修队采取的是"以质取胜"、靠"熟人带动"的策略,当然这其中也不乏有提成一说,但这比起公司里的抽成,显然是微不足道的。

"其实我现在也属于装修游击队的一员。"贾新庆直言不讳地道出了自己的身份。由于装修游击队收费较专业装修公司少,所以许多业主不惜风险都有意请装修游击队。贾新庆说,干他们这行,讲诚信的少,不少装修队都是干一票,捞一把就走人,因此经常有偷换业主家材料,或是拿着业主支付的首款跑掉的现象发生。像正规的公司都有 3 年保修的承诺,这对他们这些装修游击队来说,那简直是不可能的,装修游击队最主要的特点就是流动,哪有活儿在哪干,3 年间不知换多少个城市打工呢,哪里能兑现什么承诺!

而一旦干起活儿来,就得耍点小手腕,这里面的"门道"很多,贾新庆了如指掌,就拿装修一套八九十平米的房子来说,包工包料的话,原本 5 万元的工程,可以通过偷工减料、以次充好,净赚 6000 元左右。瓦工可以从料上下手,劣质水泥,每包可节省 5 元左右,一共可赚 100~200 元;买劣质的瓷砖,每块可节省 0.5~1.0 元,可赚 900 元;瓷砖水泥不实内空,可省工钱约 150~250 元。至于说木工,那就赚得更多了,买劣质木板,可赚 1500 元;用劣质面板,可赚 400 元;用劣质木地板,约可赚 1500~2000 元;快速铺地板,可省工钱 500 元。漆工在装修过程中也能通过各种手段从中渔利,用假乳胶漆可赚 500 元;减少粉刷遍数,可赚 300~800 元;用劣质清漆,也可赚 200 元。钣金工一般都会采用低规格的材料,这样一次就能赚 400 元;少焊点,减少打磨,可省下人工费 200 元。电工基本上都用劣质电线,可节省 100~200 元;不用保护管,可节省材料费 50~100 元;用假冒伪劣的插座,也可赚点……

贾新庆说:"大家做这行都明白,不这样做,报价又比公司低那么多,哪里有钱赚?赔本的生意没人愿意做。这是行规,更是生活的本能,话要是说深了,又不知从何说起……"

指尖生意　从头做起

采访对象:王欣昕　女,20 岁,黑龙江省绥化兴隆镇人

人物群体:洗头

人数总量:50 万左右

群体特征:在各发廊洗头、理发、烫发、按摩等

月均收入:1000 元左右

　　接到父亲要来北京的电话,王欣昕又喜又愁,喜的是两年多没见亲人了,最疼她的父亲特地来看她,她被笼罩在暖暖的亲情中;愁的是家里人一直都以为她在北京做文员,要是知道她只是个发廊的洗头妹,保守了两年的秘密就要穿帮了,那后果……

　　2004 年,王欣昕来北京时,只有 18 岁,高考落榜的她不甘心在家里那几亩薄地里"刨食",因为家里打那几亩地"主意"的人太多了,除了她,哥哥、姐姐都没走出大山,用她母亲的话说,都是种地的命。可王欣昕偏不信命,她要出去闯荡一番。初来北京,因为王欣昕长得不错,又年轻,她先后做过群众演员,做过服务员,最后,王欣昕在同住的小妹的引荐下,进了一家美容美发店。

　　经过两天的培训,王欣昕正式上班了,洗头看似是个轻省活,却不乏技巧:根据客人要求,手法要有轻重。时间一长,王欣昕慢慢发现,要想留住顾客,得懂点儿心理学、营销学、甚至包括公共关系,这些在农村是肯定学不到的。经过一段时间的适应期,王欣昕学会了按摩和洗面,以及染发和烫发上卷等散活儿,染发和烫发上卷属于熟练工种,经常做自然做得好,至于说按摩,就要考验悟性了,人的头上和身体有好多个穴位,每个穴位对应着不同的器官,通过洗头和按摩刺激穴位,可以保护内脏,促进血液循环,使人全身放松。

　　由于王欣昕所在的美容美发店位于金融街的黄金地段,对于汹涌的人流,从早上 9 点开始,一直要忙到晚上 23 点才能回到宿舍,每天连续工作 13 个钟头,王欣昕早已习以为常。要努力赚钱,不辛苦怎么行? 由于每天要洗几十个头,双手长时间泡在水里,洗发液、护发素,加上烫发药水腐蚀的缘故,王欣昕的手正在蜕皮,两只手红红肿肿的,指尖也被磨得几乎没有指纹。纤纤玉指变得关节粗大,指甲生疼,但手上的力气却变得一般男人都比不上。"这不算什么,到了冬天,手更受罪,经常是皴了的地方干裂得流血,没办法,全指着一双手讨生活呢!"王欣昕说。

　　对于在美容美发店的待遇,王欣昕觉得无可挑剔,毕竟像这样包吃包住,还拿工资的活儿,在北京不好找,想要拿到更高的工资,就得多干活。王欣昕说:"我们这行分工很细,专业的护发师、造型师、染发师、理发师,收入档次拉得很大,一般的洗头妹每个月有 800 元钱,高级造型师有 4000~5000 元。"宿舍是老板给找的,在美容美发店附近。由于是繁华地段,房租出奇得贵,一套不足24平方米的房子,住了包括王欣昕在内的7个人。宿舍4张上下铺把房子挤得满满当当,人齐的时候,想转身都难。"要是自己租房,在这个地段,一个月的工资都不够付租金钱。"王欣昕对自己仅有2平方米的栖身之所,很是满足。

为了多挣点钱,王欣昕想方设法与客人套近乎,以争取回头客。"可这个尺度很难把握,有些顾客觉得我们主动跟他们套近乎是轻浮的表现。"王欣昕说,"身体上的疲惫和生活上的艰辛我们都可以忍受,不能忍受的是人格上的侮辱和自尊心受到伤害,让我们产生心理上的自卑感。虽然不少客人也挺尊重我们的工作,但许多时候还得面对一些蛮不讲理的客人。"一些客人借口头发被揪疼了,拒绝付款,为了不得罪客人,像王欣昕这样的洗头妹不仅要赔礼道歉,还要从工资里扣去客人理发的钱。

"社会上对我们这一行业存在太多的误解,这并不是没有道理的,发廊鱼龙混杂,事实上,我们经常面临着诱惑与陷阱。除了自己洁身自好外,还得遇上一个好老板。"王欣昕很庆幸自己没有掉进藏污纳垢的漩涡。

对老板的一些做法,王欣昕很是看不惯,比如一瓶在珠市口卖15元的冷烫精只要进了他们店,就卖到了400~500元。这还不算,所谓专业美发店里用飘柔、沙宣瓶装的洗发液、护发素,实际都是从珠市口批发市场低价购进的便宜货。还有办卡,什么优惠,什么打折,其实都跟大商场打折一样,就是把顾客的钱圈到其中,赚多少就看老板的良心了。

关于自己的未来,王欣昕早就有全面的规划设计,现在专心学习手艺,等钱攒够了,回老家自己也开个美容美发店。"那都是以后的事,目前最重要的是过父亲来北京这关,我们那的人都把这行同'色情'二字联系起来,要是父亲知道我在美发店工作,还不打断我的腿?农村人最重视的是声誉。"

生活不能掉链子

采访对象:陈玉青,男,55岁,河南南阳内乡人
人物群体:自行车修理工
群体特征:在居民小区、街道两旁修车、卖零件等

月均收入：1000 元左右

周一，凌晨 5 点半，陈玉青就出摊了。来到在大瓦窑路口的修车摊前，看到摆放在路边的修理柜的锁被撬了，陈玉清一阵惊慌，仔细清点了丢失的材料后，陈玉青朝马路对面的修车摊嚷嚷起来："你人咋这孬哩，缺大德了！"可任凭陈玉青怎么骂，对面的修车人就是不吭声。陈玉青指着对面半躺在破椅子上敞着怀的年轻男人说，"昨天他看见我进货的，不是他，还有谁！"

原来这条路上只有陈玉青一个修车摊，可去年马路对面又来了个修车人，这样一来，两家开始争抢生意，由于双方都没有执照，所以，老陈吃了亏，也无处说理去，骂了一阵，累了，也就低头专心干自己的活了。

来北京 10 年了，老陈一直修理自行车。虽然汽车越来越多了，但毕竟人口总量也在不断增加，骑车的人也在增多，老陈在河南老家时，就喜欢捣鼓自行车，来京后，修自行车理所当然成了他谋生的手段：一个破柜子横在街头，一把烂椅子摆在路边，春夏秋冬，一年四季，街头拐角成了他的"办公区"，补带、换胎、打气……最近这两年，陈玉青又增加了一项"赢利项目"——配钥匙。

由于老陈修车的技术过硬，加上他在这条路上修车的时间比较长，大家都对他熟悉，所以，大家上下班时，自行车有啥问题，都会把车交给他修。而对面的修车人来这儿修车时间不长，年纪轻，再有就是陈玉青那里打气不收钱，渐渐的，马路对面的年轻修车人与陈玉青有了矛盾，三天两头儿的，找点儿茬，陈玉青苦于没有证据，因此，也只好作罢。

"现如今，本来干这行就不容易，现在又遇上个捣乱的，你说咋办？"陈玉青十分气恼，又苦于无奈，陈玉青说现在各个社区都在创建卫生文明社区，经常对他们这些流动的修车摊点进行综合治理，由于没有正规手续，所以他们要经常与城管队打游击。陈玉青说："像我们这些打工的，没有经营场地，路边占道又不批，没法办照，不合法。赶上市容卫生大检查，少则一周，多则半个月 20 天，我们没法上街挣钱。不光是我们，那些骑车上班的人也有意见，上周卫生大检查那天早上，旁边这个社区 28 栋的一个大姐的自行车的链子掉了，她沿路找修车摊，最后愣是推着车走了两个钟头，才到单位，还因此迟到了。第二天我出摊的时候，那个大姐还跟我直抱怨呢！"

这么多自行车在街上转悠，修车摊是必不可少。"我也找过社区，不要多，就给我们一块地儿,方便了大家,我们也有生活来源啊!可社区说工商、城管有这规定、那条例的,他们也没办法。"老百姓有需求,取缔不规范的修车摊不现实,于是,街道社区与工商、城管协调,定了许多不成文的条款,比如,大街面不许设,胡同里边50米到100米可以,从大街面看不到;遇城管或上级检查一律歇业等等。

"现在社区服务中心和城管协调了,对我们还宽松点,能跑到街面上来了。但遇到有活动什么的还是得撤。"说起这些,老陈感觉挺无奈。

对于建个报亭那样的小修车亭的提法,陈玉青也不太能接受,"现在修车的大部分都是下岗职工。由于加入的人越来越多,利润越来越少。因为统一规范修车摊之后,建亭、管理、租赁,那费用肯定不小。"修车本来就是薄利,除非是有些政策上的照顾,不然,这些费用对于陈玉青来说绝对负担不起。

当初做这行,主要是因为修车这活儿本小,对年龄也没什么限制,反而是岁数越大,让人觉得技术越过硬,越容易接到活儿。说起技术,也没什么难度,只要拆卸过一辆自行车,知道组装原理,修起车来也就八九不离十了。"修车这活儿,有的时候要使力气,有的时候就考验巧劲了,但有一点就是遇到任何情况都要动脑筋,还有就是要有好心眼儿,不能坑害人家,毕竟我们这活儿关系到人家的生命安全,不能赚丧良心的钱。"陈玉青说像修理手闸这样的活儿,可丝毫马虎不得。

虽然这活儿本小,相应的,利也薄。补个内胎5元钱,修车链10元。"这里面大多收的是材料费,每个活儿也就在材料钱的基础上收个块儿八毛的。我一天能赚个30多元钱,这里面有1/3是配钥匙的钱。"根据材料的不同,配一把钥匙需要2~3元钱不等,可不论什么材料,每把钥匙陈玉青要从中赚到1元钱。

"现在骑电动车的人多了,电动自行车的电池,我可不会修,更不敢给人胡乱修,修坏了,我可赔不起,一辆电动车一两千,贵的三四千呢!我还是修'二八驴'(老式自行车)吧。等大家都换骑电动自行车的时候,我也就失业了!"陈玉青看着马路来来往往的电动自行车说。

一天工作14个钟头,中饭在街口对面的小吃店解决,说是午餐,无非就是碗面,"我们河南人就爱吃面!"陈玉青说吃点热乎的就好。特别是寒冬腊月的,零下10多度的气温,补胎时硬是要把手往冻成冰碴的水里伸,那滋味别提了!一个月1000多元钱的收入,不允许陈玉青有额外的花销,"老伴儿还要吃药,不省

263

点怎么行。"孩子虽然都大了，自己能养活自己了，可多年的辛劳却让老陈两口子落下了一身病，老伴的哮喘，自己的关节炎，都是要靠药物维持的慢性病。

这几年，老陈的老伴儿只是打点儿短工，更多的时候是在家里做些家务。因此，两个人的生活完全维系在这个自行车摊上。前年，老伴做了个肾上瘤的手术，几乎用光了陈玉青近10年的积蓄。"棺材本儿没了，还得攒。"陈玉青说只要人健健康康的，钱不钱的都好说，"少年夫妻老来伴儿"，就是年老了有个伴。

没有活儿的时候，陈玉青总是捧着个半导体，津津有味地听着，而实际上从那个半导体出来的声音早已嘈杂不堪，根本听不清楚，可陈玉青依然带在身边。"不为别的，就图有个响儿，修车闷得慌，开着它，好像有人在跟自己说话，自己要时常给自己找点儿乐子，生活可不能像自行车那样掉链子！"

我在超市的"钱"途

采访对象：张春辉，20岁，四川绵竹板桥镇康宁村人
人物群体：超市收银员
群体特征：各大超市收银柜台收钱、找零
月均收入：800元

来北京之前，我对大城市的所有想像都停留在电视中放映的天安门广场。在邻村的二姨第二次来家里提亲后，我觉得自己在家里是待不下去了，我要逃离那个几乎令人喘不过气来的家，我不想用自己一辈子的幸福给三哥换媳妇，虽然三哥对我也很好。

既然出来了，就去大城市吧！虽然大城市人多，但机会也很多，对于这一点，我坚信。而且同村没上完初中的小英都能在北京找着活儿，我这高中毕业生也能！

我刚到北京一开始就非常缺钱，老乡说可以去做服务员，我觉得那活儿学不到什么，不想去。那时候我住的附近大超市正好要招收银员，邻居把这个信息告诉我，建议我去试试。虽然我没有什么工作经验，可我的高中学历管用，就被录用了。

通过正规培训，我上岗了，我的胸卡上标注着我第一份工作的职务——实习收银员。人少的时候我插空上机，练习业务；人多时，我帮着当班收银员给顾客装商品。3个月的实习期刚过，公司就安排我们独立操作了，面对排着长队、拎着商品的顾客，缺少"实战经验"的我头脑有点发懵。顾客的催促声让我的心里打鼓，抬眼看看长长的队伍，我尽量稳定住自己的情绪，反复默念培训时的操作规程，心态一平和，手脚也渐渐麻利起来。

天天与钞票和商品打交道，一定不能有贪念，再多的钱也不是自己的，我要靠自己的努力创造财富。同时，还要在工作中做到"忙而不乱"，这并不容易。特别是节假日，每天要接待几百名顾客，不仅要求我们心理素质好，能灵活处理问题，而且还要准确答复顾客对各种商品价格的询问。一年的工作实践让我摸索出了一些收银小窍门，如小孩交钱，我需要仔细查点钱物，青年交钱快又准，老年交钱有耐心，听到抱怨不要争等。

虽然我的本职工作是收钱，但同时也要完成一个重要的任务——防损。比如商品实际价格与打印价格不相符时，要赶紧核对，知道促销商品价格差异等。一次，有位顾客手提着一袋打好价签的水果来收银台付款，我在用条码枪扫商品价签时，发现有些不对头，2公斤左右的水果，价格怎么才1.6元？我对顾客说："麻烦您重新去称一下，这价格好像不对。"顾客十分不理解："这价格不是已经打好了吗？难道你认为是我做了手脚？"为了打消他的顾虑，我耐心地进行了解释：我们的职责不仅仅是简单地收款，还要负责监督工作，希望您能够理解，并给予配合。最终，顾客平息了怨气，将商品重新过秤。

公司对收银员过失处理很严，像出现数额差错的情况（误差在5元内算正常），多收少收都不行，超额的部分要如数上交财务，并作出严肃处理，如果顾客投诉，除道歉外，也是要受到严肃处理的；差额就要我们如数赔偿。

忘不了去年的6月18日那天，我收到了假币，按公司规定，这属于工作失误，当班收银员必须赔偿。为了让我尽快地上手，那天当班的大姐让我独立收钱，晚上，当班的大姐结款时，她的收银机的抽屉里就被发现了假币，尽管大姐安慰我，说可能不是我收的，并要自己承担损失。可我明白，大姐工作这么长时间，这是唯一一次出现这种情况，那一定是我收的，因此我还是还了大姐帮我垫付的罚款。后来据经理说，专门有这样一群人，专找佩带实习收银员胸卡的我们结账，他们知道我们没什么经验，一般情况下，分辨不出真假币来。

265

公司要求我们对所有顾客都提供"微笑服务",这个要求恐怕没几个收银员能做到的,一天要站9个多钟头,反复不停地说着:"您好!有会员卡吗?再见,欢迎下次光临……"繁琐重复的活儿,很低的工资,压抑的感觉,烦闷的心情,哪儿能笑得出来?更何况,我们礼貌地对待顾客,换来的却是顾客冷漠的眼神,有时觉得自己笑得很傻,得不到顾客的任何回应。

一年的北京生活使我的状况有了变化,我的普通话说得越来越好了,我会使用电脑了,我的穿着不像刚来北京那么土了……

当我拿着第一个月赚的800元钱,实在是高兴坏了,心里觉得这笔钱实在太大了。因为我的生活费用很低:和5个在超市工作的小姐妹们合住在一套房子里,吃的也简单。我每月攒400块钱,等攒够了,寄回家去,用做三哥讨媳妇的财礼。等第一个目标实现后,我打算再攒点钱,自己学点东西,真正能在城里留下来。

我与都市咫尺之遥

采访对象:石春辉　男　24岁　江西萍乡人
人物群体:酒吧调酒师
人数总量:3000~4000人左右
群体特征:各大小酒吧吧台调酒
月均收入:2000元左右

说实话,我挺喜欢现在这份在酒吧做调酒师的工作,可在我父母眼里,这份工作与端盘子的工作没什么区别,他们认为男孩子干这个,没什么出息。可不做这个,我还真不知道自己能做什么。

我家在浙江衢州王村口,父母做肉制品加工生意,家庭条件在我们当地算是不错的。在我们村,接手父母的生意是很普遍的,可我不想一辈子与肉打交道,而且我的成绩也不好,考大学对我来说,是个遥不可及的梦。高中毕业后,在家待了两年,觉得很无趣,最后还是决定到城里学点东西,可学什么呢?当时在家的时候,喜欢跟几个哥们儿在一起喝点酒,所以兴致一来,我去了杭州,花了

1600元，报了个中级花式调酒师的班，学了3个月，拿到了结业证书。后来又参加全省统一考试，取得了中级花式调酒师职业鉴定资格证书。我觉得自己在调酒这方面很有天赋，对品酒有自己一套独特的方法。

毕业后，我没回家，我爸妈本来对我不愿接手他们的生意就很有意见，加上他们知道我到杭州学这个后，就更生气了，他们说我干这个是不务正业，瞎混。没办法，他们都是老脑筋了，不论我在电话里怎么解释，他们都坚决反对，可我有我的主见，我还是想学这个。

在杭州的酒吧里打了3个月工，我觉得还是应该到更大的城市里，才能更进一步感受到酒文化的气息。于是，我北上，来到首都北京。

北京的酒吧多，对于我来说，工作不难找，因为我的形象好，而且大多数酒吧都缺人。我到后海的酒吧一条街转了一圈儿，发现后海家家酒吧门口都贴着招工启事，我进了一家酒吧应聘，结果就留下了。北京的酒吧招服务生的要求不算高，18～28岁之间，男女不限、户口不限，唯一与杭州酒吧不同的是，要求最好有北京户口。

开始，我被分在一楼的慢摇吧做服务生。可在当晚，老板品尝了我调制的鸡尾酒后，将我安排在吧台，从事老本行——调酒，薪水也在普通服务员的两倍以上。

只需两天，我就把酒水的价格背了个滚瓜烂熟，北京酒吧调酒师的工作比起当初在杭州复杂得多，有些酒不能开在一起，那些酒要去吧台出单子。单子填错了该怎么办，存酒取酒要经过什么程序，每天的主打产品不一样，有时是黑方威士忌，有时赠送……熟悉这些也费了不少神，说句实话，在杭州的酒吧，这些都是普通服务员要做的事，而调酒师的工作就是调酒。

对我来说，这些都不是什么问题，一周我就全部搞定。而最现实、也最让我不安的事情远不像开单那么简单。在杭州的酒吧，由于我调酒的手艺比较好，所以在当地我小有名气，可到了北京，后海一条街上，调酒师很多不说，而且不少是拿过国内国际很多大奖的名师，我的那点小名气与其相比，相差太远。

于是，休息的时候，我晚上就经常到别的酒吧转转，先与他们交朋友，再与他们交流调酒经验，这样一来，我学到了不少新的调酒方法，以及国外流行的调酒趋势。

工作不长时间，我就发现了自己最大的弱点是英语的对话能力差，虽然杭州

267

也有许多老外喜欢泡吧,但在杭州的时候,调酒师不需要与老外有过多的交流,只要知道一些酒的英文读法就可以了;可这在北京就绝对行不通,一些老外喜欢与调酒师聊天,我的英文水平跟不上,直接影响到酒吧的生意。而且,一向自视很高的我发现,身边的服务员有许多是知名高校的大学生,英语对话能力了不得。

这里差不多有一半客人是老外,所以能用英语对话是老板优先考虑的招聘条件,开出的薪水也比普通的服务员高。如此严峻的形势,迫使我产生了报班学英语的想法。于是,晚上上班,我就利用白天的时间报了英文补习班,晚上可以与来酒吧的老外对话,训练自己的口语,半年多过去了,现在我的英文水平突飞猛进,已经能够熟练地用英文与来酒吧的外国人交谈了。

没想到原来对英语不感兴趣的我,竟然能够为了调酒而学英文,这也许就是人们所说的,"兴趣是最好的老师"吧!在别人眼里,酒吧是个三教九流汇集的地方。可在我看来却不尽然,我觉得酒吧的红火与经济、社会、文化的变化都有着密不可分的关系,酒吧的步伐始终跟随着时代,它应该是青年人的天下。留学生、国内的生意人、白领阶层、艺术家、大学生、娱乐明星、有消费能力的老百姓都是这里的常客。他们在这里谈天说地,寻找一种久违的亲切感。与他们天天在一起的时候,我觉得离首都很近,但想到北京户口和未来的生活,又感觉离北京还有一段难以说清的距离。

打工路上 "洗"以为常

采访对象:徐富贵,男,34岁,河南信阳平桥区五里镇凤台村人
人物群体:洗车工
人数总量:估计北京约6~7万人
群体特征:专门在修车行里擦车、洗车
月均收入:1000元左右

2006年9月25日   星期一   阴
"我爸爸是名洗车工人,他每天早起晚归,为我们挣钱,在北京生活。每天

爸爸6点就得起床为我做早饭,然后把我叫醒,吃完早饭就得送我去上学。然后8点前就得赶到修车行上班。

爸爸工作很辛苦,从爸爸手上的裂纹就能看得出来,冬天的时候,爸爸的手经常是流血的地方刚好,就又有一个地方烂了口子。听爸爸说他每天要洗几十辆车,我很心疼爸爸,想帮爸爸干活,可爸爸说我还小,等我长大了,才能帮他干活,我很着急,什么时候才能长大呢?⋯⋯"

这是徐富贵8岁儿子虎子的一篇日记。他说自己平时工作忙,跟儿子的交流很少,这篇日记是他在给儿子的作业签字时发现的。"没想到儿子这么懂事。"说这话的时候,徐富贵这个30多岁的男子汉快流出泪来。

与妻子离婚后,徐富贵带着儿子来到北京,租住在大兴区的一栋平房里,每月150元的租金,比起在市里租房子算便宜很多了。徐富贵在北京的第一份活儿就是洗车,因为就这份活儿没什么技术含量,而且对学历也没要求,至于岁数,像市区里的车行对这个有要求,而在郊区就没那么严格了。

徐富贵说,去年本想去市里的洗车店找份工,因为孩子上学了,他希望孩子能在市里好点的学校读书,可连续找了七八家洗车店,都因为他的年龄大而被拒之门外。具体原因,徐富贵自己也说不清楚为什么,大概是因为年龄大的洗车工体力、精力跟不上趟儿吧!"现在市里车辆多、灰尘大,以及养车、爱车的人多,所以市里洗车店的生意都十分兴隆,活多了,就需要比较多的洗车工,他们大多愿意招十七八岁,20来岁的姑娘、小伙儿,他们一天能洗近百辆车,而像我这样的中年工,一天拼了命也就洗个五六十辆,他们手脚麻利,我们没法儿比。"

徐富贵现在打工的这家洗车店规模不大,没有电脑洗车,完全靠一根压力水枪、几块抹布、用人工擦洗来完成。洗车不过是先用水枪冲遍车身,再用毛巾擦干,如果车主不让清理车内卫生、不打蜡,交钱结账就算完工。这家店里有八九个洗车工,跟徐富贵一样,他们都是不远千里,从老家来北京打工的,只不过年纪有大有小,大的超不过40岁,小的也就十七八岁。

周日的早上7点,气温11℃,刚洗完一辆车,徐富贵又开始摇着毛巾站在路边招揽生意,身上的衣服显然很是单薄,可徐富贵说,干这行不能穿得太厚,因为会影响洗车的进度,而且干起活来,也就不冷了。看到远处有辆车朝这边渐渐靠过来,徐富贵立刻比划着打轮的手势,将车迎进了停车房,脸上堆满了笑容,一边"大哥、大哥"地招呼着,一边忙了起来。他拖起水管,拿起水龙头对着汽车冲了起来，冲洗完后，又开始用刷子向车上刷泡沫，他手上的口子和茧花很是清晰。

"喂！把灯罩擦擦，车毂擦净点，引擎盖的几个黑点怎么不擦掉？"车主命令似地对徐富贵说："你是咋搞的，擦几次都擦不净？"徐富贵忙舞着毛巾笑着说："这就擦、这就擦，保证擦干净，保证你满意。""满意？动作这么慢，咋就不能麻利点儿！鬼脸、门缝、车身凹槽的地方都得仔细点儿擦，脚垫拿出来抖一抖。还有，还有，擦的时候小心点，指甲别划坏我车上的漆，我这可是宝马车！"在车主不停地催促下，30分钟过去了，刚刚还蓬头垢面的车现在已是焕然一新，徐富贵20多分钟的辛苦换来10元钱。车主带着一脸的满意很快离开了。

"开宝马，有什么了不起！"看着渐渐远去的宝马车，一旁干活的小兄弟撇了撇嘴，徐富贵笑着说，"没什么、没什么，这样的人见多了。可不管他们态度如何，咱们都得好好对待，咱们就靠这份工作吃饭呢，毕竟像咱们这样没什么技术的农村人在北京不好找工作。"

擦车一般不会出大差错，如果车主嫌擦得不净，再擦一次就得了。态度好点，勤快点，一月拿1000元钱也算不错了（700元底薪，三四百元提成），不少农民工都想多干一段时间。

擦过20多辆车后，已近中午。午饭要轮流吃，以免顾客久等。徐富贵说，洗车虽说是粗活，可不细致也做不好，譬如雨刷下边灰尘大，一定拿起来擦。车门边缘、拉手里面、车牌缝隙也是必擦部位。黑色的车擦后容易起花纹，抹布一定要洗净，还不能太干，防止毛巾里藏有沙子划伤车漆。

徐富贵干活儿虽然麻利劲儿赶不上小伙子们，但他比较勤快，每次擦完车，他都把脏毛巾一块儿洗洗，把挡路的水管移到墙边，顺手扫扫路面的积水。这些举动博得了同伴的好感，同伴说他眼里有活儿。因为做这些小事方便顾客、能保护水管不被车轧坏。徐富贵平时干得多了，洗车店负责人很看重他，每次出门都把店里的事交给他管。"我不图别的，现在就希望能多赚点，给孩子上学用。"徐富贵说自己的人生希望全都寄托在孩子身上了。

"餐"淡经营

采访对象：林金兴，22岁，山东平邑武台镇人

人物群体：早餐销售人员
人数总量：2000～3000左右
群体特征：推早餐车穿梭于各车站、地铁口
月均收入：1500元左右

　　除了包子、油条、炸糕、豆浆等中餐外，还有三文治、面包、汉堡等年轻人比较喜欢吃的西餐。每天早上5点至9点，小林的（早餐）车都会准时推到肯德基的门口，等待上班的人群。因为这个位置靠近地铁口，所以生意比其他的地方要好。

　　4年前，小林从山东老家来北京，当时正值北京早餐工程刚启动，他到首钢饮食有限责任公司应聘，几乎没费什么周折，交了几百元保证金，办了健康证后，小林的早餐车正式营业了。

　　提起过去北京早餐的"风光"，小林很得意，按他当时经营的50多个品种，每天早上4个钟头，他能卖出去200多元的早餐类商品，提成是10％，再加上700元的工资，一个月能挣到1300～1500元，这份收入曾经让小林很满意。

　　"自从这附近出现了鸡蛋灌饼、煎饼摊等20多个无照经营的流动摊位，把我的摊位团团围住后，生意就不好做了。"公司规定平时早上营业到9点，节假日到9点30分，现在收摊以后，小林还干点别的，他找了份家政的活儿，下午去一位老大爷家里，做点家务，最主要的工作就是陪老人说说话，小林说这份工作的收入也不多，因为老大爷岁数大了，无儿无女，他想给风烛残年的老人带去些温暖，所以也没多要钱。

　　小林将每月1500元的收入分成3份，一份用做租房和日常生活开销；一份寄给农村老家；还有一份是给自己结婚攒的。小林谈了个对象，是个川妹子，在北京的一家餐馆做服务员。他们计划2008年北京举办奥运会时结婚。这两年，小林希望能多攒点钱，给女朋友一个像样的婚礼。

　　看着身旁煎饼摊摊主为顾客摊着热气腾腾的煎饼，再看看排队等待的人群，小林很着急，"有钱的人喜欢吃洋快餐，没钱的人喜欢吃小摊，可怜我们卖北京早餐的，只能看着别人卖啊！"小林说，北京早餐和洋快餐都很干净，所以应该都有竞争优势，可洋快餐太贵，按理说，北京早餐应该能有大批顾客，"可不少顾客还是嫌我们的早餐贵，我们属于正规公司管理，成本肯定比'野早餐'的成本高，所以也就相应地贵一些。像茶鸡蛋0.8元一个,包子1元三个、烧饼0.5元一个、牛奶1元一袋,1.5元左右的品种占了60%以上,可基本上还是保证'两元吃饱'。"

"顾客喜欢买他们的早餐,有的是图便宜,更多的顾客是因为煎饼是现做的,图个热乎劲儿。这没办法,我们北京早餐没办法现场制作,厂家都是半夜送货,早上只能加热一下,味道肯定不如现做的好。"小林无可奈何地摇了摇头。

小林问过不少顾客,顾客对北京早餐"不感冒"的原因除了价钱稍贵外,最主要的就是品种花样上的问题了。"北京早餐虽说品种也不少,可都是豆浆、牛奶、面包这些东西。不少顾客觉得就着咸菜吃碗馄饨,喝口豆腐脑,热热乎乎的才算吃好早饭。你想,名叫早餐,可是又不卖大家喜欢的花样品种,慢慢儿就支撑不下去了。馄饨等市民爱吃的早点,不方便统一制作运送。所以现在这早餐车赚不到钱。"小林说,没有可供顾客就餐的地方,天冷了,谁愿意边走边吃,"喝风"的感觉哪个能受得了? 这温乎的早点带到单位吃就又凉了。对于这些问题,小林说自己也想过办法,可至今也没理出个头绪来。现在每天早上只能卖100多元钱的早餐,随着天气转凉,生意会更不好做的。

"如果全卖早餐类商品的话,会更赔钱。"小林说他们都会私自进一些商品卖,像他自己就进了些报纸和杂志卖,小林掀开车帘,车的右下角放着厚厚一摞报纸和杂志。"公司管得严,不让我们卖除了早餐外的其他商品,因为一些同行早餐车上所卖的商品进货渠道不详,不少顾客被这些商品坑苦了,但这又有什么办法呢? 守着赚这么少钱的工作,大家想利用这个牌子多赚点也应该能理解吧!像我们这样,如果每天只在6时至9时卖早点,剩下的时间都闲着,这不是资源浪费嘛。所以我觉得配送公司不能一天只卖3小时早餐,公司还应该配送早餐品种外的商品,统一进货渠道,物美价廉,方便顾客,岂不更好?"

"公司领导说了,以后早餐车会与社区服务结合起来,建立早餐网络之后,在此基础上逐步发展便民服务和便民食品等,到那时候,我们这碗饭就好吃多了!"小林对北京早餐的未来充满信心。

千里之行,始于足下

采访对象:张辰光,29岁,重庆潼南双江镇人

人物群体:擦鞋工

人数总量:3000~4000人

月均收入:1500元左右

　　冬天是擦鞋的旺季,张辰光自然不会放弃这赚钱的好季节。现在,张辰光每天都会坐在擦鞋店门口,随时盯着来来往往的行人,每当看到有穿着皮鞋的人路过时,他都会起身,微躬着身子,双手拿着软毛刷、抹布、鞋油,殷勤地问:"擦鞋吗?"

　　路人有的摆摆手,有的则视而不见。终于有一位客人停下脚步,走进擦鞋店,把脚搁在小板凳上,张辰光立刻笑容满面地请客人坐好,拿张报纸让顾客看,然后熟练地插好护脚纸板,接下来便是抹灰、上油、刷油、拉布、抛光、打蜡,动作麻利而娴熟,一气呵成。

　　直到顾客递给他钱,张辰光才舒口气,双手使劲在垫在膝盖上的沾着油污的布上蹭了蹭,接过钱来,嘴里连声道谢,送客出门。紧接着,他又开始瞄准下一位……

　　"擦鞋这行当,要是不讲究,其实很简单,三五把鞋刷,几支鞋油,几块抹布,两把凳子(顾客一把,自己一把),几样东西凑在一块就算出个鞋摊了,条件技术好的,再置上一台补鞋机就成,这也是几十年来传统擦鞋行当的设备需求。现在,街面上这样的擦鞋摊少了,都变成装修漂亮、服务全面的擦鞋店铺。"张辰光说。

　　张辰光工作的这家擦鞋店开在北京东城区安定门的一条巷子里,十多平米,店里完全按照"翰皇擦鞋连锁店"的布置要求,三个擦鞋位,三个顾客座位,擦鞋位前摆放擦鞋箱,墙上挂着待售的鞋垫、鞋拔子等,靠墙的鞋柜上码放着几双修好待取的鞋。张辰光说,北京不让个人在街头摆地摊擦鞋,具体原因可能是不好管理吧,但这样的理由牵强,好多人因此放弃了这个行业,没经济实力的人只能加入连锁店打工。

　　擦鞋这活儿,看上去不起眼,可里面的规矩和门道,还真不少。张辰光说:"这活儿是好汉不愿干,懒汉干不了。"

　　擦鞋工和擦鞋店老板的关系比较特别,老板除了管吃住,其他什么都不管,不仅不发工资,并且连鞋油、鞋刷等工具都得擦鞋工自己掏钱买。擦一双普通的

273

皮鞋2元钱,而这钱,却必须全部交给老板。

张辰光说他们主要是挣提成。擦鞋店里都出售10元到100价格不等的擦鞋月卡、年卡,如果擦鞋工能推销出去一张擦鞋卡,便可以从老板那里提取50%的提成。再有,就是鼓动顾客修鞋,在擦鞋的同时还要会给鞋挑毛病,比如:这鞋颜色都不正了,重新上上色吧;这鞋该钉掌儿了,再不钉就得磨坏了等等。如果能说服顾客修鞋,擦鞋工也可以有50%的提成。

张辰光擦鞋技术也好,不管多脏、多难擦的鞋,只要到他手里,两分钟不用,准保油光锃亮,焕然一新。所以,他的回头客最多,他挣的提成也最多。一个月下来,怎么着也能挣上个1000多块。

擦鞋虽然不难,但擦好需要技术,什么样的皮革擦什么样的鞋油,多重的油;鞋油太多会对鞋起腐蚀作用,鞋油太少则不光亮……这些都是学问。

"有时候,我们要看别人脸色,"张辰光说,"偶尔也会遇到一些傲慢的顾客,擦鞋的时候跷着二郎腿抖啊抖的,很难擦。如果劝他不要抖了,顾客就马上不耐烦:'啰嗦什么,给你钱,你干活就是了,哪有那么多要求!'"有些顾客擦完鞋把钱扔在地上,或是找借口不给钱,这样的顾客,他都遇到过,也早就习以为常了。面对这样的顾客,张辰光也只是宽容地笑笑,在他看来,劳动没有贵贱之分,生活的原则是活得踏实。

经过一段时间,由于张辰光服务热情周到,他的辛苦劳动得到了尊重,在圈子里也小有名气,回头客多了起来,他所在的擦鞋店的生意也越来越好。张辰光为顾客擦鞋的同时,还兼做钉鞋、修边打磨、换底翻新等一条龙服务。这些手艺都是当初他应聘这份工作时,公司统一培训时学的。

没事的时候,张辰光喜欢搞点小发明,几种节能环保的鞋油就是他自己没事时琢磨出来的,用他自己配的鞋油擦鞋,既省鞋油,鞋子也擦得比别人干净。

张辰光的对象小庄去年也从老家来北京,看到他干这活,二话没说转头就走,当然,他们的婚事也就这样吹了。对象嫌弃他干这个伺候人的活儿,觉得这活儿不地道,可张辰光却觉得这活里有商机。他说,有时候机遇就隐藏在人们最熟悉、最不屑一顾的行业里,现在生活好了,人们都有几双鞋。"千里之行,始于足下",张辰光打算再凭手艺打几年工,真正了解一下开店需要如何运作,如何和工商税务打交道,挣够2万元的本钱后,自己也开这么一家擦鞋连锁店,再把自己的发明成果应用上。到时候,凭着自己的技术和实力,不怕赚不到钱。张辰光打算到那时候找个真正理解和欣赏自己和自己工作的女人,作为他的终身伴侣,一起走接下来的路……

等待生活向我敞开窗口

采访对象:丁玉宝,34 岁,湖北襄樊保康县方家沟人
人数总量:2 万左右(北京)
群体特征:各居民小区安装塑钢窗、封阳台
月均收入:1300 元左右

丁玉宝决定单干了,原因很简单,公司给的钱太少。丁玉宝提出不干后,他所在的装修公司没挽留他,结清了他当月的工资,走人。也许正像公司老板所说的那样,这活儿他不干,有的是人干。

于是,每天晨曦初露,安定门外北京人才交流中心门口又多了一个等活儿的身影。没有文化、没有专业技术,有的只是一身力气,敲敲打打成为丁玉宝现在谋生的手段。与以前在公司干最不同的是,他每天一多半的时间是在等待中度过。

干了多半年,丁玉宝逐渐摸着了安装塑钢窗的门道:做散工也有淡、旺季。一般 4~6 月是淡季,在春节前的几个月就会忙得不得了。毕竟他们最主要的活儿,还是在装修工程完成后。他说,散工是不少装修公司的"后盾"——一些装修公司接了工程后,像安装塑钢窗以及封阳台这样的活儿都会转包给他们干。

为招徕生意,像丁玉宝这样的等候者会摆上"标志性"的工具。比如:有的安装工会摆上一把锯子或铲子什么的。但这些工具也就是个"道具","真干活的时候都带上电动工具,要提高效率嘛!"丁玉宝说,"像我这样,把'道具'简化成一张纸板,主要是为了逃避城管的检查,一张纸板,没收了也就收去,当初决定干这个的时候,我一下打印了好几张。"

"不在公司干后,我在北京人才交流中心附近租了房,每天早上六点多就出门等活儿,早起的鸟儿有食吃嘛!"丁玉宝快言快语地介绍起他的日常生活,"等到活儿,就跟雇主走,没等到,就继续等。快天黑的时候就收摊回家。中饭是媳

妇做好了端过来,在路边吃。"说起媳妇,他说,媳妇以前做家政,现在也不做了,有活儿的时候,媳妇会帮着他打打下手,干惯庄稼活儿的人,这敲敲打打的工作对于他媳妇来说,轻巧得很。

"一个月差不多有一半时间在这里等活儿。"丁玉宝说,"我们这些人喜欢用三天打鱼两天晒网来形容我们的工作状态。虽然清苦,但还算自由。"

塑钢窗安装这一行如今竞争十分激烈。他说刚单干的时候,是在石景山附近租房子,在家附近等活儿上门的时候,接连被撵了好几次,看他没有去意,有几个同行竟然要他交地段费,他们说那地段是他们包下了,要干这个,得经他们同意。无奈,丁玉宝只得搬离那里。现在开工的这个地段,"工作环境"还不错,大家互不干涉,有时候还会相互帮衬着。当然竞争还是在继续,能不能接到工,就得看运气了。

说话间,一辆车子缓缓停下,丁玉宝等一群安装工就一拥而上,戴着金丝边眼睛的雇主环视了一圈儿,问了句:"有江苏队的吗?"丁玉宝身边的小矮个儿迅速将身份证递到雇主面前,接下来,谈价钱,大伙儿就都散了,之后,雇主拉上小矮个儿走了。

丁玉宝说:"不少雇主都喜欢找江苏工人,因为他们的活儿做得细致,其实我们的活儿也不差,就是少了口碑,也就是没有形成像'江苏队'那样的劳力品牌。"

自己单干,虽然少了公司的限制,钱也相对赚得多,但最让丁玉宝揪心的是,因为没有像工伤事故医疗保险等工作安全保证,有了活儿干,他们也是提心吊胆的,像他们做安装塑钢窗、封阳台,大多是在高空作业,一旦发生点危险,到时候就哭天天不灵,叫地地不应了。他看报纸上登着国外像他们这样的工种,都有专门的机构可以争取这些福利,而对于他们这些安装工来说,这是发生意外后再去考虑的事情了。

丁玉宝听这边"老手"说,1993～1996年,曾经是封阳台、安塑钢窗"生意"最景气的日子。那时,建筑、装修的活儿都多。像他这样的安装工做一天,多的有300多元钱。大多数人都挣了些钱。会盘算的人转行做起了小生意,不会盘算的人则将钱在麻将桌上输掉了,现在依旧做着这行。丁玉宝说,现在北京房子一幢幢地起,他们这行还是有市场的。

肩膀上的水桶

采访对象:冉长根,46 岁,宁夏吴忠同心县东台乡人
人数总量:7000 人左右
群体特征:在居民小区、写字楼送水
月均收入:800 元

　　一听说采访,老冉的头摇得似拨浪鼓:"不行,不行,耽误我送水咋办呢?"老冉从口袋里掏出一张纸,纸上密密麻麻印着送水工行为管理规范,满篇都是关于违反了规范的处罚办法:不穿工作服罚 10～100 元,多收费或索要小费按所收钱的 100 倍处罚;在客户家喝水吸烟罚 10～20 元;擅自离开岗位罚 10～20 元……满篇的处罚条例,只有最后一行明确地写着对每个月优秀员工奖励 20 元。"扣钱的地方太多,我年纪大了,记性不好,得时刻把这罚款的条条放在身上。可不能违反哪条啊,我赚的这钱每分都是汗珠子里迸出来的啊!"

　　记者说不耽误老冉的工作,只是随便聊聊,老冉同意了。"干这个苦差事,每天早上 8 点就要上班,晚上最早 19 点才能回家(夏天晚上要到 22 点),每天平均要送 20 桶水,这一桶水的重量就在 20 公斤左右。像我们送一桶水,公司能给 1 块钱,我每月拼命地干,工资也超不过 900 块。"老冉说。因为当初自己年岁大,公司本不打算要他,公司招聘的条件明确写着只招 18～40 岁的男工,可由于老冉有送水经验,也办了健康证,又经老乡一再举荐,老冉才留了下来,所以他格外珍惜这个工作机会,因为老家有 6 口人都指望着他每月这 800 多元的工资。

　　做送水工以前,老冉在北京做过餐馆小工,帮人修过车。一样都是靠劳力挣钱,但他对送水工作的感受却有最多委屈,因为他经常会遇到"不理解"的客人。比如,夏季的送水高峰期,公司送水工人手不够,他给客人送水的时间晚了一点,客人就大发脾气。"发脾气还算好的,有一次,长椿街那边有个客户打电话订水,那天太热了,公司订水的单子又出奇得多,我们也只好一个人当两个人用,当我以最快的速度将水搬上 8 楼时,客人说等不及,已经订了别家的水了,这样,我那桶水就等于白送了! 问题的关键是回公司实在不好交代,公司的宗旨是顾客

277

永远至上，没有按时送到，就是我们送水工失职。"

老冉遭遇到的更惨的事是，他在为玉泉路一个客户送水途中被"偷"：那回也赶上送水高峰期，他一次出去给几家人同时送很多桶水。当他刚把水送到客人家，回头骑车时就发现水桶和送水的铁筐都不翼而飞。"遇到这样的事，只能自己赔。一个水桶就是40块钱，一个铁筐也是40块钱，这样下来等于两天就白干了！"老冉无奈地说。

"我最怕夏天，送水特费劲，每天我光喝水就得5瓶，喝水不是为了解渴，完全是为了保命。"老冉说，再累也得干，再累对顾客态度也要好，要讲信用，服务不好，人家下次不喝你的水了。现在市场竞争厉害，一个态度，一个水的质量，都关系到自己公司的声誉。老冉说自己送水时，有的客人看他衣服都被汗水打湿了，会倒水让他喝，可老冉说自己哪里敢喝。只有一次，那天老冉带的5瓶水都喝光了，可还有两家的水没送到，那时候老冉渴得不行，他刚把水放下，那家的女主人看他满头大汗，就端了杯水让他喝，老冉说了公司的规定，女主人向他保证不跟公司说，他才接过水，一饮而尽。"那是我第一次喝桶装水，味道就是不一样，甜丝丝的。那也是我第一次感到自己的工作被尊重。"老冉笑笑说。

做送水工3年，一年到头，除了春节休息3天，每天老冉都蹬着他的破旧自行车，穿梭于市区的大街小巷。"苦是苦，但没有钱挣，心里头就闷得发慌。"用着自己辛苦赚来的钱，老冉觉得很踏实。

在这家水店做之前，老冉曾在一家送水公司做过，说到离开以前那家水站的原因，老冉说："以前那个老板心太黑了，客户用11元钱买的水票，老板却要我送去只要七八元就能买的水。"因为一些客户不会仔细查看水桶上的标志，因此老板以次充好，让老冉给客户送去档次较差的水。根据几种水的进货差价，老板每天就可以从中"黑进"好几十元钱。老冉说，他曾亲眼见到老板把一个优质纯净水水桶上的标志撕下来贴到普通纯净水的水桶上。

每次看到吃了亏却不知情的客户，老冉心里就觉得特别不舒服。也就是因为这个原因，老冉毅然辞掉了那份工作，尽管他知道自己这个岁数多么不好找工作。"老实人就要办老实事。虽然这家公司条条框框多点儿，但毕竟不做坑人的事！"

把生命系在腰间

采访对象:孙福泉,男,29 岁,江苏洪泽县王营镇人
人数总量:北京约 3000～5000 人左右
群体特征:写字楼、办公楼的外擦洗玻璃、瓷砖
月均收入:1300 元左右

当工友将载着他的吊板缓缓放下时,孙福泉的心立刻收紧了,这是他第一次在百米高空"凌驾"于这个城市之上,他的第一反应是抓紧吊绳,闭上眼睛,身子尽量往前倾,大脑一片空白。

楼顶的工友看到他的样子,笑着喊:"都这样,习惯了就好!"当初去清洁公司应聘时,他曾拍着胸脯说自己以前在家里爬树,别人爬了一小截就不敢爬了,而他可以爬到最顶上那个枝丫,摇来摇去都不怕。他说这个活儿自己绝对没问题。

这是一幢 30 层的高楼,小孙手拿长长的刷子,不断地从身后的水桶里蘸着配制的药水,完成各种空中动作,他和身边的工友共用一根水管,交替使用,对刷过的墙面进行冲洗。为了能清洗到更远的墙面,他们经常要像蜘蛛一样,在高空不断地用脚腾挪身体,并倾斜着身子,让刷子能够得更远。

一根主绳、一根副绳、一条安全带、一块木板,孙福泉经常在几十甚至上百米的高空待上几个小时,有时候吃饭也要在空中解决。孙福泉说自己很羡慕那些工作"脚踏实地"的人,自己这种"飘忽不定"的工作让家里人操碎了心。毕竟孩子还小,年迈的父母也需要照顾。

两年前,孙福泉由老乡介绍从老家江苏淮安到北京来当"蜘蛛人",中间曾经转行去端了几个月的盘子,因为两份工作的收入相差很大,所以孙福泉又干回了老本行。孙福泉说,要做"蜘蛛人",条件并不高,学历没有任何限制,需要什么样的身体素质,看看他就一目了然:不能太高,也不能太矮;不能太胖,也不能太瘦。

孙福泉介绍说:"几根吊着一个木板的绳子是主绳,而两个人中间拴着安全

带的这条绳是副绳。在操作过程中我们要不断地放长自己的主绳,让身体下滑操作,而同时也还要不停地扳动副绳中间的一个卡子,让自己同时不停地往下滑动。这条副绳作用是非常重要的:一旦主绳发生意外,副绳的卡子就起到一个很关键的拉扯作用。这样不停地滑动这个卡子,在楼顶和地面工友的帮助下,让自己安全落地。"

尽管孙福泉已经逐渐适应了这种高空作业,但那种"高处不胜寒"的感觉总是让人替他们捏把冷汗。孙福泉说,目前许多清洁公司都出了事,公司已经组织他们学习了好几回,负责人说,只要做好三重防护措施,"蜘蛛人"还是很安全的。第一,要有一条高质量的主绳将他们与大楼顶部的支架连接;第二,要有一条副绳连接着身上的安全带;最后,在高空作业的时候,邻近的两个人之间还会拴上一条互联绳。

小孙说,"蜘蛛人"工作的旺季一般是在4、5月份和9、10月份,因为这两个时间段气温适中,而且不会有大风。如果在这期间以外工作,他们会密切关注前后几天的天气变化,以便作出相应安排。小孙还告诉记者,高空作业的危险其实并不只是因为工作方式,更主要的是由于工人思想上的放松。一些干得久了的"蜘蛛人"容易放松警惕,工作时不系安全带,就很有可能造成人员伤亡。对于他们这些高空作业的高危人群,小孙说公司给上保险他们干起活来心里才踏实,因为最近很多高空作业时意外坠楼的报道着实让人揪心。所以当时小孙来北京时,老乡就告诉他一定要找正规的大的清洁公司,因为现在不少公司都处在"一块抹布洗天下"的状态,那种一部电话、几根绳索、租间屋就营业的公司最靠不住,因为少一些对工人的保护就降低一些成本,而且外墙清洗这种高空作业方式的险种比较特殊,程序很复杂,不少清洁公司都是能省就省,当初小孙拼命要挤进这家公司,就是因为这家公司给工人都买了人身意外伤害保险,而目前很多公司却没有这个起码的保障。

"现在楼起得越来越多,清洁公司也特别多,彼此竞争很激烈。所以价格也一直往下跌,目前,每平方米只收1.5元,我干一整天能赚40~50元就算不错了。"小孙说有的公司还达不到这个数。

"做我们这行,最重要的是讲诚信,记得去年我给一家公司做保洁。那幢楼大概有20多层,公司主管说那个窗子还有一小点儿没搞干净。让顾客满意是我们的职责,虽然我们已经落地了,但只要客户不满意,我们还是会重来一次,这是责任问题,同时也直接关系到我们公司的声誉。"

在高楼林立的城市里,孙福泉已记不清洗过多少座高楼大厦,在他脚下川流不息的车流人流中,偶尔也会有人抬头仰望他们一眼……

端在手中的饭碗

采访对象:尹芳,女,21 岁,吉林通化马鹿沟镇人
人数总量:北京约 7~8 万人
群体特征:在酒店、饭店、餐厅、餐馆里端茶倒水、传菜上饭
月均收入:800~1200 元左右

对于尹芳来说,找份工作并非难事,京城绝大多数餐馆都贴着招工启事,她从家乡来北京一直就做这份工作,现在的她怎么说也算得上是个有工作经验的服务员,再加上她相貌清秀,口齿清楚,所以一般的餐馆都不会拒绝聘用她。但做服务员,让尹芳觉得很不踏实,因为服务员是个吃青春饭的职业,随着年龄的逐渐增大,她又该何去何从呢?

尹芳来自东北农村,来北京前,曾在通化市的一家餐馆打过工,每月能拿到500 元左右的工钱,但干的活很杂,工作内容包括拖地、抹桌子、整理包厢,传菜、端茶倒水,甚至洗菜、洗碗、洗碟子都要帮忙。时间一长,一起的不少姐妹都受不了那份苦,有几个和尹芳处得不错的姐妹决定来北京打工,尹芳也跟了出来。

在北京找了一圈工作,因为尹芳只读到了初中毕业,大多数工作都以她学历低为由拒绝了她的工作要求。无奈,尹芳只得重操旧业,干起端盘子的活儿。

尹芳现在工作的这家餐馆的老板是个东北人,尹芳说出门在外,在老乡开的餐馆里打工,老板或多或少会给她们一些照顾。餐馆包她们吃住,一个月给她1000 元钱,酒水提成另算(白酒一般一瓶有 1 元钱的提成,啤酒有 0.5 元钱的提成),这让尹芳很满足。尹芳每天的工作时间基本从上午 10 点一直到晚上 10点,周末生意比较好的时候,得加班,有时一个月能轮休一天。尹芳说自己在北京没什么亲戚,轮休的这一天也基本是在餐馆帮忙。

在餐馆工作,尹芳说忙点累点不要紧,只要能按时发工资就行。"我的两个

小姐妹打工的那家餐馆就让她们睡板铺,天气一天比一天凉了,被子也很潮,工资还不一定能按时拿到。对她们打工的来说,不怕睡桌椅板凳、吃粗茶淡饭,只要给开工资就行。可在有些餐馆辛苦干上一个月,老板往往找茬把她开除,一分钱也不给。还有的餐馆说一套做一套,当初聘用许诺的种种优惠待遇都兑现不了。"

做了3年服务员,尹芳已经习惯了很多事情,比如称呼——"以前工作的那家川味餐馆,有的顾客叫我们幺妹儿,更多的顾客就直接冲我们喊'喂、哎',可能是觉得叫'小姐'不合适吧!而现在我们餐馆因为经营的是东北菜,所以许多顾客叫我们翠花,不是有那首歌嘛——翠花,上酸菜!我觉得这个称呼挺好的,听上去也很亲切,会让我们觉得离家不远。"

"我们餐馆最近招的大多数是男服务员,听老板说,男服务员体力要比女服务员好,而且,平时采购忙不过来时,男服务员也可以帮上忙。还有,就是有些喝醉酒的顾客会闹点事,遇到这种状况,我们女服务员很难解决,有时候处理不好,反而会把事情弄复杂了。这些时候,还是他们有优势。"尹芳指着餐馆门口的男服务员说。

尹芳说她们每天都要接触到形形色色的顾客,有些比较挑剔的顾客会因为饭菜不可口、或是饭菜不干净、或是介绍菜单不详细而训斥她们。而那个时候,尹芳说不管是不是自己有错,都要尽可能地向顾客赔礼道歉,因为这关系到餐馆的生意,如果得罪了顾客,那就别指望有回头客了。"可有的顾客很明显就是不愿意付账,一桌菜都快吃完了才说饭菜不干净,我们说给他们换菜,他们也不愿意,硬是要求免餐费。这个时候,我们最为难,因为我们每个服务员有专门负责的桌位,如果餐馆老板考虑餐馆声誉,决定免餐费的话,那么除了要扣厨师的工资外,也要扣我们的钱。"

"那也只是少数现象,绝大多数的顾客对我们还是很友好的。顾客的一声'谢谢''麻烦你'都是对我们工作的肯定,这时候,再有任何委屈也觉得没什么了。"尹芳笑着说。

顾客是上帝,这句话让尹芳体会起来更加深刻。"餐馆的工作守则要求我们对待每位客人都要笑脸相迎,说实在的,每天大强度的工作,我们本来就已经吃不消了,有时候真的是笑不出来了啊!"

对于未来,尹芳没有太多的规划,她也曾想报个班学点东西,可一拿起书就头疼,没办法,自己不是读书的那块料儿,要是现在回到农村老家去,她反倒不适应了,能在北京找个金龟婿则是她目前的打算。"父母不让我找打工仔,他们希望我能找个家在北京的对象,可像我们这样的农村姑娘,没有学历,没有北京户口,也没人给介绍,怎么可能找到称心如意的对象啊!"

送奶工比太阳起得早

采访对象:刘爱琴,女,43岁,山东龙口市徐福镇城东村人
人数总量:北京约3000~5000人
群体特征:"扫楼"送奶
月均收入:1500元左右

每天凌晨二三点钟,刘爱琴就骑着送奶车先赶到配送站取奶,然后在早晨6点钟之前将奶一袋一袋地送进订户的奶箱。从一层到十几层,从一栋楼到另一栋楼——这样的"扫楼"工作持续了两年,两年中,她就像一台马达飞速地运转,辛苦操持的家逐渐有了明显起色:儿子考上了北京的大学,丈夫的病也好了很多。而现在,她这台马达逐渐跑得慢了下来:长时间的操劳奔忙,使刘爱琴患上了几种病,最严重就是风湿性关节炎。

两年前,刘爱琴带丈夫来北京看病,无意中在阅报栏里看到了送奶工的招聘启事,招聘条件是男女不限,会骑自行车,不怕吃苦,身体健康,有团队精神,要有责任心和上进心。最重要的一点是户籍不限。抱着试一试的态度,刘爱琴去了公司,没想到公司聘用了她,不用交押金,只要办了健康证就可以来上班。刘爱琴说,当时同乡就说这是家正规公司,在这里上班不用担心公司拖欠工资或是赖账。

刘爱琴每送一瓶奶,能挣到1角钱,她每天送300多瓶牛奶,加上基本工资,一个月挣个1500元钱应该没问题。为了多揽些客户,刘爱琴经常在送完牛奶后,在她送奶的片区多逗留一阵,"现场办公"。她在送奶车上摆着三四种样品,从奶的品牌、种类、包装讲到各类奶制品的优劣长短。刘爱琴说这招儿十分管用。"我和客户处得好,这一片数我的客户多。"刘爱琴说,这些客户都是自己争

取来的。

虽说这送奶是份苦差事,可刘爱琴却做得投入、认真。有个客户要求每天早上6点半把奶送到,因为他女儿7点上学:送晚了怕耽搁女儿上学;送早了按门铃怕影响人家睡觉。于是刘爱琴每天在6点半之前就赶到这个客户家的楼前,盯着手表等,留出1分钟的上楼时间,6点半准时按响门铃。日复一日,风雨不误。

刘爱琴的周到细致赢得了订户的信任。有的拉她进屋吃饭,有的往她手里塞水果,有的干脆把续订奶的钱直接放到奶箱里。在公司,刘爱琴的业绩始终名列前茅,刘爱琴没有想到这个工作竟能干得如此得心应手。

刘爱琴说当送奶员的确不容易。起早贪晚,风里雨里,辛苦自不必说,还有客户中各色人等,啥层次的都有,说不着边际话的,刁蛮要横的,刘爱琴就不止一次遇到这样的人。"遇上了也得忍着,也得赔笑脸,可一转身眼泪'刷'一下就下来了,毕竟自己也40多岁的人了。"

"有时候真的不想干了",可这样的想法总会被这两年来的坚持一扫而光。半年前,刘爱琴大病一场,最严重的一个早上,她实在不想起床送牛奶,可又不想失信于人,就挣扎着爬起来。可到了平时送奶的那栋楼,发现更严峻的问题摆在她面前——停电!有个客户住20层,他家孩子一岁多,每天必须喝奶,没办法,平时都是坐电梯上去的,可偏偏那天没电,她就只好一层一层向上爬,上到一半,两腿发软冒虚汗,她实在不想上了,一瓶奶不过1.5元钱,她只赚一角钱。可左思右想,她还是咬牙上去了。当终于到达20层的时候,她真想哭。

"送牛奶这活儿,年轻人不喜欢干,因为他们都受不了那个苦,但我觉得这样的工作还是不错的,起码比送水轻省。公司对送奶工的年龄要求在18~45岁之间,还有两年,我这年龄就不让干了,还真舍不得,干的时间长了,也有感情了。不知道那时候,还有谁用我这样没文化、没北京户口、空有一身力气的农村妇女。"刘爱琴淡淡地说。

刘爱琴说:"我们干的是自我推销的工作,送货上门,经常挨家去敲门,问人家要不要订牛奶。许多人觉得我在挣她们的钱,经常给我们脸色看,我们推销的时候,很少看到别人尊敬的目光。"

当初更让刘爱琴不理解的是,按照常理,应该是先预交一段时间的牛奶钱,然后再喝奶。但好多人不信任送奶工,一定要先喝牛奶后交钱。送奶工又不能向公司赊账,只能把自己的工资拿出来当"本钱"周转。

"我们其实与那些推销员不同,我们是为了给住户提供方便。"有一次,刘爱琴本来打算给一栋没有去过的楼送奶,可是她还没上楼,就被一个戴袖章的老太太赶出来;牛奶保质期明明是 5 天,可有的人前一天的牛奶第二天送去就不要,一口咬定就只要当天的牛奶。遇到这种情况,只能免费送给他们,或者拿回公司,"反正,我是舍不得喝……"

搬家工的肩膀能扛多少

采访对象:肖春华,35 岁,四川巴中通江县新场乡人
人数总量:北京约 1~2 万人
群体特征:为居民小区或写字楼搬家
月均收入:1500 元左右

12 月 19 日清晨 6 点,天还没亮,搬家车就行驶在北京三环路上,肖春华蜷缩在车厢里,把保护家具用的脏得看不出颜色的麻毯再往身上拉了拉,"太冷了,咋回事嘛,车子又停了? 这么早就堵车,不按时赶到人家,人家不高兴,又要少给钱,哪个办嘛?"肖春华对着同伴抱怨。

肖春华来自四川,这个只有 1.68 米高的巴中汉子 1998 年来到北京,刚开始是在建筑工地当保安,可公司总拖欠工资,一气之下肖春华辞了保安工作,回到老家正碰上乡政府与北京几家搬家公司搞劳务用工合作,肖春华算是个见过世面的人,加上他体格强健,所以优先被选中,重返北京。

第二次来京,肖春华感觉这活虽然比保安赚的多,但没啥技术含量,而且纯体力劳动更加辛苦,不容偷半点懒。"不过每月工资结得清爽,所以咬牙也继续干,干活给娃子攒学费! 媳妇在家种地,能让全家吃饱就不错了,孩子上学指不上她。"肖春华说。

做搬家的工作已经整整 7 年,长年的工作,极限的负重,肖春华的背有点驼。"我过去可不这样,用城里话说小伙子精神着呢,就因为总驮一些大家具,个子也矮了,看不出来吧,我过去 1 米 7 呢! 现在抽抽了,1 米 68! 哈哈……"现在像

搬冰箱、衣柜这样的大家具对肖春华来说简直轻车熟路。刚开始搬家时，肖春华说自己还真不会搬，尤其是大冰箱，也没有什么可以抓住的东西，总感觉有劲使不上。后来，肖春华就蹲下身子，用背靠住冰箱的一面，然后用手抓住侧面的两个棱，再起立，冰箱就压在他的背上了，这样，他再把它慢慢地背下楼去。

搬家碰上有电梯最好，但绝大部分还是走楼梯，有时候楼层有七八层高，这必须用技巧才行。冰箱还不算最重的东西，还有大橱柜、钢琴等，需要更多的技巧。刚开始，肖春华不会什么技巧，白白费了很多力气，也搬不动什么东西，有几次都把手磨破了。没有别的办法，只能自己慢慢地摸索。"说实话，搬重东西不可能不累，关键是掌握技巧。现在，每一天下来，都会累得直喘气，胳膊有时候发酸，但是毕竟帮别人把家搬好了，我的心里也挺高兴的。"肖春华笑笑。

"有的人家还好，很尊重我们，给我们递烟倒水的，公司规定不能在人家里逗留，我们一般对人家的热情接待表示感谢就赶紧走。可有的人家就盯我们很紧，生怕我们偷走什么东西，还有的说：'让那些盲流进卧室，别把地板踩坏了，那可是实木的！踩坏了赔得起吗！'说实在的，我们公司培训时都要求我们穿上鞋套才进客户家，我们就是进了客户家，也是小心尽心保护家具和客户家里的东西。有时不慎损坏了东西，肯定会照价赔偿。用'盲流'说我们很难听，那是用来形容街上小混混甚至是犯罪分子的。别人可以不理解我们搬家工，但总不能骂我们吧。"说到这里，肖春华忿忿不平。

肖春华说："有时候还会被刁难。有一次，说好了搬家费用是200块钱，辛辛苦苦把家给他搬完了，到最后结钱的时候，他却只给160块钱，按照他家的工作量，别的公司都要250块钱，我们的价格已经是很便宜的了，所以我们不答应。而那个人又说我们把他家的东西搬坏了。我们搬家时都小心翼翼，没有毁坏他家的东西。他说了半天，也没有说出是什么东西坏了，但还是没给够。我们也只好走了。"

由于公司包吃住，所以肖春华平时没什么开销，活儿多的时候，他们一天要搬三四户，根据客户家的远近决定早上出发的时间。早的时候要凌晨四点就出发，一个活能赚个15～20块。可有的时候运气就没那么好了，有的客户临时决定不搬也不通知公司，他们到了只能吃闭门羹，他们曾在一天内被连放空两次。等他们打电话回公司，公司每次都会花好长时间进行协调，而他们只能躲在绿阴下等待，盼望接到下一个单子。

"搬家不能穿太厚的衣服,一是怕使不上劲,二是搬家会出汗,忽冷忽热容易感冒,出门在外,就怕生病,小病就扛着,大病买药,现在一盒药都十几、二十块,太贵,够家里一周的花销了。"说起自己平时总结出的工作经验,肖春华很是得意。

总干这个也不是个事,年龄越来越大,肖春华开始觉得力不从心,可又能干啥呢?他说,自己睡不着的时候,老想这个。现在找份工作难,找份不拖欠工资的工作更难。

走街串巷"卖炭翁"

采访对象:常江,46 岁,甘肃省甘谷县盘安镇人
人数总量:北京约 2000~3000 人
群体特征:走街串巷卖蜂窝煤
月均收入:800 元左右(今年)

"卖炭翁,伐薪烧炭南山中。满面尘灰烟火色,两鬓苍苍十指黑。卖炭得钱何所营,身上衣裳口中食……"看到常江,不禁让人想到这首诗。连着 3 个月,常江一直这样走街串巷地卖蜂窝煤,因为这份工作的季节性很强,所以他得抓紧时间多卖点,尽管一车煤赚不了几块钱,但积少成多,也可以养家糊口。

"虽然我已经卖了七八年蜂窝煤了,可没攒下多少钱,现在推三轮车卖蜂窝煤的人越来越少了,别人用货运三轮车拉一次,我得骑车运 2~3 趟。"常江说,现在烧蜂窝煤的人家越来越少,他的收入一年不如一年,他的蜂窝煤是自己生产的,所以要比市价低一些,才会有买家,现在大多数北京居民都是向煤厂直接订货,只有理发店、小饭店、杂货店才会光顾他的生意,今年的生意尤为艰难。

"今年的蜂窝煤没涨钱,市价七毛一块,可我要卖就只得卖六毛五,要说质量,那是比七毛的差点,要不然我哪有钱赚,空跑腿的活儿我可不干。"常江说自己的进煤渠道绝对没问题。

说话间,一个卖菜的商贩在菜棚里招呼着他:"煤怎么卖?""6 毛 5,看这煤

的质量,你就放心使吧!"看菜贩有些动心,常江钳着一块蜂窝煤进了屋子,熟练地用钩子把炉眼打开,将里面的蜂窝煤取出,将自己的蜂窝煤放进去,炉火立刻烧得旺了起来,"瞧瞧这质量,烧三四个钟头绝对没问题!""好吧,要400块!放在后面吧!"菜贩将常江向屋后引去。

因为常年从事体力劳动,常江练就了一副好身板,手指关节粗大有力。他有专门的搬煤工具,一块带把儿的木板,把蜂窝煤齐整地放上,一哈腰,双手使劲,以木板一侧紧抵小腹,像小孩子一般高的蜂窝煤抵着胸腹,直至高高仰起的下颌,乍看上去,好像他用下颌与两手就将小山似的煤搬起来,噔、噔、噔往前走,步履稳健。

到了菜贩指定的位置,如何摆放蜂窝煤很有技术含量,外行人即便勉强摆好,那堆煤也摇摇晃晃。常江是摆放蜂窝煤的高手,摆得错落有致,常江说这样要用煤时,只需从外到里依次拿,那堆蜂窝煤会一直稳稳当当的。

离开菜棚,常江说现在市场上的煤有好有差,一般的人看不出来,他却能轻松分辨出来,颜色稍微白点的是质量差点的煤,因为两种煤燃烧的时间差不多,所以一般的买家也看不出来。

常江说自己家穷,许多人出来打工,他也就出来了,没找到别的活,就干起了卖煤生意……过去,生意好时,一个月也能挣千把块钱。"家里没有别的收入,全指望着我这几个钱。"他叹息着,但很快就又笑起来:"什么活都得有人干吧,对不对……"

常江说自己租住的房子也烧煤,他出门上工,妻子在家一般舍不得烧煤,只是等他回来前,妻子做饭时才生炉子,妻子说生一天的炉子能烧了一天的饭钱。妻子有病,常江怕妻子凉着,所以每次进煤的时候总拣点煤渣,可即便这样,妻子也舍不得烧。

跟煤打交道的时间长了,常江的身体也起了变化,他说自己有时会咳嗽,但不严重。"可能是煤灰熏的。"这点小毛病在常江看来,是不用去医院的,他说自己折腾不起,去趟医院没有个三五百的下不来,常江说自己去年冬天发烧5天都没退烧,去医院,光挂个号就花了7块钱,吓得他硬是回家挨着去了。

"我们出去卖煤就怕遇上雨雪天,这煤就怕泡,打湿了就不好卖了。所以车上放着塑料布,雨雪天可以用得上。"常江从车座下取出塑料布披在身上,"天冷的时候还能挡挡风。"

第十章 城市孩子眼中的农村

（2006 年 6 月）

编者按：

今天是六一国际儿童节，是城市孩子和农村孩子共同的节日。由于多方面的原因，城市和农村在生活条件、教育资源等方面客观上还存在着一定的差距，城市孩子和农村孩子在对农村的认识上也各有不同的角度。那么，城市孩子是怎么看农村和农村孩子的呢？我们特刊发本报对北京市区 1050 名中小学生的问卷调查报告，以飨读者。

为了解城市中小学生对"三农"问题的认知度，2006 年 5 月，本报对北京市部分市区小学高年级学生和初中学生进行了一次关于"城市孩子眼中的农村"的问卷调查。在将近 3 周的调查时间里，调查员主要通过在中小学校内或门口随机发放问卷、教师在课堂上集体发放试卷的方式，圆满完成了全部问卷的发放以及有效问卷的回收工作。

本次调查共发放调查问卷 1050 份，收回有效问卷 1015 份，无效问卷 35 份。

在 1015 份有效问卷中，小学四年级 123 人，占 11.12%；五年级 251 人，占 24.73%；六年级 204 人，占 20.1%；初一年级 109 人，占 10.74%；初二年级 232 人，占 22.86%；初三年级 94 人，占 9.26%；2 人未作选择。男生 551 人，占 54.29%；女生 445 人，占 43.84%；还有 19 人未作选择。

经过对数据的统计、分析，显示出有 20% 的城市学生对于农村还很陌生。90% 以上的城市学生认为农村还比较贫穷。90% 的学生认为农村的收入水平不如城市。约七成的学生不愿意到农村长期生活。近九成的学生长大后不愿意当农民。近七成的学生认为农村的学生的学习条件不如自己的好。八成多的学生认为农民"善良、淳朴"，农村学生基本上比自己更快乐。有九成多的城市学生认为农村学生自己去上学，但有约 4.5% 的学生认为农村学生上学由家里人开汽车来接送或坐校车。只有四成的学生觉得城市里可以再多一些农民工。约八成的城市学生对"建设社会主义新农村"基本上不了解。

另外，对于城市学生自身的生活方面进行调查时，数据显示出约 10% 的城市学生的一双鞋价值 500 元以上。近 60% 的城市学生今年春节得到了 500 元以上的压岁钱。四成的城市学生自己拥有 50 本以上的课外读物。七成以上的城市学生自己不洗衣服。他们认为自己面临的最大压力来自学习方面。

调查报告——对北京 1050 名城市中小学生的调查

一、对农村的认识

◆20% 的孩子对农村还是很陌生

◆近七成的学生不愿意到农村长期生活

◆大部分学生都是通过媒体了解和认识农村和农民的

二、对农民的印象

◆在中小学生的心目中,对农民持肯定态度的占绝大多数

◆近九成的学生没有明确表示愿意当农民

三、对农村学生的认识

◆近七成的学生认为农村学生的学习条件不如自己的好

◆城市学生认为80%以上的农村学生的生活是比较快乐的

◆有九成多的城市孩子认为农村孩子能独立上下学

四、对城里农民工的看法

◆城市都是农民工建设的,真感谢他们

◆有些农民工很脏,不讲卫生,不懂礼貌

五、城市孩子的生活状况

◆一双鞋花几百元,这在城市学生中已经很普遍

◆七成以上的城市学生自己不洗衣服

◆城市学生认为自己面临的最大压力是学习

六、其他

◆约八成的城市学生对"建设社会主义新农村"基本不了解

附录一:

城市孩子为什么长大不愿当农民

◆农民户口不实用,城市户口还有低保。

◆农民文化程度不高,生活比较单调,没有多少娱乐活动。

◆当农民太辛苦了,而且那儿的条件也不好,父母长辈都在城市,放着这么好的条件不用,干嘛要去当农民呀!

◆社会在发展,农民会越来越少,谁都想自己好,没有人愿意当农民。

◆不想做重复性的职业,上辈人都是农民身份,我这一辈该混出人样了。

◆因为长大当农民不能在北京考大学。

292

◆我见过爷爷在农村生活的条件,生病了,医疗设施一点也不好,这多么受苦呀!

◆当农民非常辛苦。几乎天天都种地,夏天时再热也得下地干活。

◆因为国家不需要太多的农民,需要的是人才。

◆我们现在应该有理想,只有上不了别的班,才去当农民。

◆农民虽淳朴,但在城里经常受欺负。

◆我想挣点钱来孝敬父母,可当农民不挣钱。

◆他们得早出晚归,想要什么东西可能一辈子也得不到。

◆面朝黄土背朝天,接受讥笑和白眼。不习惯农村的生活,买东西不方便。

◆因为我长大想当律师,为更多的农民服务。

◆农民每天下地,经常跟动物相处。我讨厌动物。

◆不懂科学,不爽。

◆因为当农民天天都得很早起床,不当农民就可以在家看电视。

◆我比较聪明,让我当农民,就是大材小用。

◆不想做有关农业的工作。

◆条件不允许,父母在我的教育上花费那么多,做农民有些浪费资源。

◆当农民没有发展前途。我想当个知识分子,有好前途所以我不愿意当农民。

◆因为农民的生活太苦,而且又臭又脏。城里多好,农村去过几次就够了。

附录二:

城市孩子"最想要的一样东西"

钱（27），一辆山地自行车（3），折叠自行车，一辆遥控车，能升高椅子的自行车，汽车（3），一辆属于自己的跑车，MP3（4），MP4（2），GAME-BAY 游戏机，SP 或 PS2，漂亮的衣服、鞋子、笔、饰物，阿迪、耐克的鞋，一个大型网吧，电脑（34），笔记本电脑（12），好记星，英语学习王，一台英语学习机（2），一个 2000～3000 元的智能手机，德国世界杯门票，遥控飞机，足球（2），篮球（5），乒乓球拍，一个洋娃娃（3），一个滑板，新的旱冰鞋，水晶球，电脑和悠悠球，手表，四驱车，数码照相机，钢琴（2），一套新的文具，一个新铅笔盒，一套画具，一本可以使自己快乐的书，书（15），一本永远读不完的书，一本什么知识都有的万能书，航天飞机，十八般兵器，显微镜，天文望远镜，机器人，一根神奇的笔，帮助学习的机器，一个实验室，周笔畅的签名CD，潘玮柏的亲笔签名和明星照，火影忍者（动漫盘）1~172集，飞往美国的往返机票和一套NBA休斯敦火箭的门票，一间自己的房子，一栋豪华的大房子，一幢中等房子，一个自己的空间（2），一座楼房（2），一条贵宾狗，一只可爱的小松狮狗，农村的土特产（3），农民的劳动成果，薰衣草瓶。智慧（6），他人的信任，勇敢的力量，自由（4），快乐的生活（14），时间（2），健康的身体（2），知识渊博的大脑，父母的理解，知识（12），快乐、平等，平静的生活，全家身体健康，爷爷奶奶有幸福的晚年，父母的爱心，一把能打开智慧宝库的神奇钥匙，幸福（2），自由，父母给自己多一点爱，所有人都开开心心健健康康，一个诚实、善良的朋友，无穷的智慧，自信心，知心朋友，一个快乐幸福的家庭（2），友谊和朋友，妈妈一直都在家里，爱心，能考上大学（2），高分数，录取通知书，好成绩（6），大学文凭，大学毕业证（2），博士毕业证书，数学、语文、英语期末考试得100分的卷子，没人管、有人教。

（括号内数字是人数，未注明的为"1人"）

调查手记

（一）城市孩子反应各有不同

5月初，报社组成一个6人调查小组，两人一组，分别对北京市区的中小学生进行"城市孩子怎样看农村"问卷调查。

我和同组调查员首先去某小学进行调查，到达目的地时，事先联系好的张老师正在上课，我们只能在教室外等候，看着正在上课的小学生，我的心里有些不安，害怕他们太顽皮，理解能力较差，做问卷有一定的困难。想着想着，下课铃声响了,最先出来迎接我们的是学生,这些小学生非常热情,纷纷和我们打招呼:"阿姨好!"看到小学生这么有礼貌,我也和他们打起招呼来,"你们好呀!"这时,张老师从教室里走出来,看到我们和孩子们相处得很好,说:"你们还很有孩子缘嘛!"

上课铃响后,我们开始做问卷调查。老师把问卷发下去,讲明了问卷的做法和注意事项,学生便认真地做了起来,很快就做完了。看着整洁的卷面,工整的字迹,我们不安的心放松了许多。当我们把带来的小礼品发给学生时,他们爱不释手,高兴地说:"谢谢阿姨!"

经过两天的准备,我们来到一所中学进行调查。有了之前的经验,我们对这次的调查多了不少信心。然而当我们走进校内时,情况却没有想象的那么好,没人和我们打招呼。因为事先和这个学校的王老师联系过,我们向过往的学生询问王老师办公室的具体位置,他们好像很有戒备似的,不想说,最后吞吞吐吐地告诉了我们。我们找到王老师,简单聊了几句。上课铃响了,我们跟着王老师进入教室进行问卷调查。卷子还没发完,学生就开始交头接耳,老师讲明了做法及注意事项后,学生们开始做问卷,我们和王老师站在一旁,观察学生的答卷情况。看到学生不时地互相交流,我们以为是问卷题目有什么问题,可学生说他们在商量某道题要怎么回答。见此情况,王老师告诉学生,问卷要独立完成,怎样想就怎样回答。又经过十几分钟,问卷全部收回。当我们把同样的小礼品发给这些学生时,他们没有像小学生那样露出高兴的表情,看了一眼就放进了铅笔盒中。

预定的问卷调查如期完成了,我却产生了新的疑问,到底城市的中学生和小学生有什么差别呢?

(二)城市孩子的一个愿望

要了解城市孩子怎样看农村,就必须深入到中小学校园中去。对于这份差事,我很积极,跟学生打交道应该是有意思的事。

第一个目标是三里河三小,原本以为进入学校是件轻松的事情,却没想到要经过重重关卡。首先是我出现的时间不对,选在了中午时分,这会儿学生都在吃饭,我在门口站了将近1个小时,也没有看见几个人。其次,我对门卫说要进去做调查,却说不出具体要找谁,门卫只能提醒我可能应该找教务处。教务处的老师吃完饭回来,告诉我找德育处。幸亏德育处的老师很和善,允许我在学校发放问卷。

进入教学楼后,一切就简单多了。我在四、五、六年级各找了一个班,很快就完成了近100份问卷的调查。为了感谢学生们配合这项调查工作,我还把准备好的奖品分发给每位答卷的同学,小学生看到漂亮的奖品都很高兴。

因为缺少初三学生的情况,我下一步打算去中学。我抱着试试看的心态来到44中学,学校以学生忙于备考为由拒绝接受调查。我只好另辟蹊径,进入铁道三中。铁道三中的老师很热情,在初三选了4个班供我做调查。有个班上的学生很调皮,当我向大家说明来意后,他立刻站起身来,指着坐在另一排的一名男生说,"问农民,问XXX就好了!"班里一阵哄笑。我看到被指的那个男生红了脸,嘟囔着说"我不是!"那时候我很想说点什么,却一句话也说不出来。答卷的过程其实很顺利,先前那个起哄的男生也认真做了题,当看到"你猜想农民除了种地以外的业余时间都在干什么"时,他又开始笑了,喊着:"问XXX!"这时,我脱口而出:"农民,好!"班上的人都笑了,那个调皮的男生站起来认真地说:"其实我们都是开玩笑的,我们和XXX玩得挺好的!"

因为问卷的数量增大,我又去了中古友谊小学做调查。在六年级的两个班收完问卷后,我突然想起一个问题,就问他们"如果现在能够满足你一个愿望,你最想做的事或最想要的东西是什么?"班上的学生立刻活跃起来。我让他们一个一个说,他们的回答让我诧异。80人中竟然有超过一半的人选择"有更多的钱、能吃好住好",只有一个学生静静地告诉我,他想要快乐。离开学校时,我想起他们回答"要钱"时的表情:笑着、不假思索、脱口而出,自己也笑起来,心里却是说不出来的滋味。

(三)城市人应该了解农村

进入学校,孩子的热情出乎我们的意料,由于年龄段和问卷数量的限制,我们只能挑选其中的几个班级做问卷调查。孩子们争先恐后地领取问卷,有些孩子甚至把自己对农村的看法、想法都写在上面。但是我发现,城市孩子对农村的认识很片面,他们有的认为农村、农民又穷又脏,有的认为农民过着比城市更好的生活,有车有房,而且不用上班。有些孩子根本没有去过农村,只凭自己的想象做出了一份让我们瞠目结舌的答卷,比如"你认为农民工是什么样子?"他在边上写"他们开着车到处跑"。做完了 1 天的调查,我们几个人回去总结时,发现有近70%的孩子只是听说过建设社会主义新农村,10%的孩子根本就不知道什么是建设社会主义新农村,一些快要参加中考的孩子竟然把老师布置的政治题说给我们听,问我们这算不算是建设社会主义新农村。

建设社会主义新农村,首先要了解农村、了解农民,但是很多城市孩子甚至是大人都对农村一知半解。我想,让他们了解为我们"做饭"的农民,给我们做"食堂"的农村,他们将来才会为新农村建设出点力。

(四)年纪越小的孩子越愿意接受调查

我们的奖品是圆珠笔,对此孩子们的反应各有不同。

在铁道一中调查的时候,刚开始我们找的都是男生,他们绝大多数把圆珠笔还给我,说自己不需要。不过女孩子们就比较喜欢这些小礼物,她们为了得到圆珠笔,非常积极地要求填表。当然,女孩子的态度要认真得多,她们甚至会趴在台阶上,用很久的时间做完一份问卷。

在魏公村小学,我遭到了"哄抢"。十多个小男孩、小女孩围住我,伸出手喊:"笔,笔!"我的调查表有 20 张左右被他们抢去,当然圆珠笔也遭遇了同样的命运。不过还好,最后我稳住了自己,也稳住了他们的情绪,完成了调查任务。

我托一位中学生朋友在北大附小做问卷,最后她收回了所有的问卷,还给我10 多支笔,她说,那里的孩子不需要。在万寿寺小学,我改变了方式,先让他们把问卷填完,然后再把笔送给他们,也算是奖励给他们,他们非常高兴地帮我完成了任务。

在调查中,孩子们经常问我:"阿姨,为什么要做这个调查呢?"我说,国家建设新农村,实现共同富裕,听听你们的想法。他们听后常常表现出恍然大悟的样子,然后很严肃地离开。有一次不等我回答,旁边一位小女孩就抢着说,这是国家支持农村的政策,要从宝宝做起!一本正经的样子,逗得周围的同学们哈哈大笑。不过看得出,她们也表示认同。

我们的调查对象是小学高年级学生和初中学生,但是刚开始,我们站在学校门口的时候很难辨认出初中生和高中生。后来就有经验了,发现散漫一些的是高中生,拘谨一些的是初中生。而那些急匆匆往学校赶的肯定是初三或者高三学生,他们一般都会拒绝接受调查。

我们的经验是,年纪越小的孩子越愿意接受调查。在调查中我们会问他们对农村和农民的印象,他们绝大多数会回答很好,不错,从调查表的结果也可以看出这一点。但是也有一位小男孩非常认真地告诉我:“我不喜欢农民工。有一次我在公交车上,旁边一个农民工跟我搭讪,我不理他,但是他还是滔滔不绝问我是哪个学校的,几年级,功课怎么样等等。我烦透了,赶快下车了。以后看见他们我就跑得远远的。”

他们在填写调查表的时候,看到“你对城市中农民工的印象”时,第一反应大都是不喜欢。但是在看到选项后面的原因之后,他们绝大多数会改成“他们为城市建设做贡献,我们应该感谢他们”或者“他们为了一家人的生活来到城市,很伟大”。所以,我觉得孩子们非常善良。

(五)调查改变了我对孩子的看法

新的调查项目下来了,这次的内容是调查“城市孩子怎样看农村”。刚接到这个题目,我就有些怵头,我一向不太喜欢小孩,更不善于和小孩打交道,可是这回还偏偏要跟小孩打交道。

最近一段时间,我们6名调查员通过各种途径发放问卷,有时在大街上或校门口让学生做问卷,有时通过朋友进入中小学去做问卷。

因为单位附近有好几所中小学,我和同组的调查员决定中午去单位附近的肯德基餐厅碰碰运气。果然,我们遇到了两个女中学生。我们说明来意,她们答应接受我们的调查。正当她俩在那里静静地做题时,突然,其中那个高个子女生“哎呦”叫了一声,“你愿意当农民吗?”她自言自语:“可别,地里有大虫子,我害怕!”听到她的话,我和同组的调查员对视了一眼,哈哈大笑起来。

去丰台区太平桥三小做调查时,正赶上那所小学下午第一节课下课,因为同组的调查员和他们班的老师认识,我们就在走廊里向那位老师讲述具体要求。这时,部分下了课的学生从教室出来,无论男生还是女生,几乎每一个经过我们面前的学生,都要抬头看着我们喊声:“阿姨好!”或者“客人好!”孩子们的笑脸真诚又可爱。

　　在西城区的三里河小学做问卷调查时,遇到了小小的问题。即便是午休的时间,也有老师在校门口把守,根本不让陌生人在附近停留,当夹了一大摞卷子的我正在犹豫该怎么跟校门口的老师解释时,刚才做过一份问卷的小姑娘向我走过来,"我就是这个学校的,我们学校管得可严了,您是进不去的,只能等我们下午放学,三年级以下的是4点放学,三年级以上得5点放学。"我不认识她,可是她却让我感动了。

　　我有一个朋友在朝阳区某小学当班主任,当她得知我们要做一个关于城市学生的调查时,很热心地帮助我,说能做3个班级的问卷,让我在下午4点半放学前到达学校。由于路程太远,还跑了冤枉路,我中午1点出发,下午4点50才到她们学校。当我拿着问卷走进教室时,发现不仅她们班的学生一个没走,就连其他两个班的学生也一个都没走,学生们都端端正正地把手放在桌子上,等着我们发问卷。

　　对我而言,这次的调查由于对象年龄小,难于以往的任何调查,可就是在这次调查后,我对此次调查对象的看法有了改变。

第十一章　农村孩子眼中的城市

（2007 年 1 月）

城市离我们有多远

为了解农村孩子对城市的认知程度,2006 年 10 月,经济日报农村版与渤海大学新闻与传播学院联合对辽宁部分地区的农村小学高年级学生和初中学生进行了一次关于"农村孩子眼中的城市"的问卷调查。在近 4 周的调查时间里,调查员主要通过在中小学校内或门口随机发放问卷、教师在课堂上集体发放问卷等方式,完成了全部问卷的发放以及回收工作。

本次调查共发放调查问卷 800 份,问卷全部回收,其中有效问卷 748 份,无效问卷 52 份。在 748 份有效问卷中,小学四年级学生 116 人,占 15.51%;五年级 127 人,占 16.98%;六年级 116 人,占 15.51%;初中一年级 119 人,占 15.91%;初中二年级 102 人,占 13.64%;初中三年级 158 人,占 21.12%;10 人未对其所在年级作出选择。男生 331 人,占 44.25%;女生 403 人,占 53.88%;还有 14 人未选择自己所属性别,占 1.87%。

经过对数据的统计、分析,显示出有 22.86% 的农村孩子对城市还是很陌生的。66.18% 的农村孩子认为城里人生活富裕。大部分农村孩子认为多数城里人淳朴善良、见过世面并很有学问。56.02% 的农村孩子愿意去城市长期生活。多数农村孩子希望加强与城市人的沟通和交往。有 76.34% 的农村孩子认为城市里的学生们生活比较快乐。有 33.02% 的农村孩子认为城市中小学生是由家长接送上下学的。约五成的农村孩子认为城里学生每月的零花钱超过 100 元,最高超过 500 元。八成以上的农村孩子觉得城市学校的学习条件比农村的好。约四成的农村孩子不赞同去城市打工,认为"外出打工不如在家种地、只能做体力活、城里人总是瞧不起农民、没人照顾家里人"。75.94% 的农村孩子表示长大后不愿当农民。33.02% 的农村孩子表示仅仅听说过"建设社会主义新农村"。8.69% 的农村孩子不知道"希望工程"。

另外,对农村孩子自身生活方面进行调查时,数据显示出约 71.12% 的孩子穿的鞋价格在 100 元以下。近 73.93% 的农村孩子 2006 年春节得到的压岁钱在 500 元以下;压岁钱在 500 元以上的为 10.15%;约 5% 的孩子没有压岁钱。78.07% 的农村孩子课外读物不多于 10 本。51.47% 的农村孩子衣服是由父母洗的。农村孩子认为自己面临的最大压力来自学习方面。大多数农村孩子把学习看得非常重,认为学习成绩好是好学生的重要标志。

调查报告——对辽宁部分地区农村中小学生的调查

一、关于城市

◆66.18% 的孩子认为城里人生活富裕

◆56.02% 的孩子愿意去城市长期生活

◆大部分孩子是通过媒体了解和认识城市的

二、关于城市居民

◆在农村中小学生的心目中,大多数城里人是淳朴善良和见过世面很有学

问的

◆过半数的孩子认为城市一家人一年的收入比自己家的多

◆农村孩子希望加强与城市人的沟通和交往

三、关于城市学生

◆八成以上的农村孩子觉得城市学校的学习条件比农村的好

◆约五成的农村孩子认为城里学生每月的零花钱在100元以上,最高超过500元

◆一半以上的农村孩子认为城市里的孩子们生活快乐

四、关于城里的农民工

◆约六成的农村孩子赞同身边的人去城里打工,认为这样可以赚更多的钱养家

五、关于农村孩子的生活

◆七成多的孩子穿的鞋都在100元以下

◆近八成的孩子课外读物不多于10本

◆75.94%的孩子表示长大后不愿意当农民

六、其他

◆约三成的农村孩子表示仅仅听说过"建设社会主义新农村"这个词语

◆约一成的农村孩子不知道"希望工程"是怎么回事

调查花絮

农村孩子长大为什么不愿意当农民

◆当农民太累、太脏,每天风吹日晒的。

◆当农民没前途,不能发展。

◆太土了!

◆对身体极为"残害"!

302

◆没出息,我还要考大学呢!

◆没意思,太枯燥了。

◆别人上大学,我在家里当农民?

◆我希望掌握更多的知识。

◆父母说"不好",我得尊重他们。

◆受人歧视,我讨厌被人瞧不起。

◆我的理想是当宇航员。

◆我不想在地里过一辈子。

◆我想去外面的世界,感受城市的精彩与热闹。

◆不爽……

◆没书读。

◆无追求,无理想。

◆父母为我付出的太多我应报答他们。

◆因为我不乐意干活,就这么简单。

◆我想用脑子赚钱。

◆生活单一,而且很疲惫,很难有机会了解外面的世界。

◆当农民不能出去旅游。

◆我想成为有钱人,可做农民不赚钱呀!

◆当农民什么意思也没有,当城里人多讲究啊!

◆农业技术目前比较落后,仍然是传统农业,农民很辛苦。

◆我要做更多大事情,出去闯闯。

◆因为农民在城市里得不到更多的关心和关爱。

◆城里人吃的好。

◆"我是农民的儿子",所以我输在了"起点",我不能让我的下一代再在"起点"上落后,而且我希望长大后能为慈善事业做贡献。如果是农民,自己都顾不过来,何谈"慈善"。

◆学习好的话,可以选择其他工作,在我心目中的农民只能下田种地。

农村孩子"最想要的一样东西"

一辆崭新的自行车/爱心/知识/手机/钱/权利/假期/快乐/一个真心朋友/

英语复读机/电脑/书(《四大名著》、《百科全书》)/各式各样的玩具/住进城里，变成城里户口/能力/电子词典/新书包/漂亮的文具盒/巧克力/到城市里念书/电视机/好成绩/一座很有创意的别墅/足球/VCD/MP3/手表/让我国的人都富起来/手扶拖拉机/钻戒/钢琴/奖学金/考上好大学/飞机/奥运会入场券/减肥器材/汽车/当经理/好的工作/漂亮衣服/考试题答案/微软的股权/轮滑/猪/水粉箱/幸福快乐的生活/保密/还没想好

你觉得自己和城市的孩子相比最大的不同是什么？

他们比我有志向/他们吃得好、穿得好、玩得好/没有他们有自信/我的适应能力比他们强/"城市孩子"的笔画比"农村孩子"多/我比较漂亮/我比他们强壮/我们勤劳活泼、爱劳动/他们学习、生活条件好/说话口音/城市里的孩子娇生惯养/我们比他们懂得珍惜/我们的见识没他们多/我们没有外教/各方面/城里孩子乱花钱/家庭背景不一样/我智商比较高

调查手记

（一）农村的教子观念可否变变？

我的调查对象是一个小学三年级的学生，她很热情地接受了我的调查。

"我听打工回来的叔叔说城里可漂亮了，我妈也说做城里人有出息，我真的想去城市。"去城里念大学，在城市工作，成为她努力学习的目标。

城市比农村强得多，去城里生活就有出息，这是大多数农村孩子的想法，也是大多数农民家长的教子理念。念书考学成为了去城里发展的一条捷径。

"许多孩子念完大学就直接留城里了，哪还有几个愿意回来务农的。"辽宁省锦州市新站村支书孔庆元说。在这个村子里，人才外流现象严重，留下务农的，大部分是学历不高的农民。在参观新站村的主导产业——棚果时，果农蔡景瑞说："在刚要建水果大棚时，村里没有懂这项技术的人。后来，没办法，只好由村里出钱，领我们去辽南熊岳等地参观学习。"听到这句话时，我不禁想，如果这个村子留住了自己的人才，自主创业，又何必浪费钱去外地取经呢？

建设社会主义新农村,靠的主要是科技,而科技水平的高低又直接取决于人才。一个村子培养一个大学生不容易,而这些大学生又为什么在学完知识后宁可留在城里打工,也不愿回到乡下创业呢?这其中不乏有个人原因,但更多的是因为他们受到了"农村人没有城里人有出息"这一传统观念的影响。

电视剧《乡村爱情》中有这样一个情节——男主人公谢永强在大学毕业后回乡创业,开垦荒山种果树,却遭到了乡亲们的鄙视,认为他窝囊,白念了个大学,连个城里工作都没混上。他的父亲也不理解他,为儿子的这种做法感到惭愧。最终迫于压力,谢永强只好又回到县城里去考公务员,而这时乡亲们都夸他有出息。

我真为这个村子的人感到可惜,因为他们放走了一个带领他们致富的"财神"。

农村真的就不如城市好吗?农村人的收入一定就比城市人的收入低吗?我认为不见得,要知道,美国、加拿大等发达国家农业人口的收入就比较高。所以说,只要加强科技投入,因地制宜地发展农业,农村的发展前景是无限的。

建设社会主义新农村,农民家长的教子观念应该改变了,可否告诉孩子:"孩子,你去城里念完大学后,要带着技术回来建设家乡呀,要知道我们农村并不比城里差。"只有将这种观念从小就灌输给孩子,我们的农村人才才不会外流,农村的建设才会后继有人。

(二)那份真诚,叫你感动

带着些许期待,怀着点滴不安,我坐在去往辽宁省锦州市新站村的车上。不知道那里的孩子对于我的这份关于"农村孩子眼里的城市"的社会调查会产生怎样的想法,不知道在他们心里、眼里会勾画出一个怎样的城市。

一下车,我就急匆匆地寻找,忘记了注意这个新站村。就在我四处张望时,一个小男孩迎面走来,我快步上前,热情地跟他打招呼。他似乎有些紧张,两只手不知所措地寻找着它们似乎应该放的地方。一个四年级的孩子正是我所要调查的对象,我试着问他是否愿意。他的回答给了我信心。"可以啊!"那响亮而有力的声音,仿佛让冬季干枯的一切都充满了生机与活力。那真诚的目光,让你不得不感动。

在他眼里,城市是个神圣的地方,有机会他想去,城市的交通发达,城市的孩子学习好。看着他认真地填写着这份很长,但对他来说很重要的问卷,冻得通红的小手,嘟着的小嘴,思考的神态,有些困惑的表情,让你不得不感动。他身边的一个40多岁的中年妇女的一句话"你可要好好帮着写呀!"多么朴实真诚的一句话啊,让你的心一下子暖和起来。

还有一个五年级的小女孩,当我让她做问卷时,她很快就答应了。在我紧一紧脖子上的围巾时,她趴在了一块平坦的台阶上,认真地填写起来,我的鼻子一酸。天气的寒冷、台阶的冰冷,并没有挡住她的真诚与热情。

这样真诚的画面,我不是第一次见到。也是同样的问卷,五一节回家,在朝阳西沟村里,我也被感动了。那天中午的太阳叫你有了夏天的燥热感,一个小男孩趴在墙头一笔一画地填写着,描绘着他眼中的城市,一滴汗滴在了那张问卷上。14岁,即将去城里念书的小女孩像完成一份神圣的职责一样,坐在桌前认真地写上了她最想要的一样东西——"学习成绩"。那时,我有一份感动,叫真诚。

没有过多的语言,只是用心真诚地填写,勾画出他们眼中美好的城市生活。便利的交通,优美的环境,良好的学习环境,善良、有学问的城里人,丰富多彩的生活,这是他们眼中的城市,那个让他们向往的地方。

城市里的人们你要更加努力,少一些尔虞我诈,多一些谦让友善;少一些虚假冷漠,多一些真诚关心。保持纯洁、善良、朴实真诚的农村孩子心里的那片"净土",也让他们通过自己的努力学习,在这片净土上幸福的生活。让我们共同努力构建和谐大家庭。

(三)城市:七色的梦想

一张张天真的笑脸,一串串银铃般的笑声,一双双认真而略带期盼的目光。有的倚在的石阶上,有的靠在树边,还有的以同伴的肩膀为垫板。

在作问卷调查的过程中,我还遇到这样一个女孩,她在做调查问卷时一直很认真,一笔一画地写着,有时还皱皱眉,思考一下,似乎完全忘记了自己身在寒冷中。她做完问卷后,十分认真地看着我,问:"姐姐,城市是不是到处都是高楼大厦,又大又好啊?"看着她那期待的眼神,我肯定地回答了她:"嗯,是的,城市很美,等你长大了也来到城市工作、生活,好吗?"

小女孩高兴地点头,她还告诉了我她的名字,并且还问了我的名字。我很郑重地告诉了她我的名字,因为我知道,这对她来说,不仅是尊重,更是希望。

调查结束后,我们发现,农村孩子的心底已经镶嵌了太多关于城市的希望和梦想,他们大多期盼可以到城里发展,希望成为城市人,甚至希望能够把自己的根扎在城市。

也许城市并没有他们想象中那样美丽,也许他们的憧憬过于单纯,但是,我希望他们的愿望能一直延续下去,不要破碎,因为这是那些孩子单纯而美丽的愿望,我们能做到的也许只能是让它们继续生长并延续。

(四)在同一片蓝天下

为了进行"农村孩子眼里的城市"的调查,我拿着问卷来到了辽宁阜新蒙古族自治县大固本平安地村。刚进村口就看到一群孩子们正在金黄的麦田里开心地玩闹、奔跑。我上前说明来意,他们听后显得很拘谨,不好意思地笑了,相互打闹着掩饰各自的紧张心情。简单介绍之后,他们愉快地答应帮忙,纷纷取笔填写问卷。

虽然他们的衣服有些脏,皮肤黝黑还有点粗糙,头发被风吹得有点凌乱,但是,我在他们的脸上看到了淳朴,来自内心的真诚与善良。

当问卷返回到我的手上,我仔细阅读、品味他们生活的欢乐与苦恼,一阵阵酸楚涌上心头。原来,在他们的眼中,城里的孩子都会坐汽车上学,每月有足够的零用钱,玩的是电脑等高科技产品,早餐吃的是牛奶和面包。而他们自己,脚上穿的是几元钱的鞋,拥有很少的课外读物。他们不愿再过面朝黄土背朝天的生活,他们不知道外出打工的辛苦。

但是他们依然快乐,永远有数不尽的游戏花样,夏天在山林里掏鸟蛋、打鸽子,冬天在小河上滑冰车、打雪仗。

他们善良,尽管不知道"如果你到城里去,你觉得城里人会怎样对待你",但还是会"愿意和城市的孩子交朋友"。

他们羡慕城市的孩子有良好的学习环境和成长空间,但是也同情、理解他们的学习压力与苦恼,因为,无论生活在哪里,全世界的孩子都是一家,都有对美好未来的憧憬与向往,都成长在一片同样蔚蓝的天空下!

(五)城市:谁在为你痴狂

沈阳市大二环附近的一些地方,聚集了很多来沈阳打工的农民,当然,还有他们的孩子们。如果说要调查"农村孩子眼里的城市",那我认为他们是最有发言权的,因为他们是离城市最近的农村孩子。

在去那里之前,我曾做过一些心理准备,因为曾在电视上看过一些相关报道,但是当我真真切切地踏上这片土地,实实在在地面对这个群体时,我的心灵依然受到了很大的震撼:他们居住的地方都是不足十平方米的简易房,里面一个炕就占据了大半个空间,黑糊糊的锅碗等餐具都堆在角落的炉台上。而门口则堆放着大堆大堆的垃圾,有几个妇女带着一群孩子在对垃圾进行分类,这些孩子们的年龄在几岁到十几岁不等,于是我决定把他们作为我问卷调查的对象。

当调查到他们是否愿意在城市长期居住时,他们所有人都表示愿意。我对他们的答案感到很惊讶,因为我实在无法理解他们为什么在这样艰苦地生活,却仍渴望留在这里。当我表示自己的疑问时,他们的回答也同样使我惊讶,有几个小一点的孩子说:"城市吃得好。"而几个稍大一点的孩子则表示:他们不愿意留在农村,因为留在农村就注定要过一辈子那种"面朝黄土背朝天"的生活,他们希望能在城市里好好发展,打工赚钱,将来也做个城市人。他们说已经出来了,就没脸再空手回去了,除非赚了大钱,回去脸上才有光。

据了解,他们中有几个孩子已经在上学,但是学费都很高,而几个十六七岁的孩子已经在打工了。他们穿的都很破旧,大部分都是捡来的。他们也有自己的娱乐生活,偶尔也会上网、玩游戏。但是他们普遍觉得自己还不是城市人,还不属于这个城市。当我问到他们眼中的城市是什么样子的时候,他们有的说城市里有高楼大厦;有的说城市里车水马龙;还有的说城市里有大轿车、漂亮的学校、美丽的衣服、还有牛奶面包。

我不知道自己究竟是怀着怎样一种心情结束这次调查的,我无法用具体的数字来描述这次调查报告的结论,也无法用具体的语言来形容自己的感受。他们就真真切切地生活在这座城市里,他们每天接触着城市里的人和事,他们用自己的双手改变和建设着这座城市。但是,他们真的了解这座城市吗? 他们的生活条件如此恶劣,但他们眼中的城市又是如此的美丽。他们为何对城市如此憧憬?他们为何一定要留在城市?他们的未来会怎样?也许连他们自己也弄不清楚。

(六)感 言

结束了一次调查,却在心中留下了许多:第一次与这么多农村孩子面对面地交流,第一次认真解读他们的内心世界,第一次感觉到自己生活在城市中是多么的幸福。他们是一群向往城市的孩子,他们是一群渴望被城市人接受的孩子,他们是一群不愿再面朝黄土背朝天的孩子。为此,他们正在努力,无论结局怎样,作为一个在城市中生长的孩子,我都真诚地祝福他们,能拥有属于自己的一片天。

短短的调查过程,给我带来了太多的思索:城市到底是个什么概念?它在现代社会中的作用还是那么美丽吗?环境问题怎么解决?而我们的孩子又知道了什么?城市人眼里所推崇的美丽世界在农村孩子眼里就只能用个"脏"字形容?城市人的冷漠,伴随着钢筋水泥而渐渐冷淡的人性又给孩子们带来了什么?我在想,我们是不是也应该给城市孩子做个调查呢?看看他们眼里的农村是什么样子。

城市在农村孩子们的眼中很美好,犹如海市蜃楼。他们期待、憧憬,却不知如何去面对理想中快乐、又享受的生活。城里的孩子在他们眼里是幸福的(物质上),但是城市的孩子负担都比较重。

他们都不愿意当农民,苦、累已在他们心中深深扎根。孩子们的想法很纯真,一张张好奇而又紧张的脸透露着善良。

"姐姐,这卷纸答好了有奖吗?"

"姐姐,我学习不好行吗?"

天真的、憨憨的问话让我感动,我小心翼翼地回答着,生怕将这份纯真打折。

当我准备离开时,周围弥漫着眷恋。

"再见,孩子们。"

"再见,姐姐。"

第十二章 农村留守儿童生活状况调查

（2007 年 9 月）

调查报告——对辽宁部分地区农村 中小学留守儿童的调查

随着我国经济的发展，农村青壮年富余劳动力输出逐年增多，由此带来一个亟待关注的社会问题——很多农村孩子成为没有父母照料的"留守儿童"。这些孩子大多处在身体和心理快速发育的童年和青春期，因为得不到父母的悉心照料，产生了不少引人深思的问题。为了深入剖析"留守儿童"现象，探讨解决问题的有效途径，今年 5 月，中国县域经济报社与渤海大学新闻与传播学院共同对辽宁部分地区的农村中小学生进行了一次关于"农村留守儿童状况"的问卷调查。

本次调查共发放调查问卷 1000 份，收回有效问卷（即被调查对象为留守儿童）525 份，无效问卷 475 份。在 525 位答卷者中，298 名为男生，占被调查总人数的 56.76%;女生有 216 名,占被调查总人数的 41.14%;另外有 11 名答卷者没有填写自己的性别。小学生共 309 人,占有效问卷的 58.86%;中学生 207 名,占 39.43%;另外,9 人未在问卷上填写自己所属的年级。

经过对数据的统计、分析,结果显示在被调查的 525 人中,有 313 人的父母的双方都在外打工。有 65.33% 的留守儿童的父母是一年甚至一年以上才回家一次;有将近七成的留守儿童希望父母能回到自己的身边,和自己在一起;有 64.57% 的留守儿童明确表示由于父母不在身边,自己的学习受到了影响;留守儿童中有 50.28% 要在休息日或者是假期里承担起帮助家里做家务活和农活的责任;将近七成的留守儿童不认为自己有"很多"的朋友;有接近一半的孩子最想感谢的不是自己的父母,而是天天照顾着自己的人。

采访札记

(一)让留守孩子得到更好的照顾

在沈阳,经常可以看见一起来打工的夫妻。他们每天辛勤劳作,付出了太多,然而,在他们的背后,还有那些付出成长代价的孩子们。

这次关于留守儿童的调查问卷,让我了解很多不知道的事实,也给我带来了很大的震撼,那些父母都出去打工的孩子一方面学会了独立,学会了自己照顾自己,更有 45.33% 的孩子经常帮助家人做家务;但另一方面,这些孩子也经受着与他们年龄不符的艰辛。

家长不在孩子身边,给孩子带来的不仅仅是生活上的不方便,还有思想上的影响和变化。由于孩子与父母见面交流的机会较少,许多孩子性格内向,甚至有了自闭的倾向。虽然他们在生活上、学习上遇到困难,仍然倾向于向父母倾诉,遇到困难时首先给父母打电话。但是大多数孩子认为父母出去打工对自己是不利的。

农民工越来越多,是城市化进程加快的必然结果。无论是为了基本的生计,还是为了生活得更好,进城打工都是不少农民的选择。问题是,在这样的情况下,我们怎样让留守孩子得到更好的照顾。

在笔者看来,主要就是以下几个方面:从政府角度看,应该从教育的角度加大投入,也可以动员社会力量经常举办一些活动,帮助留守儿童融入社会、融入生活;打工的父母也应该多和孩子们沟通,对孩子多一些关怀,这关怀应该不只是物质上的,精神上的也同样重要;孩子自己,也应该多与父母沟通,倾诉自己学习、生活上遇到的问题。

(二)我是留守儿童

"我爱我的家、弟弟爸爸妈妈,爱是不吵架,常常陪我玩耍……"这首歌不知在小明明心中反复唱了几百遍,几千遍。一声轻轻的呼唤——爸爸妈妈,一个小小的心愿——我想和你们在一起。让你不得不抬起头,去关注山那边的一个小村庄里的无数双眼睛,他们将爱凝结成了对父母深深的思念,他们有一个共同的名字——留守儿童。

小芳芳拥有着一个漂亮的小纸盒,那是她用一个药盒糊成的,在我们眼里它可能很简陋,可它却是小芳芳最宝贝的东西,因为那上面贴有她和已经一年多没见面的爸爸妈妈的照片,盒子里装的也是妈妈给小芳芳的信和小芳芳画的爸爸妈妈。左边是妈妈,右边是爸爸,扎着小辫子的芳芳和爸爸妈妈牵着手,开心地笑着。这样简单的画面,在小芳芳心里却是一个梦,一个憧憬。"爸爸、妈妈,请你们回来看看芳芳吧,芳芳很想你们,芳芳很听话。"夕阳下,一个8岁的小女孩不知站在门口哽咽着说过多少遍。

今天,小萍萍很高兴,因为外出打工的妈妈来学校接她了。仅仅是那么一瞬间的拥抱,却饱含着母女间无限的相思。

善待你们身边的农民工吧,多给他们些帮助,让远方的孩子对父母少些牵挂,多些灿烂的笑容;关爱那些孩子们吧,多给他们些关爱,让远方的父母少些眼泪,多些舒心的微笑。

(三)留守子女也担心着他们的父母

随着社会经济的发展和城市化进程的加快,农村富余劳动力向城市流动已成为必然趋势,与此同时,留守儿童问题也日渐引起人们的关注。

农民的外出打工对留守子女的影响是深刻的。外出打工改变了"父母教育为仅次于学校教育的第二教育"的传统方式,带来了许多新的问题。比如"父母与子女关系的疏远""子女觉得缺少爱""他人照顾或自己生活带来的教育缺陷"等等。这些问题,专家学者都曾作过深入的研究,笔者想说的,是一个以前没有想到过的问题——留守子女对父母的担心。

"打工的地方没有自己的房子,环境又不熟悉,也不知道他们过得好不好。要是有个事,连个能帮忙的亲戚都没有。"刚上初二的高峰在闲聊时说。高峰的父亲已经在沈阳打工4年了,母亲也已经去了两年。虽然沈阳离绥中仅需坐四五个小时的火车,高峰的父母也只是每年回来两次。高峰说:"有时候,电视里要是说沈阳出了点什么事,我就害怕,就赶紧给他们打电话,我奶奶还总说我犯神经呢。"其实,这并不是个别现象,在525份调查问卷中问及"你是否担心父母在外打工会出事"时选择"不担心"的仅占22.10%。

(四)留守儿童:路在何方

随着农村产业结构的调整,大批农村劳动力外出务工,一方面增加了农民收入,促进了城市的发展;另一方面大多数外出务工人员把孩子留在家乡,出现了大批"留守儿童"。这些孩子在成长过程中,亲情缺失,家庭教育缺乏,虽然大部分儿童也在其他监护人的监护下成长,但是弊端已经显露无遗,其中存在的问题需要全社会一起关注。

留守儿童这个群体存在的问题,是我国经济社会发展中出现的一个新问题。应该引起各级政府的高度重视,并采取切实措施予以逐步解决。笔者认为,解决留守儿童的问题,需要国家有关部门制定相关政策法规,进一步提高进城务工农民的待遇,使农民工逐步具备带上子女进城的能力,以解决父母和子女分离的问题。

另一方面,我们应该加大对留守儿童的教育投入,进一步改善农村学校教育条件,增加对农村基础教育的投入。同时创造良好的寄宿条件,建立和完善对寄宿学习的留守儿童的管理机制,加强师资力量,提高管理、教育水平。

在现阶段,留守儿童问题无法从源头上解决时,我们更应该关注留守儿童的心理健康,他们缺少亲情关怀和精神关爱,他们的成功与喜悦需要有人分享、鼓励,他们的烦恼和痛苦需要排解、发泄,需要有人倾听、安慰。加强留守儿童的心理健康,需要对表现特殊的孩子进行心理测试与心理疏导,对遭遇挫折和痛苦的孩子,及时给予心理安慰。

（五）留守孩子,进城的路有多远

在沈阳有这样一个地方,这里没有高楼大厦,没有车水马龙,有的只是低矮的简易房。下雨的时候,这里很难行走,因为遍地都是淤泥。在这里居住的,都是来沈阳打工的农民工。

大多数农民工的生活是清苦的,日出而作,日落而息,几乎没有什么娱乐项目,甚至没有电视机。他们用的东西,穿的衣服,甚至吃的食物,几乎都是拣来的。因为生活艰苦,很多农民工会把孩子留在家里,但也有农民工愿意把孩子带到城市里来,特别是夫妻都在城市打工的。因为农民工本身文化不高,而且外来孩子在城市上学的学费不低,所以大多随着父母进城的孩子,很难得到正常的教育。不上学的时候,这些孩子只能在属于他们的角落玩耍。但无论怎样,他们都希望自己可以成为这个城市的一分子。

（六）烂漫的季节　酸楚的童年

由于父母常年在外打工,留守儿童正经历着和其他同龄人不同的困境,这些往往被许多成年人甚至留守儿童的父母所忽视。

亲情的缺失影响了留守儿童身心的健康发展,造成一定程度性格缺陷和心理障碍。留守儿童强烈渴望与亲人的情感交流,但是父母难以企及,因而大多数留守儿童变得性格内向,不善于交流,也不大愿意寻求帮助。

家庭教育的缺失,让留守儿童很难形成好的生活习惯。家庭教育对孩子有着直接、持久和潜移默化的作用,而由于种种原因,留守儿童的家庭教育几乎是空白。缺乏及时有效的约束管教,部分留守儿童出现行为偏差,甚至出现违法犯罪行为。

与此同时,由于父母疏于照顾,临时监护人又因种种原因无法认真行使监护权,导致留守儿童患病不能及时医治和受到意外伤害的事件时有发生。

　　"留守儿童"已经成了一个很严重的社会问题。需要家庭、学校、社会各方面的努力。父母要转换观念,重视孩子的全面健康发展。尽可能和孩子密切联系和沟通,有条件的可把孩子接到打工地上学,为孩子的健康成长创造条件;学校要发挥自身优势,掌握孩子的思想变化,给予他们特殊的关爱。

第十三章　农村报刊市场调查

（2007 年 11 月—12 月）

"三农"报刊发展现状的调查与分析

（一）调查简介

为了全面了解我国以服务"三农"为宗旨的报刊的总体发展状况，总结发展经验、梳理主要问题、研究解决对策，探讨国家支持农村报刊发展的相关政策的可行性，2006 年下半年，由新闻出版总署报刊司、中国县域经济报（原经济日报农村版）共同组织了一次农村类报纸期刊现状调查。调查由新闻出版总署报刊司指导，中国县域经济报具体实施，此项调查对全国农村类报纸和期刊的现状进行了深入调查，具体分析了农村类报刊的发展成就、生存现状和面临的主要问题并提出了相应的对策建议。

此次调查得到了全国农村类报刊的积极响应和大力支持，除确实无法找到其联系方式的 1 家报社和 101 家杂志社外，问卷全部发放到每一个报社和杂志社。其中,发放"'三农'报刊现状调查(报纸)"60份,回收32份,收回的问卷全部有效,回收率为53.33%;发放"'三农'报刊现状调查(期刊)"404份,收回问卷99份,收回的问卷全部有效,回收率为24.5%。

(二)"三农"报刊发展困难重重

1. 三农类报刊的发展与我国报业发展整体状况不相适应

据《全国农村报刊现状调查与对策研究》课题统计,目前我国"三农"类报纸,包括综合和专业类,共61种,仅占全国报纸的3.17%。如果仅是农村报、农民报,共17种,占全国比重不到1%。这一数字与农民占全国人口70%—80%相比,差距甚大。2005年全国农村类报纸有1/3亏损,最高的亏损将近300万元;有1/3赢利,最低的赢利几千元,最高赢利200万元,还有1/3基本持平,这和都市类报纸杂志动辄创收过亿无法相提并论。

虽然与改革开放前相比,农村类报刊有了较大的发展,加之在建设社会主义新农村的大背景下,"三农"报刊更是迎来了巨大的发展机遇。但因受众经济能力有限,发展资金、扶持政策不足,发行渠道不畅、广告额少等因素影响,三农类报刊发展面临着严峻的挑战,"三农"报刊的发展与我国报业发展整体状况不相适应。

2. 报刊质量不高、缺乏农民喜闻乐见的内容

目前我国"三农"报刊的主要内容、版面设置、栏目安排过于单一、版式过于传统,时效性和信息量跟不上发展要求,总体给人感觉有些"土气",各报形式过于雷同,互相效仿过多,独辟蹊径不足,缺乏深入农村,贴近农民的报道,农村需要的信息不能及时发布,这种低质量的报刊很难得到农民的喜爱。这种情况同时造成报纸内容与发行对象需求相脱节,导致发行量下降,办报办刊成本大幅度上升。

3. 发行问题已经成为制约"三农"报刊发展的瓶颈

第一,邮路不畅。现存发行方式主要依靠邮局发行,凭借发行网络广、末梢投递能力较强的特点,邮发方式成为大部分涉农报刊普遍采用的发行方式。但受读者群地域分布影响,"三农"报刊发行状况不容乐观,三农类报刊基本的受

众群集中在农村,由于多方面原因,导致邮路不畅,邮局不能及时、准确将报纸投递到户,影响了报刊的发行。据多家"三农"报刊反映,目前,农村报刊投递不到位,已成为农村类报刊发展壮大的一大瓶颈。一方面,由于邮政投递网络不畅,投递质量差,严重制约了农村报刊的发行量;另一方面,农民不能及时看到报刊,直接或者间接制约了农民订阅报刊的积极性。一些地方只投递到村,不能到户;有些地方不能按时投递。

第二,发行费率过高。调查数据显示,对定价较低的三农报刊来说,较为繁重的印刷费用和较高的邮发费率大大增加了报刊发行成本。再加上新闻纸和油墨费用的上涨,使得三农报刊发行得越多赔得越多。与此同时,党报党刊却可享受优惠的发行费率。

第三,报款结算不合理。目前,若读者订阅一年的报刊,一般情况下邮局会一次性收取一年的报刊款,但返还报社报刊款时却是按月进行,这显然不利于报社的资金运转。

第四,发行手段有待改进。虽然三农类报刊定价较低,发行几乎亏损,但报刊社还是采用多种手段完成发行任务。其中存在不少有待解决的问题。例如有些报刊力图依靠党报或借助行政手段发行,但是效果甚微,依靠通联网络发行不稳定,鼓励吸引有关单位和个人出资赠报很难形成长效机制,这种现状迫使有些农村报刊通过与邮局拉关系的方式进行发行,经济压力进一步凸显。

4. 广告源稀少、经营困难

传统纸质媒体因受其速度慢、欠生动等因素制约正逐渐被电视、网络等媒体所冲击。广告商家也认识到这一点,开始集中精力将发展重心转到了新兴媒体上,导致广告不足,特别是品牌广告不足。受广告客户规模、资金实力所限,"三农"报刊广告投入不多,额度也小。此次调查显示,2005 年,"三农"报纸刊发广告占总版数的比率最少为 2.5%,最多的为 45%,平均为 15.75%。杂志广告占版率(广告占总页数比率)中最少的为 0.5%,最多的 80%,平均为 14.06%。

5. 人员素质不高、待遇低下

目前,由于"三农"报刊投入少,收入低,经营状况堪忧,因此出现了人员待遇低,并且无法吸引并留住人才的状况。缺乏优秀的采编、经营队伍,严重影响报刊质量,随之而来的发行、经营也就不会一帆风顺。目前一些"三农"期刊编辑部的工作人员大都兼职,专职的采编人员较少、人员年龄偏大、知识结构老化、专业不对口等。同时,大多数"三农"报刊管理机制不灵活,很难吸引复合型人才。

(三)迎接机遇与挑战,加大政策扶持力度

1. 加快机构改革,进行体制创新

首先,随着社会主义市场经济的发展和报业市场的发展,农村类报纸要确立市场主体意识,加快机构改革,进行体制创新,找到实现质量与效益双赢的结合点,摆脱传统计划经济下粗放型的管理与经营体制。目前,许多农村类报刊已经意识到这一点,已经或正在进行改革和创新。据统计,截至2005年底,已经有约70%的农村报纸进行了版数和期数的改革,有47%的农村类报社进行了更名、变更主管单位等重大变更。

但是,目前农村类报刊的创新力度仍有待加强。农村类报刊的创新实际上包括机制创新、产品创新、经营创新、技术创新等诸多方面,报刊社应该在管理体制、运行机制、新闻采编、经营思路、组织机构、管理制度、技术应用等方面不断创新。因此,农村类报刊要建立起有效的创新机制,形成良好的创新氛围,努力培养员工的创造力,以推动农村报刊更好地发展。

2. 努力提高农村类报刊质量,满足读者需求

第一,采取多方面措施,尽可能吸引高素质人才充实到农村报纸发展的队伍中来,加强对报刊社编采人员的培训,提高编采人员素质;通过组织编辑记者学习、考察、交流,提高思想业务水平;加强自采报道力度,鼓励编采人员深入一线。提高编采人员树立为三农服务的思想,深入一线,收集一手资料,了解读者需求,了解农村基层动态,培养一批稳定且素质高的外稿供稿队伍。

第二,抓住"内容"是报刊核心的理念,努力增加信息量,以满足读者需求。尤其是综合类农村报刊,更应抓住这一关键。科普类、技术类报刊努力做到内容科普化,让文化层次较低的读者能够充分了解农业技术并运用到实际中。只有让读者真正获益,农村类报刊才有足够的生存空间。

第三,加强与科研单位的联系沟通,努力将最新的科研成果转化为现实生产力的桥梁和纽带。

3. 国家或相关部门给予政策指导和资金扶持

目前农村类报刊的同质性相当严重,很多报刊从内容到形式上均无自己的特点,盲目重复,低水平竞争,报刊竞争还需进一步规范,这需要相关管理部门的有效政策指导。同时在宣传、发行和经营等方面,农村类报刊目前都没有得到国家或相关部门有力度的政策指导和资金支持,得到支持和资助的仅占少数。据统计,截至2005年,农村类报纸中两年或者三年中曾经得到一定数量国家拨款扶持的仅仅占13%,地方政府少量资金支持的占13%,近80%的农村类报纸基本处于自我维持生存的状态。

建议国家加大对农村类报刊的资金、政策扶持。在报刊的宣传、发行、经营税收等方面出台具体的支持措施。主要内容包括,第一,制定培育农村报刊市场,扩大改善发行状况的具体措施;第二,构建农村通畅的报刊投递渠道,引入农村报刊投递竞争机制,打破发行独家垄断的局面,组织、协调、扶持成立农村报刊投递的第二渠道,以提高农村报刊投递质量;第三,设立专项资金,支持建立农村基层定点阅览室,政府采购送报给农民;第四,减免税收,予以补贴,降低农村类办报办刊成本。国家可免除农村类报纸部分税费,并适当给予财政补贴;第五,给予农村类报刊发展的经营环节适当的优惠,适当减少增值税等其他税费;第六,对农村类报纸给予纸张补贴;第七,对农村类报纸订阅予以专项补贴;第八,提高"三农"报刊从业人员待遇,提高从业人员素质;第九,设立"三农"报刊发展研究基金,对有关研究项目予以支持;第十,对"三农"报刊的发展进行跟踪研究,把握其发展状态和规律。

319

附录：

本书所涉及到的作者

（均按姓名的音序排列）

一、中国县域经济报记者

曹霞、丁海东、董一方、杜萍、韩超、韩晓龙、景后寅、姬先锋、李春玲、李昭元、孟鑫、史建军、滕卉荣、万鹏、王冬冬、王鸿善、王青、王仲斌、武文杰、杨彬、杨秀峰、张春嫄、张道平、张伟伟、张一峰、赵亮

二、中国县域经济报实习生

戴莉、孟薇薇、仇芳芳、任晓胜、万欣欣、王彩凤、魏晓蕊、武航琰、肖莉、徐晶晶、颜中凤、杨华艳、杨景琴、朱海燕

三、渤海大学新闻系学生

白悦、付丽、郝霖、栾娅娜、刘洋、宋淼、田蕊、王浩、王阔、王莹、王卓、许佳、杨明欢、印微微

四、中国县域经济报通讯员

陈千恩、程刚、管玄、何浪、侯丽军、李蒙、罗海军、万山林、张慧霞

责任编辑:贺　畅
责任校对:刘越难

图书在版编目(CIP)数据

调查三农/许宝健　主编. −北京:人民出版社,2008.6
ISBN 978 − 7 − 01 − 006937 − 1

Ⅰ. 调⋯　Ⅱ. 许⋯　Ⅲ. ①农业经济−研究−中国②农村经济−研究−中国
③农民−问题−研究−中国　Ⅳ. F32;D422.64

中国版本图书馆 CIP 数据核字(2008)第 029282 号

调 查 三 农
DIAOCHA SANNONG

许宝健　主编

人民出版社 出版发行
(100706　北京朝阳门内大街 166 号)

北京新魏印刷厂印刷　　新华书店经销

2008 年 6 月第 1 版　2008 年 6 月北京第 1 次印刷
开本:710 毫米 × 1000 毫米 1/16　印张:20.75
字数:350 千字　印数:0,001 − 5,000 册

ISBN 978 − 7 − 01 − 006937 − 1　定价:46.00 元

邮购地址 100706　北京朝阳门内大街 166 号
人民东方图书销售中心　电话 (010)65250042　65289539